香丽高速公路典型炭质板岩
隧道建设与管理实务

主编　陈　维　王剑非　刘　涛　杨　华
　　　刘　凡　窦友谋

编委　陈　维　王剑非　刘　涛　杨　华
　　　刘　凡　窦友谋　王志勇　张　滔
　　　杜桃明　余　洋　杨　强　胡龙兵
　　　张正军　黄志龙

中南大学出版社
www.csupress.com.cn
·长沙·

内容简介

Introduction

　　本书以香丽高速公路海巴洛隧道、洼里别隧道、白岩子隧道、上补洛隧道等穿越典型炭质板岩隧道为依托，结合复杂地形、地质高海拔地区隧道工程建设中的现场经验、典型案例，以及科技创新成果，对香丽高速公路典型炭质板岩隧道建设与管理技术进行总结。全书共分七章，内容包括香丽高速公路典型炭质板岩隧道工程概况、炭质板岩特性试验、隧道围岩与支护结构现场测试、层状炭质板岩隧道稳定性分析、炭质板岩隧道大变形开挖支护参数优化、炭质板岩隧道大变形控制技术，以及典型炭质板岩隧道底部结构破损成因分析及整治措施等。本书可作为从事隧道及地下工程建设、设计、施工、监理等相关工作人员的参考用书。

前 言

Foreword

    云南省香丽(香格里拉至丽江)高速公路是《国家公路网规划》中北京至拉萨高速公路的重要组成部分,也是云南省藏区第一条高速公路、云南省海拔最高的高速公路、云南省第一条以 PPP 模式投资建设的高速公路,对完善国家和云南省高速公路网,改善区域交通出行条件,加强滇西北旅游资源的联动开发,促进区域经济社会发展,加强民族团结,推进迪庆州、丽江市实现高质量跨越式发展具有重要意义。

    香丽高速公路按四车道高速公路标准设计,设计速度 80 km/h,在项目建设过程中,云南丽香高速公路投资开发有限公司充分发挥集团化作战优势,发扬了"缺氧不缺精神、海拔高斗志更高"的铁军精神,不畏艰辛,克服了种种从未遇到过的困难险阻,经过 2000 多个日夜的艰辛奋战,按质按量完成了建设目标任务。2021 年 10 月 29 日,云南省迪庆藏族自治州第一条高速公路——香格里拉至丽江高速公路全面投运。

    香丽高速公路位于云南省西北部、青藏高原南东缘横断山脉的北段,西部为怒山山脉,北部为梅里雪山,东南部有哈巴雪山、玉龙雪山,沿线地质构造发育,新构造运动激烈。冲江河断裂、花椒坡断裂、土官村断裂、阿里洛断裂是测区的构造骨架,为活动性较弱的早-中更新世活动断裂,软质岩体分布广泛,特别是三叠系变质软岩类炭质板岩地层广布,该地层对隧道围岩影响较突出。

    香丽高速公路全线共设置 26 座隧道,场区地质条件具有"三高"(高海拔、高差大、高地震烈度)、"二复杂"(地形复杂、地质复杂)、"一脆弱"(生态环境脆弱)、"一艰巨"(工程极为艰巨)的特点和难点,越岭选线控制因素多,地质勘探工作要求高,隧道设计存在一系列的技术难题,施工工序和工艺复杂,建设管理及质量控制体系复杂,是全线建设的重点控制性工程。

    本书以香丽高速公路海巴洛隧道、洼里别隧道、白岩子隧道、上补洛隧道等穿越典型炭质板岩隧道为依托,结合复杂地形、地质高海拔地区隧道工程建设中的现场经验教训、典型案例,以及科技创新成果,对香丽高速公路典型炭质板岩隧道建设与管理技术进行总结,以供类似工程项目参考。

本书共分为7章。第1章为概述,介绍了香丽高速公路基本情况和隧道建设过程中的难点,特别是隧道围岩大变形情况;第2章针对性介绍了香丽高速公路隧道典型炭质板岩特性试验成果;第3章介绍了炭质板岩隧道围岩与支护结构现场测试成果,可为类似工程设计、施工提供基础数据;第4章系统分析了层状炭质板岩隧道稳定性,结合海巴洛隧道层状炭质板岩实际情况,进行了破坏模式分析;第5章介绍了炭质板岩隧道大变形开挖支护参数优化;第6章提出了炭质板岩隧道大变形控制技术,介绍了香丽高速公路隧道建设过程中的经验和教训;第7章对该项目典型炭质板岩隧道底部结构破损进行成因分析并提出整治措施。

本书由陈维、王剑非、刘涛、杨华、刘凡、窦友谋,等著,云南省香丽高速公路参建各方组成编委会参与了本书编写及其讨论工作,因此本书集合了项目参建人员的智慧与经验,编委会成员有:陈维、王剑非、刘涛、杨华、刘凡、窦友谋、王志勇、张滔、杜桃明、余洋、杨强、胡龙兵、张正军、黄志龙等,中南大学阳军生、傅金阳、祝志恒、张学民等,长沙理工大学郭鑫、张军、陈洁金、张庆彬,中南林业科技大学张聪、方星桦,以及万志文、郭健、沈东、王健宏、高超、叶新田、刘伟龙、周超云、彭坤、胡文明、龚方浩、宋保保等也对本书编写提供了不少帮助,本书成果得到了云南建设基础设施投资股份有限公司科技项目支持,中南大学出版社陈应征、刘莉对本书的出版给予了大力支持,在此一并表示衷心感谢!

由于参与本书编写的人员较多,作者水平有限,难免存在不足甚至不当之处,恳请广大读者朋友批评指正。

目 录

Contents

第1章
概　述

1.1　香丽高速修建意义

云南省香格里拉至丽江高速公路(以下简称香丽高速)是连接迪庆藏族自治州(以下简称迪庆州)香格里拉市与丽江市的高速公路,项目起于香格里拉县城以南的益松村,与香格里拉连接线相接,止于丽江市白汉场,与建成通车的大理至丽江的高速公路相接,线路全长 140.305 km,其中主线长 124.550 km,按四车道高速公路标准设计,设计速度 80 km/h。香丽高速公路项目分别位于迪庆州香格里拉市虎跳峡镇、小中甸镇、建塘镇,丽江市玉龙县九河乡、石鼓镇、龙蟠乡。

香格里拉至丽江高速公路是《国家公路网规划(2013 年—2030 年)》中北京至拉萨高速公路(国家高速 G6)联络线西宁至丽江高速公路(国家高速 G0613)的重要组成部分、国家支持藏区经济社会发展的重要支撑项目、交通运输部“绿色低碳公路主题性试点项目”,也是云南省藏区第一条高速公路、云南省海拔最高的高速公路、云南省第一条以 PPP 模式投资建设的高速公路,对完善国家和云南省高速公路网,改善区域交通出行条件,加强滇西北旅游资源的联动开发,促进区域经济社会发展,加强民族团结,推进迪庆州、丽江市实现高质量跨越式发展具有重要意义。

1.2　香丽高速隧道工程简介及其重要性

香丽高速公路位于云南省西北部、青藏高原南东缘横断山脉的北段,西部为怒山山脉,北部为梅里雪山,东南部有哈巴雪山、玉龙雪山,属构造剥蚀高中山、构造侵蚀高山区。

香丽高速公路全线共设置 26 座隧道,场区地质条件具有“三高”(高海拔、高差大、高地震烈度)、“二复杂”(地形复杂、地质复杂)、“一脆弱”(生态环境脆弱)、“一艰巨”(工程极为艰巨)的特点和难点,越岭选线控制因素多,地质勘探工作要求高,隧道设计存在一系列的技术难题,工程投资大,施工工序和工艺复杂,建设管理及质量控制体系复杂,是全线建设的重点控制性工程。

香格里拉至丽江高速公路小中甸隧道、阿普洛隧道、阿黑洛隧道、排坝隧道、白岩子隧道、洼里别隧道、海巴洛隧道、上补洛隧道、昌格洛隧道、古那湾1号隧道、古那湾2号隧道等隧道工程穿越强-全风化炭质板岩，根据《十三五交通领域科技创新专项规划》，为保证工程顺利建设，更为云南建投集团在类似炭质板岩地区建设提供技术参考，云南建设基础设施投资股份有限公司特进行科技项目立项，对香丽高速公路炭质板岩隧道大变形控制技术进行系统研究与应用。

云南省香格里拉至丽江高速公路典型炭质板岩隧道较为典型的大变形隧道有：白岩子隧道、洼里别隧道、海巴洛隧道。3座典型隧道概况如下：

白岩子隧道位于香格里拉市耍马等村东侧，设计为分幅分离式隧道，左幅起点桩号ZK61+004.29，止点桩号ZK63+560，隧道长2555.71 m；右幅起点桩号YK60+981.04，止点桩号YK63+550，隧道长2568.96 m，最大埋深375.84 m，属长隧道，隧道所在地段高程为2510~2916 m，地形陡峭，地形坡度变化很大，最大相对高差406 m。

洼里别隧道位于香格里拉市界牌村东侧，设计为分幅分离式隧道，左幅起点桩号ZK63+970，止点桩号ZK65+228.96，隧道长1258.96 m；右幅起点桩号YK63+970，止点桩号YK65+210，隧道长1240 m，最大埋深355.69 m，属长隧道，隧道所在地段高程为2450~2838 m，地形陡峭，地形坡度变化很大，最大相对高差388 m。

海巴洛隧道位于香格里拉市界牌村东南方向，设计为分幅分离式隧道，左幅起点桩号ZK65+505.04，止点桩号ZK67+795，隧道长2289.96 m；右幅起点桩号YK65+495，止点桩号YK67+760，隧道长2265 m，最大埋深478.71 m，属长隧道，隧道所在地段高程为2370~2910 m，地形陡峭，地形坡度变化很大，最大相对高差540 m。

1.3　工程地质条件

1.3.1　地形、地貌

本项目穿越冲江河河谷段、金沙江河谷段、雄古"U"形断陷槽谷段等地，其最具影响隧道工程位于冲江河河谷段，冲江河河谷属极度切割中山峡谷地貌，沟谷成"V"形，谷坡较陡，自然坡度20°~45°，沿线地质构造发育，新构造运动激烈。冲江河断裂、花椒坡断裂、土官村断裂、阿里洛断裂是测区的构造骨架，为活动性较弱的早-中更新世活动断裂，软质岩体分布广泛，三叠系变质软岩类板岩、千枚岩地层广布，为软质岩层，强度低，抗风化能力弱，岸坡稳定性差。典型炭质板岩隧道（海巴洛隧道、洼里别隧道、白岩子隧道）地质纵断面图如图1-1~图1-3所示。

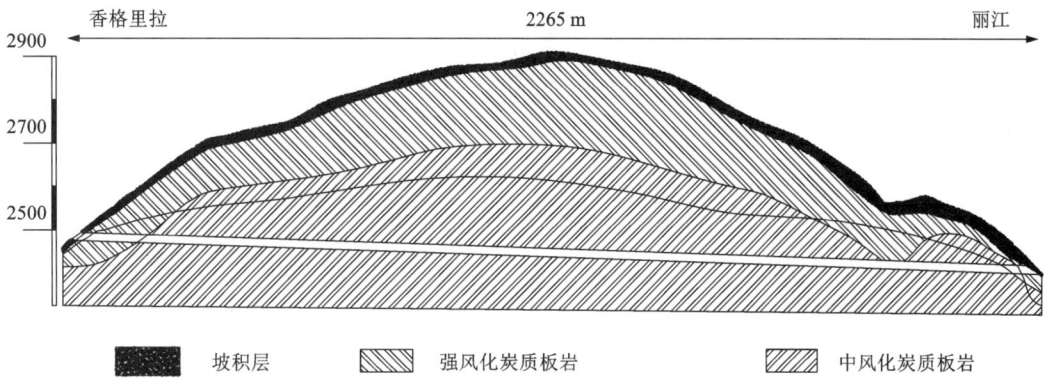

图 1-1 海巴洛隧道地质纵断面图 (右幅)

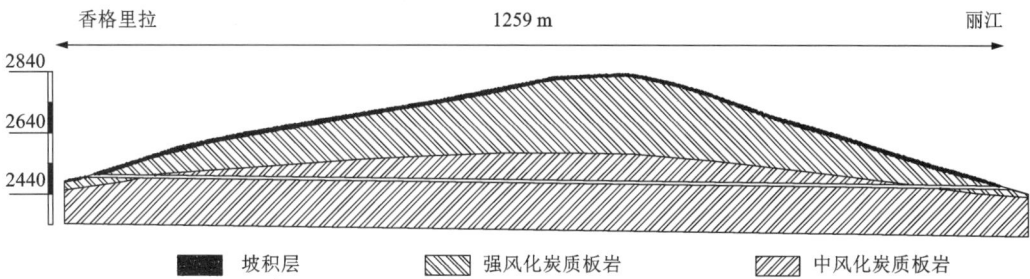

图 1-2 洼里别隧道地质纵断面图 (左幅)

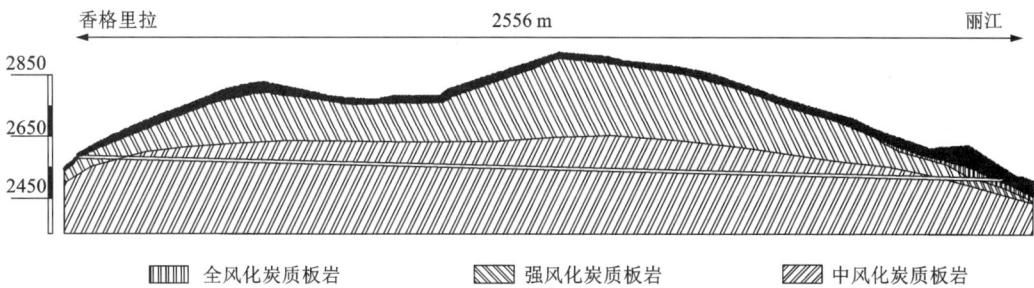

图 1-3 白岩子隧道地质纵断面图 (左幅)

1.3.2 水文、气候

项目区水系发育,水资源较丰富,线路区河流主要分布于金沙江水系,包括金沙江及其支流冲江河等,江河狭窄,谷坡陡峭,水流湍急,河流主要沿线路区山涧沟谷分布,河水流量随季节变化明显。

场区属于温带和寒温带季风气候,具有季节变化不明显、年温差小而日温差大、雨季分明和高山地区高差大、气候垂直变化极为明显等特点。由于地理环境特殊,地貌差异悬殊,场区构成了独特的"一山分四季""十里不同天"的立体气候,年平均降雨量不大,为600~800 mm,且80%以上集中于5~10月的雨季,尤以7~8月最为集中,每年10月下旬至次年5月为干风季节;年平均气温5~14 ℃,最热月平均气温13.2 ℃,最冷月平均气温-3.8 ℃。

1.3.3 地层岩性

场区上伏覆盖层第四系残坡积层(Q_4^{el+dl})含砾粉质黏土、碎石土、角砾土夹碎石;下伏基岩为三叠系下统灰色、灰褐色板岩。

(1)覆盖层

第四系残坡积层(Q_4^{el+dl})含砾粉质黏土:黄褐色、灰褐色、硬塑状,角砾成分为板岩,主要分布于隧道出口附近斜坡相对平缓处。

第四系残坡积层(Q_4^{el+dl})碎石土:黄褐色、灰褐色,稍密,稍湿,碎石成分岩为主,局部夹板岩块石,由粉质黏土及角砾充填。该层分布较广,但不连续,隧道进出口及洞身段均有分布。

第四系残坡积层(Q_4^{el+dl})角砾土夹碎石:灰褐色、灰黄色,中密状,角砾以板岩为主,以粉质黏土充填,局部夹碎石。主要分布在隧道出口段斜坡相对平缓处,厚度不均。

(2)基岩

强风化板岩:灰褐色,强风化,泥质胶结,变余结构,板状构造,节理裂隙发育,多呈碎石状。该层厚度起伏较大。

中风化板岩:灰褐色,中风化,泥质胶结,变余结构,板状构造,薄~中层状,多呈碎石状、碎块状。该层埋层较深,一般为20~70 m。

1.4 水文地质条件

1.4.1 地表水

白岩子隧道区洞身段右幅地形低洼处偶见地表径流,多为附近居民生活用水和泉点汇集而成,流量较小,一般为0.2~0.4 L/s,地表水多汇集于隧道区进出口附近沟谷处排出。

洼里别隧道区距出口端约70 m处发现地表径流,勘察期间为冬季,流量为0.8~1.2 L/s,地表水多汇集于隧道区进出口附近沟谷处排出。

海巴洛隧道区勘察期间为冬季,未见地表径流,地表水多汇集于隧道进出口附近沟谷处排出。

1.4.2 地下水

(1)地下水类型及埋藏条件

场区地下水类型为基岩裂隙水,主要为强风化带裂隙富水、导水。海巴洛隧道区据钻孔揭露，洞身段地下水埋深为 65 m。

（2）地下水的补给、径流、排泄

场区地下水主要靠大气降水补给，地下水向场区低洼沟谷运动，多沿沟谷呈散流状排出地表，汇聚于山间沟谷排泄。白岩子隧道洞身段右幅地形低洼处见地下水出露点，流量不大，一般为 0.02~0.3 L/s。

1.5 设计情况

香丽高速公路全线隧道工程设计图阶段单幅Ⅲ级围岩 11 989 m、Ⅳ级围岩 37 891 m、Ⅴ级围岩 29 026 m，在施工过程中，根据开挖揭露围岩及现场施工情况进行了动态设计，实际隧道单幅围岩分级为Ⅲ级围岩 126 m、Ⅳ级围岩 30 573 m、Ⅴ级围岩 48 207 m，其中，Ⅳ级围岩主要采用的支护结构类型为 SF4a、SF4b，Ⅴ级围岩主要采用的支护结构类型为 SF5a、SF5c。各支护类型具体支护参数如表 1-1、图 1-4~图 1-7 所示。

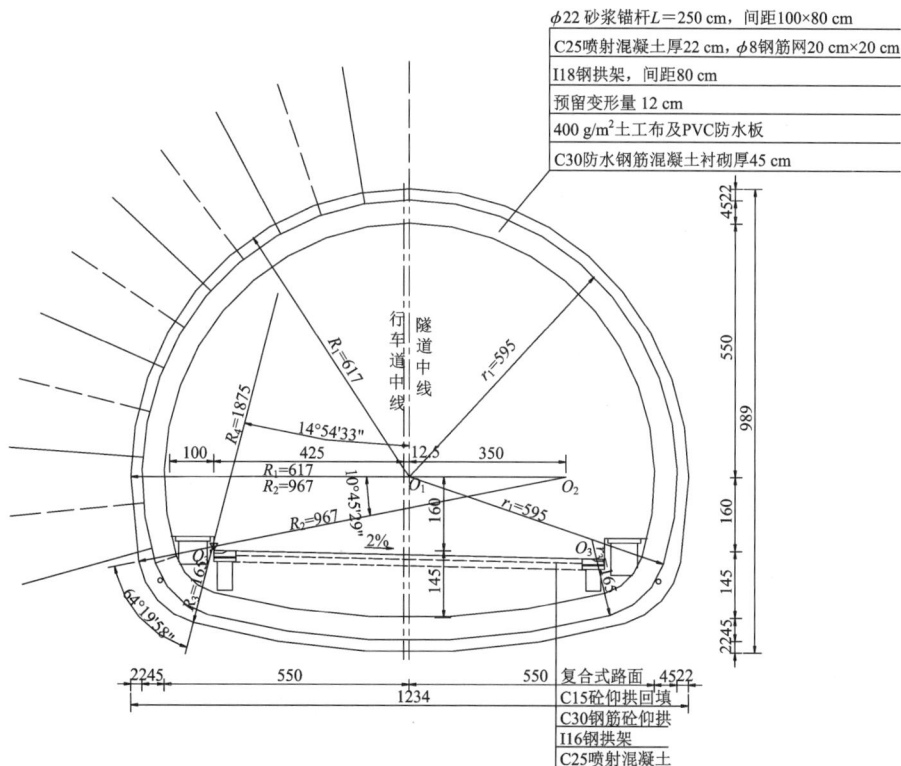

图 1-4　SF4a 型衬砌断面设计图（单位：cm）

φ22砂浆锚杆L＝300 cm，间距100 ×100 cm

C25喷射混凝土厚22 cm，φ8钢筋网20 cm×20 cm

15 cm格栅拱架，间距100

预留变形量 10 cm

400 g/m² 土工布及PVC防水板

C30防水钢筋混凝土衬砌厚45 cm

R₁=612　行车道中线　衬砌中线　r₁=590

4022

550

957

160

100　425　12.5　350

R₁=612
R₂=962

O₁　O₂

160

R₂=962

15°

2‰

145

90

40

2240　550　550 复合式路面　4022

1224

C15砼仰拱回填

C30素砼仰拱

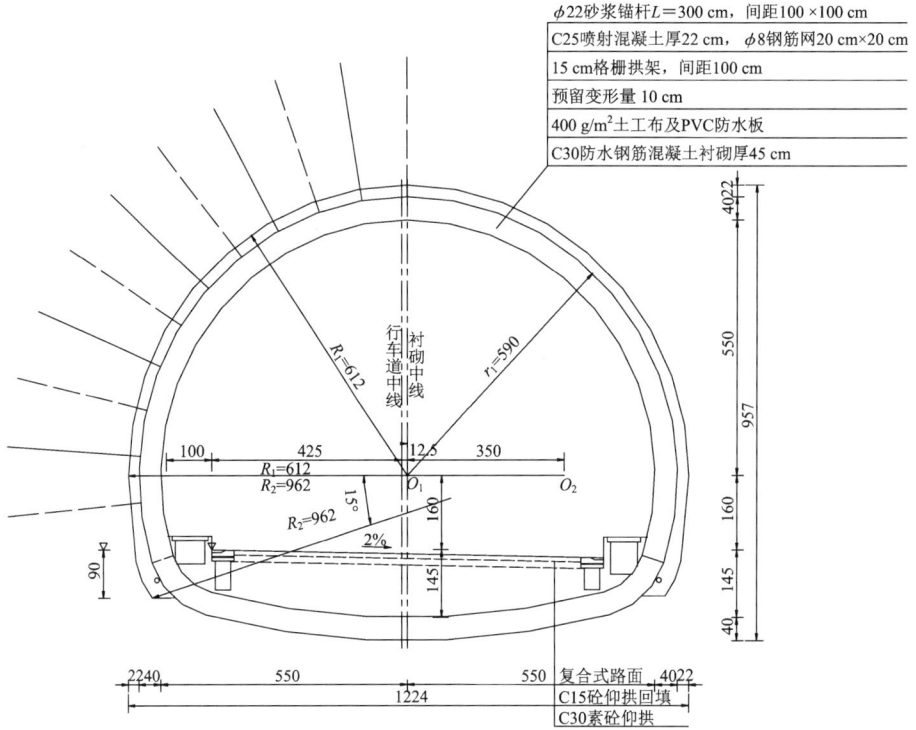

图 1-5　SF4b 型衬砌断面设计图 (单位：cm)

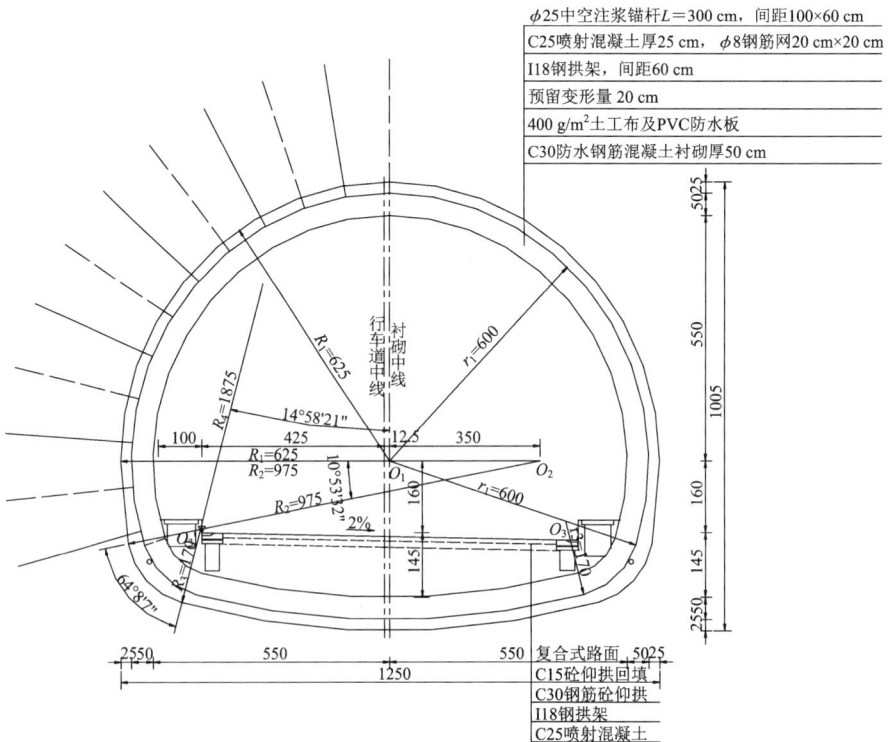

φ25中空注浆锚杆L＝300 cm，间距100×60 cm

C25喷射混凝土厚25 cm，φ8钢筋网20 cm×20 cm

I18钢拱架，间距60 cm

预留变形量 20 cm

400 g/m² 土工布及PVC防水板

C30防水钢筋混凝土衬砌厚50 cm

R₁=625　行车道中线　衬砌中线　r₁=600

5025

550

1005

160

R₂=1875

14°58′21″

100　425　12.5　350

R₁=625
R₂=975

10°53′2″

O₁　O₂

160

R₂=975　r₁=600

O₁　O₂

2‰

145

64°8′7″

2550

2550　550　550 复合式路面　5025

1250

C15砼仰拱回填

C30钢筋砼仰拱

I18钢拱架

C25喷射混凝土

图 1-6　SF5a 型衬砌断面设计图 (单位：cm)

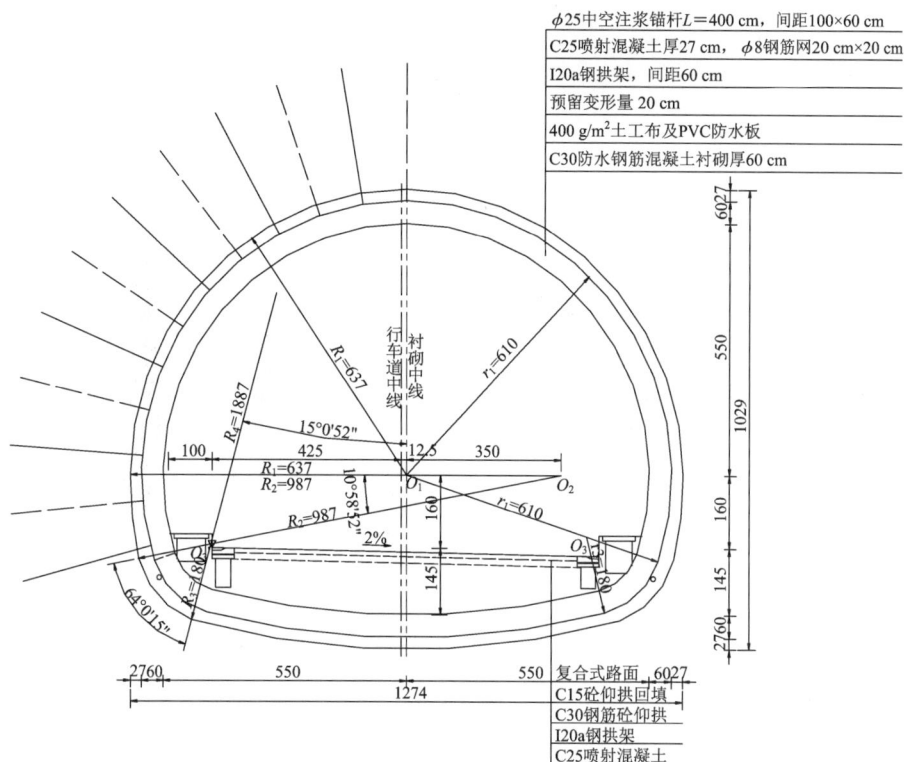

图1-7　SF5c型衬砌断面设计图(单位：cm)

表1-1　衬砌支护参数表

衬砌类型	喷砼厚度/cm	钢筋网	钢架/cm	预留变形量/cm	二次衬砌厚度/cm
SF4a	22	20 cm×20 cm ϕ8	I18 钢拱架 间距 0.8 m	12	45/C30 配筋
SF4b	22	20 cm×20 cm ϕ8	15 cm 格栅拱架 间距 1 m	10	45/C30 配筋
SF5a	25	20 cm×20 cm ϕ8	I18 钢拱架 间距 0.6 m	20	50/C30 配筋
SF5c	27	20 cm×20 cm ϕ8	I20a 钢拱架 间距 0.6 m	20	60/C30 配筋

　　香丽高速公路全线隧道工程 SF4a 型衬砌类型段主要采用台阶法施工，其主要施工步骤为：①开挖导坑上半断面；②上导坑拱部初期支护；③开挖导坑下半断面；④下导坑边墙初期支护；⑤下导坑仰拱初期支护；⑥仰拱及仰拱填充浇筑；⑦边墙、拱部模筑混凝土浇筑。SF4a 型衬砌分布开挖示意图及 SF4a 型衬砌开挖工序图如图 1-8、图 1-9 所示。

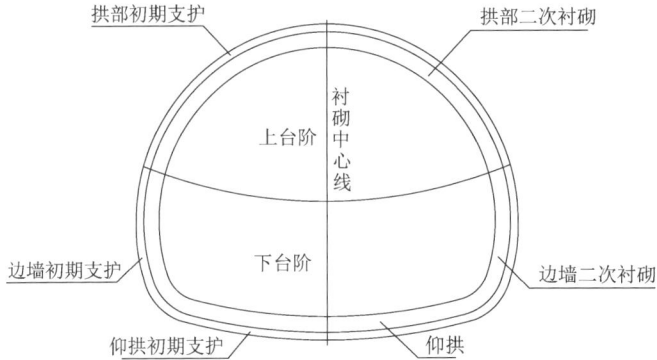

图 1-8　SF4a 型衬砌开挖断面示意图

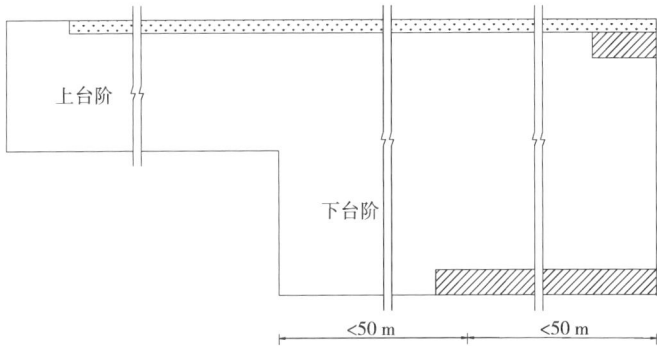

图 1-9　SF4a、SF4b 型衬砌开挖工序图

香丽高速公路全线隧道工程 SF4b 型衬砌类型段主要采用台阶法施工，其主要施工步骤为：①开挖导坑上半断面；②上导坑拱部初期支护；③开挖导坑下半断面；④下导坑边墙初期支护；⑤仰拱及仰拱填充浇筑；⑥边墙、拱部模筑混凝土浇筑。SF4b 型衬砌开挖断面示意图如图 1-10 所示，SF4b 型衬砌开挖工序图如图 1-9 所示。

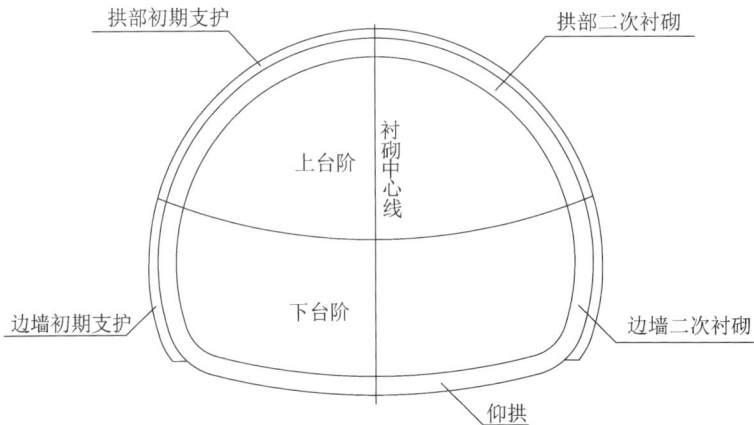

图 1-10　SF4b 型衬砌开挖断面示意图

香丽高速公路全线隧道工程 SF5a、SF5c 型衬砌类型段主要采用三台阶(预留核心土)法施工,其主要施工步骤为:①上弧形导坑开挖,预留核心土;②拱部初期支护;③核心土开挖;④中台阶开挖;⑤边墙初期支护;⑥下台阶开挖;⑦仰拱初期支护;⑧仰拱及仰拱填充浇筑;⑨边墙、拱部模筑混凝土浇筑。SF5a、SF5c 型衬砌开挖断面示意图及 SF5a、SF5c 型衬砌开挖工序图如图 1-11、图 1-12 所示。

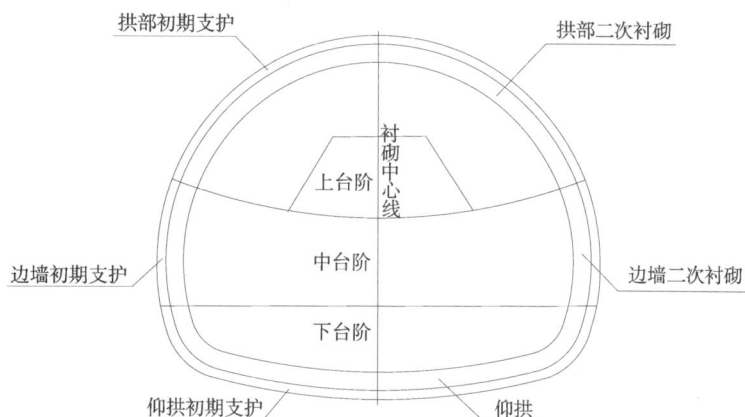

图 1-11 SF5a、SF5c 型衬砌开挖断面示意图

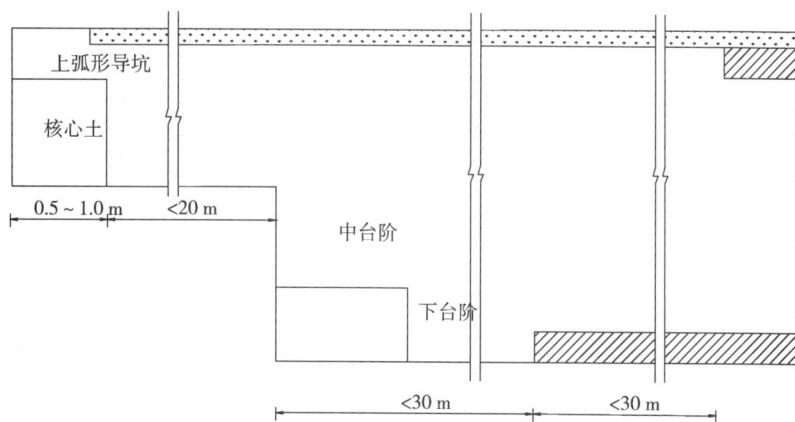

图 1-12 SF5a、SF5c 型衬砌开挖工序图

1.6 不良地质条件

隧道区附近不良地质不发育,主要存在潜在不稳定边坡,隧道出口端地形坡度陡,覆盖层厚度较薄,岩性主要为含砾粉质黏土、角砾土、碎石土,结构松散,隧道施工开挖形成临空面后极易下滑,对隧道洞门稳定极为不利。

1.7　现场施工情况

香丽高速典型炭质板岩隧道在施工过程中常出现围岩变形较大、初支混凝土脱落、掉块、初支侵限、掌子面塌方、二衬开裂、仰拱开裂等问题;在施工过程中常常由于初支侵限导致换拱,严重影响施工进度,且危及施工人员安全。针对上述问题,结合现场施工情况进行以下说明。

1.7.1　围岩大变形情况

施工过程中发现,掌子面揭露围岩主要为强风化至中风化灰黑色炭质板岩,层状结构,层厚为 0.06~2 m,层间夹有白色石英岩脉,削弱了层间结合力;局部区域地下水较发育,层间富含裂隙水,导致层状炭质板岩出现崩解和膨胀,强度迅速降低,围岩产生大变形,支护遭到破坏。

海巴洛隧道左幅施工至 ZK65+685~ZK65+710 段,掌子面揭露的围岩情况为全风化板岩,呈黑色、深黑色,碎裂结构明显,岩体软化、泥化现象严重,围岩整体稳定性差。洞内初支出现严重开裂、混凝土剥落及钢拱架扭曲等现象,且初支滴、渗水严重。在随后开挖过程中,多次出现初支大变形、侵限等情况,且 ZK65+510~ZK65+695 段二衬左右两侧边墙出现多条裂缝,ZK65+607~ZK65+820 段仰拱填充开裂。海巴洛隧道 ZK65+685~ZK65+710 段大变形情况如图 1-13 所示。

(a)ZK65+700附近初支出现剥落、掉块　　　　(b)ZK65+650初支鼓包现象

图 1-13　海巴洛隧道 ZK65+685~ZK65+710 段大变形情况

海巴洛隧道右幅施工至 YK66+055~YK66+155 段,穿越富水炭质板岩地层,掌子面围岩有滴水情况出现,局部有线状或股状出水。受地下水影响,掌子面拱部出现局部掉块,围岩浸水后强度降低至原有强度的 50%~70%,导致支护结构承载极大的围岩压力,初支出现大变形,左侧围岩已侵入隧道净空,需对全断面进行换拱处理;初支混凝土出现开裂、掉块,拱顶初支渗水严重、钢拱架外露,严重影响后续工序施工。此外,由于拱顶渗水仰

拱处产生大量积水,不利于仰拱的施作。海巴洛隧道 YK66+055～YK66+155 段大变形情况如图 1-14 所示。

(a)YK66+100附近围岩大变形　　　　　　　(b)YK66+080初支渗水、钢拱架外露

图 1-14　海巴洛隧道 YK66+055～YK66+155 段大变形情况

海巴洛隧道右幅施工至 YK67+070～YK67+100 段,层状炭质板岩遇水膨胀,整体向隧道内侧挤出,支护体系受到较大的围岩压力而产生破坏,导致围岩大变形,最终导致初支钢拱架被压屈,初支出现开裂。海巴洛隧道 YK67+070～YK67+100 段大变形情况如图 1-15 所示。

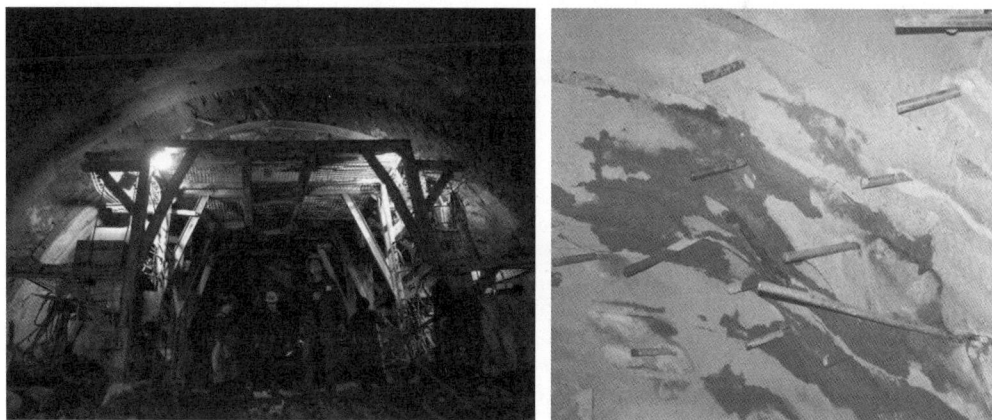

图 1-15　海巴洛隧道 YK67+070～YK67+100 段大变形情况

1.7.2　施工中存在的问题

(1)掌子面塌方

海巴洛隧道开挖至 ZK67+031 断面时,掌子面围岩出现塌方,层状炭质板岩顺层剥落、掉块,初期支护施作前,拱顶处出现大量塌腔,并有持续扩大的趋势。初期支护施作后,围岩变形仍未得到控制,最大拱顶下沉量达 1.022 m,现场采用了暂停施工、反压回填的措

施对变形进行控制，待围岩变形稳定后再进行换拱处理。ZK67+031 断面掌子面塌方如图 1-16 所示。

图 1-16　ZK67+031 断面掌子面塌方

（2）富水炭质板岩施工

在隧道开挖过程中，围岩渗水严重，掌子面围岩出现线状出水，炭质板岩遇水后出现泥化、膨胀，岩体强度迅速降低，围岩承载力迅速下降；同时，水流长时间的冲刷带走了层间胶结物，使得黏结力变弱，层间相互作用力被弱化；此外，由于地下水的冲刷作用，喷射混凝土强度受到影响。YK66+015 断面最大拱顶沉降值为 44.5 cm，钢拱架侵限导致需对全环进行换拱处理。掌子面渗水严重情况如图 1-17 所示。

图 1-17　掌子面渗水严重情况

（3）初支喷射混凝土剥落、掉块

在开挖过程中，由于层状炭质板岩承载能力较弱，初期支护承受较大围岩压力，在初支施作后，常伴随着初期支护开裂、掉块的现象（图1-18）。初支混凝土开裂主要发生在隧道侧墙，初期支护混凝土掉块现象主要发生在隧道拱顶和拱肩。初支混凝土开裂导致初期支护的防水性大大降低，初支出现渗漏水，给施工带来极大不便。

图 1-18　初支混凝土剥落、掉块情况

（4）初支背后脱空

层状炭质板岩由于层间黏结力较弱，易产生顺层滑移、层间剥落，降低了掌子面围岩的稳定性，致使围岩出现更多、更大的层间滑移面，最终导致掌子面顶部出现较大塌腔，初支施作后出现大面积脱空，严重降低了隧道施工的质量（图1-19）。

图 1-19　初支背后大面积脱空情况

（5）初支侵限

层状炭质板岩具有膨胀性，遇水后体积膨胀 40%~60%，隧道开挖施作初期支护后，由于围岩的膨胀性，产生了较大的围岩压力，无法释放的围岩压力，使初期支护钢拱架屈曲、喷射混凝土压溃。初支失效后无法再提供支护反力，围岩膨胀挤出产生大变形，侵入隧道净空（图 1-20）。

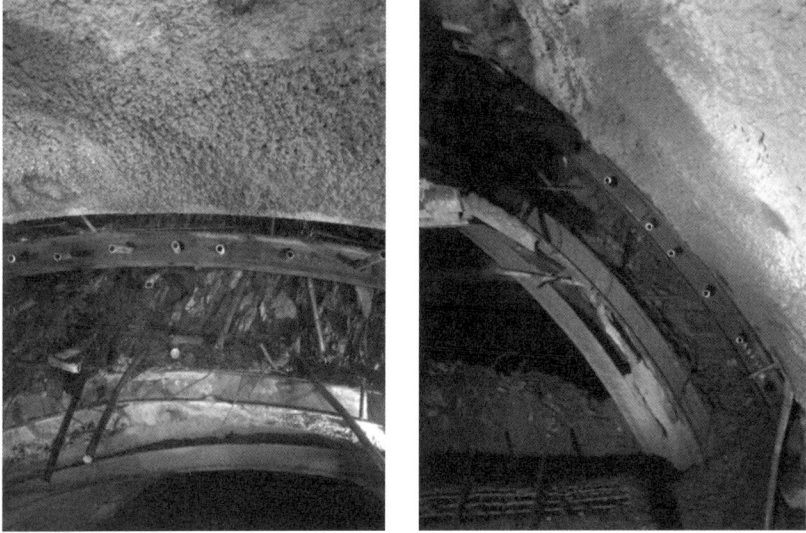

图 1-20　初支侵限情况

（6）二衬开裂

层状炭质板岩隧道在开挖过程中易出现一系列的问题。隧道开挖后拱部层状围岩易发生掉块、坍塌；层间夹有白色石英岩脉，削弱了围岩的层间结合力，开挖时易产生岩体顺层剥落；层间富含裂隙水，导致层状炭质板岩出现崩解和膨胀，强度迅速降低，围岩产生大变形、支护遭到破坏；由于大变形，初支混凝土常出现剥落、掉块现象，甚至侵限导致换拱；由于围岩应力未得到充分释放，较大的围岩压力作用在二衬，导致二衬开裂（图 1-21）。

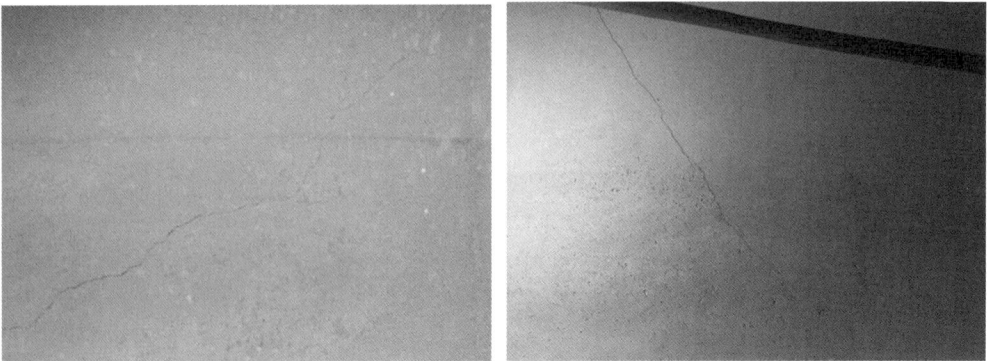

图 1-21　二衬开裂情况

（7）隧道底部结构破损

香格里拉至丽江高速公路在施工过程中，大范围穿越强－全风化炭质板岩地层的隧道有 11 条，其中，隧道底部结构破坏较为严重的隧道有以下 7 条：阿普洛隧道、排坝隧道、海巴洛隧道、上补洛隧道、昌格洛隧道、古那湾 1 号隧道、古那湾 2 号隧道。

①阿普洛隧道。

阿普洛隧道左幅起、止点桩号为 ZK56+633、ZK57+456，全长 823 m，其中 ZK56+732～ZK56+907 段仰拱填充物出现开裂情况，裂缝最大宽度达 11.3 mm；右幅起、止点桩号为 YK56+648、YK57+404，全长 756 m，其中 YK56+668～YK56+718 段仰拱填充物出现开裂情况，裂缝最大宽度达 10.2 mm，裂缝多分布于隧道中线附近，沿隧道纵向开裂。

②排坝隧道。

排坝隧道左幅起、止点桩号为 ZK59+162、ZK60+865，全长 1703 m，其中 ZK59+189～ZK59+245 段仰拱填充物出现开裂情况，裂缝最大宽度达 16.8 mm；右幅起、止点桩号为 YK59+112、YK60+815，全长 1703 m，其中 YK59+193～YK59+309 段仰拱填充物出现开裂情况，裂缝最大宽度达 20.3 mm，裂缝多分布于隧道中线附近，沿隧道纵向开裂。

③海巴洛隧道。

海巴洛隧道左幅起、止点桩号为 ZK65+505、ZK67+794，全长 2289 m，其中 ZK67+410～ZK67+770 段仰拱填充物出现开裂情况，裂缝最大宽度达 23.2 mm；右幅起、止点桩号为 YK65+493、YK67+755，全长 2262 m，其中 YK65+573～YK65+760 段、YK67+395～YK67+740 段仰拱填充物出现开裂情况，裂缝最大宽度达 18.3 mm，裂缝多分布于隧道中线附近，沿隧道纵向开裂。

④上补洛隧道。

上补洛隧道左幅起、止点桩号为 ZK68+225、ZK70+235，全长 2010 m，其中 ZK68+366～ZK68+496 段和 ZK70+109～ZK70+226 段仰拱填充物出现开裂情况，裂缝最大宽度达 12.2 mm；右幅起、止点桩号为 YK68+233、YK70+225，全长 1992 m，其中 YK69+854～YK69+960 段、YK70+090～YK70+221 段仰拱填充物出现开裂情况，裂缝最大宽度达 10.6 mm，裂缝多分布于隧道中线附近，沿隧道纵向开裂。

⑤昌格洛隧道。

昌格洛隧道左幅起、止点桩号为 ZK70+430、ZK75+055，全长 4625 m，其中 ZK71+021～ZK71+136 段仰拱填充物出现开裂情况，裂缝最大宽度达 4.1 mm；右幅起、止点桩号为 YK70+435、YK75+013，全长 4578 m，其中 YK71+040～YK71+109 段仰拱填充物出现开裂情况，裂缝最大宽度达 2.9 mm，裂缝多分布于隧道中线附近，沿隧道纵向开裂。

⑥古那湾 1 号隧道。

古那湾 1 号隧道为连拱～小净距隧道，连拱段采用无中导连拱结构，右幅起、止点桩号为 YK93+831、YK94+150，全长 319 m，其中 YK94+078～YK94+140 段仰拱填充物出现开裂情况,裂缝最大宽度达 10.6 mm,裂缝多分布于隧道中线附近,沿隧道纵向开裂。

⑦古那湾 2 号隧道。

古那湾 2 号隧道左幅起、止点桩号为 ZK94+387、ZK96+080,全长 1693 m,其中 ZK94+485～ZK94+530 段仰拱填充物出现开裂情况,裂缝最大宽度达 18.5 mm;右幅起、止点桩号为 YK94+415、YK96+065,全长 1650 m,其中 YK94+485～YK94+584 段仰拱填充物出现开裂情况,裂缝最大宽度达 21.3 mm,裂缝多分布于隧道中线附近,沿隧道纵向开裂。

各隧道底部结构破损情况如表 1-2 所示,仰拱填充物开裂照片如图 1-22 所示。

表 1-2 香丽高速隧道底部结构破损情况统计表

序号	隧道名称	隧道长度/m	已施工长度/m	底部开裂长度/m	底部开裂长度占已施工长度比例/%	最大裂缝宽度/mm
1	阿普洛隧道左幅	823	740	175	23.65	11.3
	阿普洛隧道右幅	756	738	50	6.78	10.2
2	排坝隧道左幅	1703	1246	201	16.13	16.8
	排坝隧道右幅	1703	1171	135	11.53	20.3
3	海巴洛隧道左幅	2299	1551	596	38.43	23.2
	海巴洛隧道右幅	2262	1777	532	29.94	18.3
4	上补洛隧道左幅	2010	1675	247	14.75	12.2
	上补洛隧道右幅	1992	1753	237	13.52	10.6
5	昌格洛隧道左幅	4625	3126	115	3.68	4.1
	昌格洛隧道右幅	4578	3261	69	2.12	2.9
6	古那湾 1 号隧道右幅	319	261	62	23.75	10.6
7	古那湾 2 号隧道左幅	1693	1006	45	4.47	18.5
	古那湾 2 号隧道右幅	1650	1119	99	8.85	21.3

(a) 阿普洛隧道仰拱开裂照片

(b) 排坝隧道仰拱开裂照片

(c) 海巴洛隧道仰拱开裂照片

(d) 上补洛隧道仰拱开裂照片

(e) 昌格洛隧道仰拱开裂照片

(f) 古那湾1号隧道仰拱开裂照片

(g) 古那湾2号隧道仰拱开裂照片

图 1-22 香丽高速隧道仰拱开裂照片

　　国内外有不少穿越炭质板岩隧道建设的案例，提供了不同的经验和教训。香丽高速公路隧址区炭质板岩抗剪切强度低，遇水后强度急剧降低，在雨季，隧道在炭质板岩地层施工过程中初期支护阶段经常会产生支护开裂从而产生沉降甚至出现大变形的现象，目前针对炭质板岩尤其是针对云南地区炭质板岩的研究较为匮乏，因此对炭质板岩进行实验研究是十分必要的，相关实验将有助于分析对比其物理力学性质，在此研究基础上，提出炭质板岩地层隧道围岩施工优化方法和围岩大变形控制技术，并总结形成炭质板岩地层隧道设计与施工技术成果，为今后类似工程提供有益的参考。

　　本书着重介绍与隧道稳定性相关的炭质板岩工程特性、围岩大变形控制技术、隧道支护结构受力特性、隧道安全施工工法及隧道围岩与支护结构受力与变形的监测与反馈研究，以及隧道结构病害整治等问题，以获取炭质板岩地层隧道支护优化参数、施工方法、大变形控制技术、安全施工及实时监测技术。

第2章

炭质板岩特性试验研究

本研究试验以香丽高速公路海巴洛隧道大变形段炭质板岩作为试验样本,根据《工程岩体试验方法标准》(GB/T 50266—2013)对现场炭质板岩水理性质进行测试。对海巴洛隧道层状炭质板岩现场取样后,进行室内基础物理试验、微观结构与矿物成分分析、崩解性试验及膨胀性试验,以及炭质板岩室内试验研究,为后续深埋隧道围岩稳定性的分析及后续数值模拟提供可靠依据。

2.1 炭质板岩物理性质分析试验

2.1.1 炭质板岩颗粒密度试验

颗粒密度是指岩石中固体的造岩颗粒部分的质量与其体积的比值。选用比重瓶法对现场炭质板岩进行颗粒密度的测量。颗粒密度室内试验情况如图2-1所示。

(a)试验用岩粉　　　　　　　　(b)比重瓶测试颗粒密度

图2-1 颗粒密度室内试验情况

试验测得岩样的颗粒密度如表2-1所示,经测定现场炭质板岩的平均颗粒密度为2.58 g/cm³。

表 2-1　炭质板岩颗粒密度试验结果

岩样编号	岩样密度/$(g \cdot cm^{-3})$
KL-1	2.44
KL-2	2.53
KL-3	2.68
KL-4	2.64
KL-5	2.59

2.1.2　炭质板岩块体密度试验

试验测得岩样的块体密度如表 2-2 所示。

表 2-2　炭质板岩块体密度试验结果

岩样编号	岩样密度/$(g \cdot cm^{-3})$
KT-1	2.34
KT-2	2.29
KT-3	2.32
KT-4	2.27
KT-5	2.31

经测定,现场炭质板岩的平均块体密度为 2.31 g/cm^3。

2.1.3　炭质板岩含水率试验

岩石含水率是指岩石空隙中含有自由水的量。含水率室内试验情况如图 2-2 所示。

<table>
<tr><td>(a)烘干前试样情况</td><td>(b)烘干后试样情况</td></tr>
</table>

图 2-2　含水率室内试验情况

烘干法含水率试验结果如表 2-3 所示。

表 2-3 烘干法含水率试验结果

岩样编号	天然质量/g	烘干质量/g	含水率/%
HSL-1	56.73	56.31	0.75
HSL-2	60.32	59.85	0.79
HSL-3	41.62	41.33	0.70
HSL-4	42.18	41.86	0.76
HSL-5	53.64	53.21	0.81

经测定，海巴洛隧道层状炭质板岩的含水率为 0.70%~0.81%，考虑到试验误差，取其算数平均值，即海巴洛层状炭质板岩天然含水率为 0.76%。

2.2 炭质板岩微观组构特征的试验研究

炭质板岩固有各向异性特征与其组构特征有着直接的关系，本小节采用 X 光衍射技术，对炭质板岩的微观结构进行了分析，以便更全面地认识炭质板岩的层状结构特征。

2.2.1 炭质板岩光学薄片的制备

室内试验的层状岩体的组构分析一般是先采集定向标本，然后制作定向薄片，最后进行测定。为比较两个不同方向岩石组构的差异，炭质板岩光学薄片的样本按照平行层面和垂直层面两个方向采集，分别加工成观察样本。观察仪器为日本 JSM-6490LV 扫描电镜，用于岩体样品表面微区形貌分析、材料断口形貌与其内部结构分析及夹杂物分析。岩样制备图及观察设备图如图 2-3 所示。

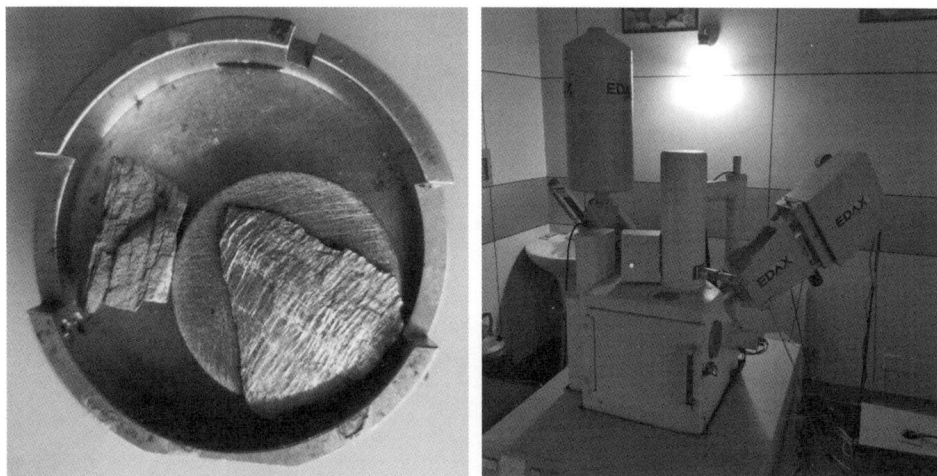

图 2-3 岩样制备及观察设备图

2.2.2　炭质板岩光学薄片的显微镜分析

岩石组构的研究包括各种规模上宏观和微观所有组构单元的分析，对炭质板岩而言，其具有一个主要的沉积组构，其中层理是最明显的组构单元。图 2-4 是垂直炭质板岩层理方向宏观照片，从图中可以清晰地看出炭质板岩宏观层理面。

图 2-4　垂直炭质板岩层理方向宏观照片

从图 2-4 可以看出，现场炭质板岩的垂直节理面层厚较小，为 0.06~0.2 m，层理排列紧密，局部充填有细颗粒。为研究炭质板岩的微观结构特征，图 2-5 和图 2-6 分别给出了平行层理面和垂直层理面方向炭质板岩电镜扫描照片。

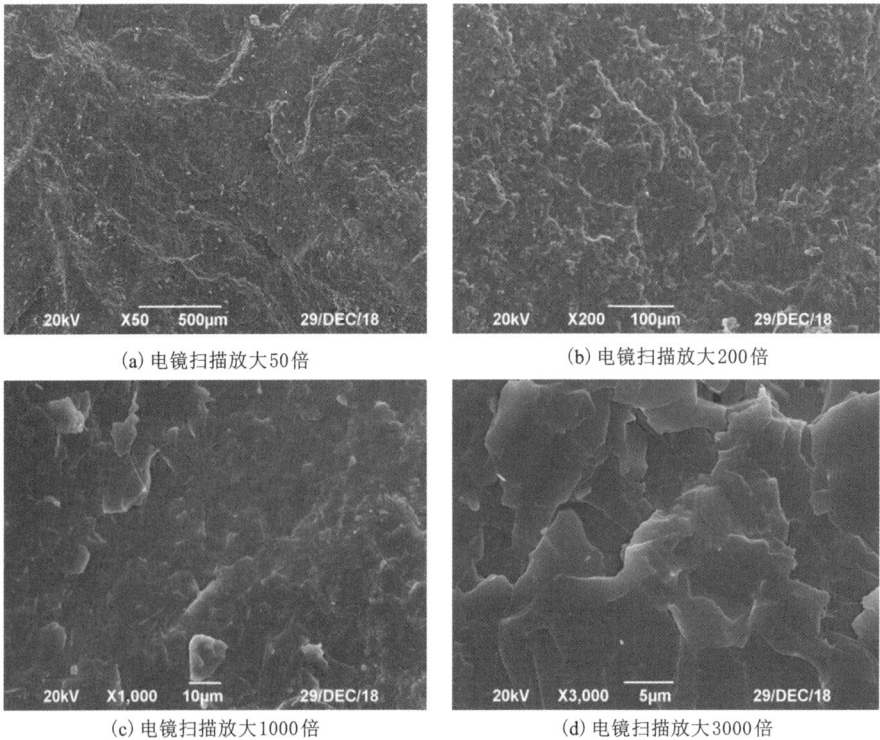

(a) 电镜扫描放大 50 倍

(b) 电镜扫描放大 200 倍

(c) 电镜扫描放大 1000 倍

(d) 电镜扫描放大 3000 倍

图 2-5　平行层理面方向炭质板岩电镜扫描照片

从图 2-5 可以看出，对于平行层理面方向，炭质板岩为呈"鳞片"状排列的层片状结构，层理结合紧密，层面光滑，层面表面无其他特殊的矿物颗粒，分布有少量已破坏的层状岩屑。

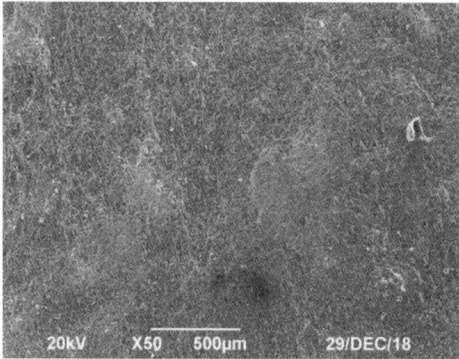

(a) 电镜扫描放大 50 倍

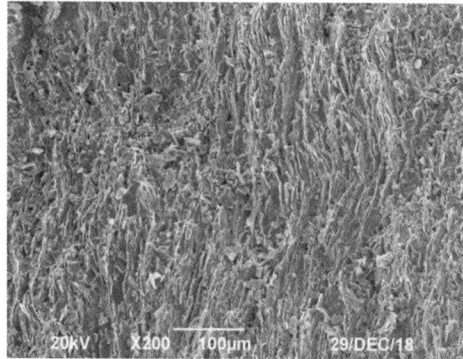

(b) 电镜扫描放大 200 倍

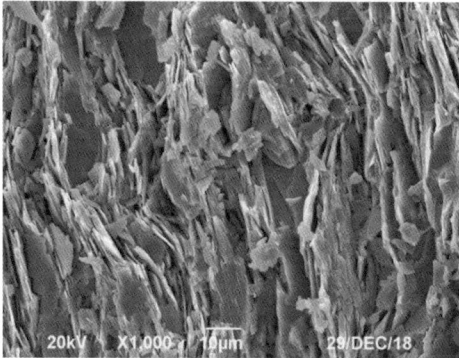

(c) 电镜扫描放大 1000 倍

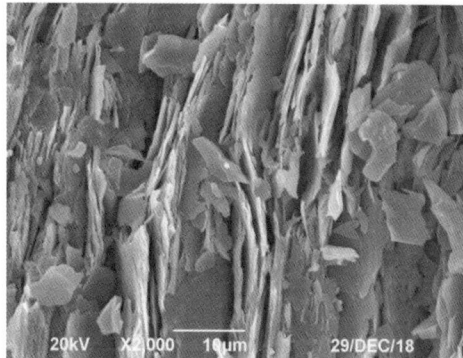

(d) 电镜扫描放大 2000 倍

(e) 电镜扫描放大 5000 倍

(f) 电镜扫描放大 10000 倍

图 2-6　垂直层理面方向炭质板岩电镜扫描照片

从图 2-6 可以看出，对于垂直层理面方向，电镜扫描放大倍数为 50 倍时，层状结构显现不明显，仅观察到样本上有层状结构，但无法观察到层理结构的破坏情况；当放大倍数为 200 倍时，垂直层理面方向的节理层面已十分明显，呈条带状分布，并可以较为清晰地看到层理破坏面；当放大倍数为 1000 倍时，层理结构十分清晰，部分已破坏的层理倾伏于垂直节理面上，发生了弯折破坏；当放大倍数为 2000 倍时，可以看出层理间由已破坏的板岩碎裂物充填，且层间破坏情况较普遍，层状结构极易发生破坏；当放大倍数为 5000 倍时，显示层状结构层间光滑，层间易剥离；当放大倍数为 10000 倍时，可以看出层理间充填大量空隙，层间厚度不足 1 μm。以上特点导致层状结构沿临空面发生弯折破坏，已发生弯折破坏的岩屑无黏结强度，以充填形式分布其中，进一步弱化了层理面。

通过观察海巴洛隧道炭质板岩微观组构特征，可以得出以下结论：

①炭质板岩内部结构呈薄片状，在电子显微镜下呈现明显的"鳞片"状层理结构，部分张开，层理间无较大的矿物颗粒，层间结合紧密。

②岩体主要破坏模式为薄层状层理的弯折破坏，且层理间空隙由碎裂岩屑充填，结合强度低，层间结合紧密，较难产生滑移破坏。

2.2.3　炭质板岩的 X 光衍射试验

海巴洛隧道现场炭质板岩主要分为普通层状炭质板岩与夹有石英脉层状炭质板岩两类，分别在这两类岩样分布的断面取样，进行 X 光衍射试验。

（1）普通层状炭质板岩 X 光衍射试验

普通层状炭质板岩如图 2-7 所示。

图 2-7　普通层状炭质板岩

通过对炭质板岩样品进行 X 光衍射试验，得到炭质板岩的主要化学成分为石英、白云母、绿泥石、钠长石、方解石和白云石。其中，石英含量为 34.5%，白云母含量为 28.2%，绿泥石含量为 18.6%，钠长石含量为 10.1%，方解石含量为 5.1%，白云石含量为 3.5%。X 光衍射分析图如图 2-8 所示，普通炭质板岩样品矿物成分图如图 2-9 所示。

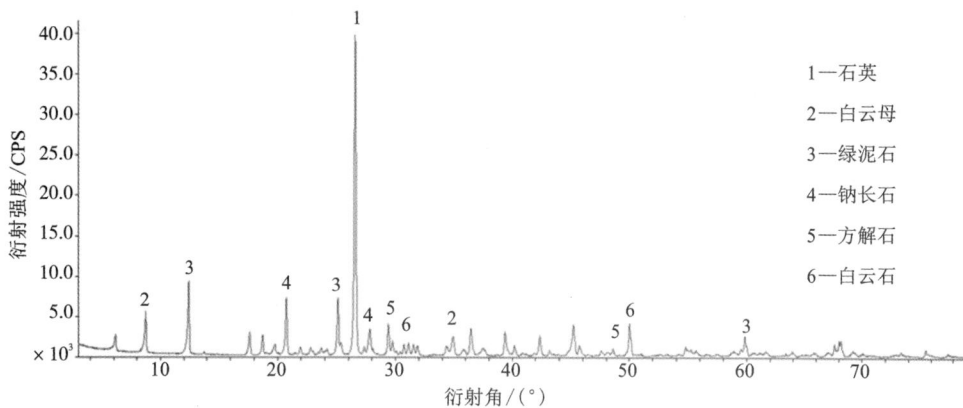

图 2-8　普通炭质板岩样品 X 光衍射分析图

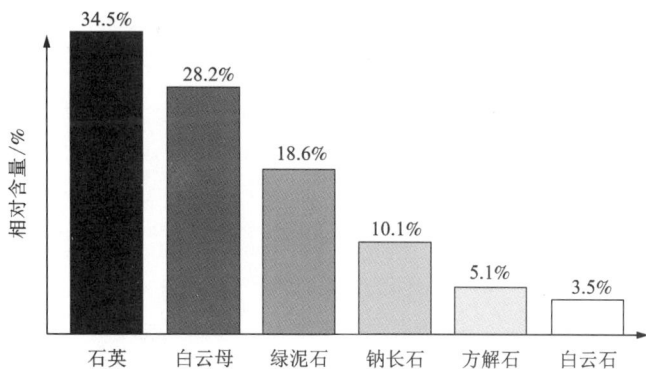

图 2-9　普通炭质板岩样品矿物成分图

（2）夹有石英脉层状炭质板岩 X 光衍射试验

海巴洛隧道夹有石英脉层状炭质板岩如图 2-10 所示。

图 2-10　夹有石英脉层状炭质板岩

通过对炭质板岩样品进行 X 光衍射试验,得到炭质板岩的主要化学成分为石英、白云母、绿泥石、钠长石、方解石和白云石。其中,石英含量为 38.21%,绿泥石含量为 24.38%,白云母含量为 21.09%,钠长石含量为 6.35%,方解石含量为 5.23%,白云石含量为 4.74%。夹有石英脉层状炭质板岩样品 X 光衍射分析图如图 2-11 所示。

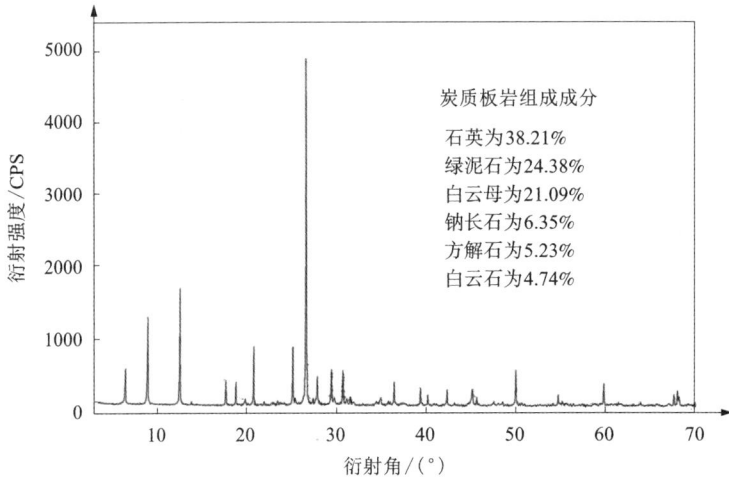

图 2-11　夹有石英脉层状炭质板岩样品 X 光衍射分析图

将普通层状炭质板岩样品与夹有石英脉层状炭质板岩样品组成成分进行汇总统计,如表 2-4 所示。

表 2-4　炭质板岩岩样组成成分汇总表

岩样性质	石英/%	绿泥石/%	白云母/%	钠长石/%	方解石/%	白云石/%
普通层状炭质板岩	34.5	18.6	28.2	10.1	5.1	3.5
夹有石英脉层状炭质板岩	38.21	24.38	21.09	6.35	5.23	4.74

从表 2-4 可以看出,两种岩样的基本矿物组成成分相同,但每种矿物的含量有所不同。相较于夹有石英脉层状炭质板岩,普通层状炭质板岩的绿泥石含量少 5.78%,白云母含量多 7.11%,钠长石含量多 3.75%。绿泥石含量增加,导致夹有石英脉层状炭质板岩强度较低,且遇水更容易崩解、泥化。

2.3　炭质板岩崩解特性试验研究

崩解试验岩样选自海巴洛隧道 YK66+230 断面,崩解试验岩样如图 2-12 所示。

图 2-12　崩解试验岩样

对岩石浸水崩解情况进行记录，取炭质板岩岩样进行崩解特性试验，记录初崩时间及浸泡 5 min、10 min、30 min 时的崩解特征，崩解试验图如图 2-13 所示。

(a) 崩解试验岩样

(b) 崩解试验进行 5 min

(c) 崩解试验进行 10 min

(d) 崩解试验进行 30 min

图 2-13　崩解试验图

根据图 2-13，得出具体崩解现象如表 2-5 所示。

表 2-5　炭质板岩崩解现象

序号	崩解时间	崩解现象
1	试验开始	试验岩样为层状结构，岩体强度低，用手可掰碎
2	试验进行 5 min	溶液变浑浊，伴有大量的碎屑物溶于水中，岩样表面出现较多气泡，岩样开始崩解，烧杯底部有较多沉积物
3	试验进行 10 min	岩样快速崩解，产生大量颗粒状崩解物，岩样已经丧失黏结强度，出现粉末沉淀，溶液微浑浊
4	试验进行 30 min	岩样失去原有形态，已发生完全崩解，崩解物主要由难溶于水的黑色颗粒物与难以崩解的层状块体组成，崩解物已失去黏结强度，沉积在杯底

2.4　炭质板岩膨胀特性试验研究

　　针对香丽高速公路海巴洛隧道炭质板岩进行膨胀特性试验研究，测定岩体在无结构力情况下的自由膨胀特性，即岩粉的自由膨胀性。炭质板岩膨胀特性试验步骤如图 2-14 所示。

(a) 岩粉制备

(b) 岩粉烘干

(c) 岩粉称量

(d) 结果读取

图 2-14　炭质板岩膨胀特性试验步骤

试验测得岩样的自由膨胀率如表 2-6 所示。

表 2-6　炭质板岩自由膨胀率试验结果

岩样编号	膨胀率/%
PZ-1	41
PZ-2	45
PZ-3	54
PZ-4	52
PZ-5	48

经测定,海巴洛隧道层状炭质板岩的自由膨胀率为 41%~54%,考虑到试验误差,取其算数平均值,即海巴洛隧道层状炭质板岩自由膨胀率为 48%。

2.5　本章小结

本章以海巴洛隧道炭质板岩为研究对象,进行了一系列室内试验,主要包括炭质板岩的物理性质分析试验(颗粒密度、块体密度、含水率)、炭质板岩微观组构特性试验(XRD组成成分分析、SEM 电镜扫描试验)、炭质板岩崩解特性试验及膨胀特性试验。通过以上室内试验,掌握了海巴洛隧道炭质板岩的水理性质及微观组构特点,取得的主要研究成果如下:

①根据室内试验,测得海巴洛隧道炭质板岩的平均颗粒密度为 $2.58\ g/cm^3$,平均块体密度为 $2.31\ g/cm^3$,天然含水率为 7.6%。

②通过对现场炭质板岩进行微观结构的观察,可以看出炭质板岩内部结构呈薄片状,在电子显微镜下呈现明显的"鳞片"状层理结构,部分张开,层理间无较大的矿物颗粒,层间结合紧密。岩体的主要破坏模式为薄层状层理的弯折破坏,且层理间空隙由碎裂岩屑充填,结合强度低,层间结合紧密,较难产生滑移破坏。

③通过对夹有石英脉层状炭质板岩与普通层状炭质板岩两种不同岩样进行 XRD 组成成分分析,发现两者的基本矿物组成成分相同,主要成分为石英、白云母、绿泥石、钠长石、方解石和白云石,但每种矿物成分的含量有所不同。相较于夹有石英脉层状炭质板岩,普通层状炭质板岩的绿泥石含量少 5.78%,白云母含量多 7.11%,长石含量多 3.75%。绿泥石含量增加,导致夹有石英脉层状炭质板岩强度较低,且遇水更容易崩解、泥化。

④通过炭质板岩的崩解特性试验,可以看出现场炭质板岩遇水极易崩解,岩样放入水中后便开始崩解,浸泡 30 min 后,炭质板岩岩样完全崩解。

⑤通过炭质板岩膨胀特性试验,测得海巴洛隧道层状炭质板岩自由膨胀率为 48%,表明现场炭质板岩遇水易发生膨胀,在现场施工过程中应注意炭质板岩的这一特点。

第 3 章

炭质板岩隧道围岩与支护结构现场测试

3.1　测试参考标准

1)《公路隧道设计细则》(JTG/T D70—2010);

2)《公路隧道施工技术规范》(JTG/T 3660—2020);

3)《铁路隧道监控量测技术规程》(Q/CR 9218—2015);

4)《岩土锚杆与喷射混凝土支护工程技术规范》(GB 50086—2015);

5)《云南省香格里拉至丽江高速公路第七标段两阶段施工图设计》第四册;

6)《云南省香格里拉至丽江高速公路第八标段两阶段施工图设计》第一册。

3.2　围岩变形及结构受力特性测试方案

3.2.1　监测目的

现场监控量测,是隧道施工过程中对围岩和支护体系的稳定状态进行监测并对量测的数据进行整理和分析,再将得到的信息反馈到设计和施工中,进一步优化设计和施工方案,以达到安全的目的。

1)了解围岩与初期支护接触压力、初期支护内力、衬砌内力等状况,为隧道后续施工提供更准确的支护参数及措施;

2)掌握围岩的动态,定量确定隧道洞内周边的位移及变形特征,对围岩稳定性作出评价;

3)了解支护结构的受力大小和应力分布,定量确定支护结构的受力特性,判定结构的安全性、稳定性;

4)明确隧道开挖围岩变形和结构受力的特征,为理论分析及数值模拟提供实测数据。

3.2.2　监测内容

为验证支护结构、支护参数及支护结构的合理性,需要在洼里别隧道进口段和海巴洛隧道出口段选取典型断面进行必要的测试,以期详细了解围岩稳定程度、衬砌的受力状况、变形情况等。具体的测试项目及方法如表 3-1 所示。

表 3-1　测试项目及方法汇总表

序号	测试项目	工具	试验断面
1	围岩位移	收敛计或全站仪	见后面章节
2	钢拱架内力	钢拱架应变计	YK64+135、YK67+198
3	围岩与初支接触压力	压力盒	YK64+135、YK67+198
4	二衬内力	混凝土应变计	YK64+135、YK67+198
5	外水压力	渗压计	YK67+198

3.2.3　现场测点布置

(1)围岩位移量测

周边收敛及拱顶下沉采用全站仪进行量测。在隧道开挖施作初支后的相应位置设置带挂钩的预埋件作为测桩,埋设前先用小型钻机在待测部位成孔,然后将测桩放入,用快凝水泥或早强锚固剂固定,注意保护测桩头。围岩周边收敛与拱顶下沉布置在同一断面上,以便进行数据分析。周边收敛及拱顶下沉量测断面布置图如图 3-1 所示。

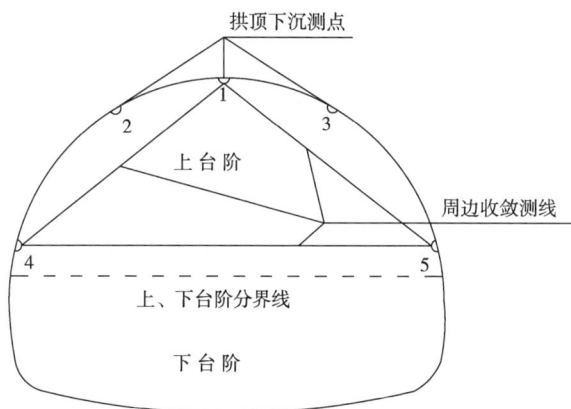

图 3-1　周边收敛及拱顶下沉量测断面布置图

(2)钢拱架内力量测

钢拱架表面应变计应对称地焊接在钢拱架两翼缘上,安装时,先将应变计的底座与钢拱架进行焊接,焊接时宜采用点焊,底座焊好后再进行元器件的安装。钢拱架应变计埋设如图 3-2 所示。

为确保应变计及时正确地反映钢拱架内力的变化情况,一旦钢拱架架设完毕,立即进行应变计埋设工作,并进行长期监测直至钢拱架受力稳定。

(a)现场埋设

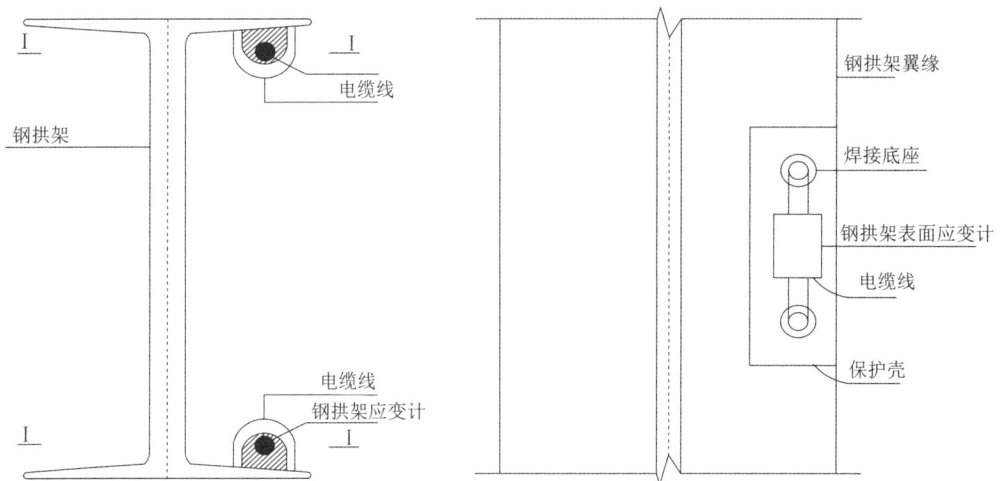

(b)示意图

图 3-2　钢拱架应变计埋设

（3）围岩与初支接触压力量测

埋设压力盒前，可将埋设处的围岩仔细夯实并用 M10 的水泥砂浆找平，然后使压力盒就位，就位的压力盒表面与砂浆找平层齐平，防止压力盒产生倾斜，并保证接触面间的密实，避免接触不良，压力盒固定时严禁采用焊接，避免高温损伤元器件，从而影响测试结果。围岩与初支之间压力盒埋设如图 3-3 所示。

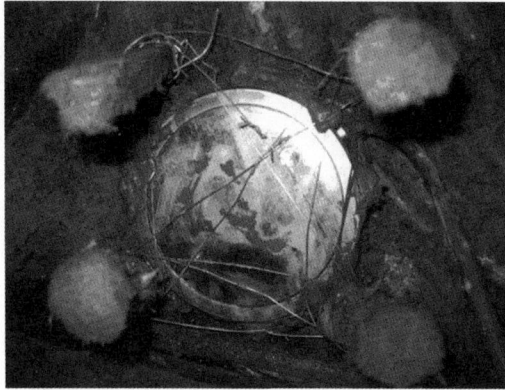

(a)现场埋设

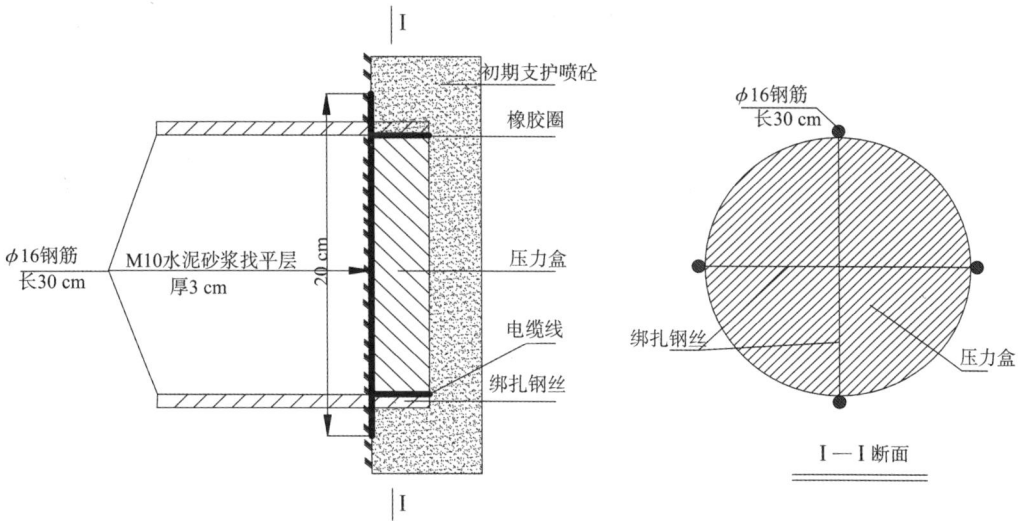

(b)示意图

图 3-3 围岩与初支之间压力盒埋设

（4）二衬内力量测

选用钢弦式埋入式混凝土应变计(JMZX-215A 型智能弦式应变传感器)。混凝土应变计埋设时，应保证元器件轴线与受力方向一致，即保证混凝土应变计的轴向与隧道环向方向相同。二衬混凝土应变计的测点布置及现场埋设示意图如图 3-4 所示，二衬混凝土应变计、钢拱架应变计、压力盒埋设示意图如图 3-5 所示。

为确保应变计及时正确地反映二衬内力的变化情况，在二衬浇筑完成且混凝土达到规定强度后，及时移动二衬模板台车，并进行长期监测直至二衬受力稳定。

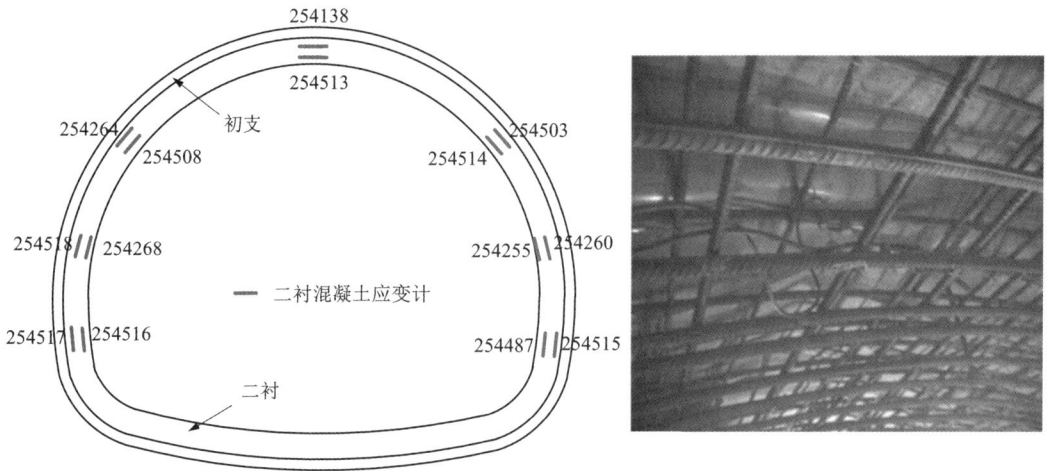

图 3-4　二衬混凝土应变计的测点布置及现场埋设示意图

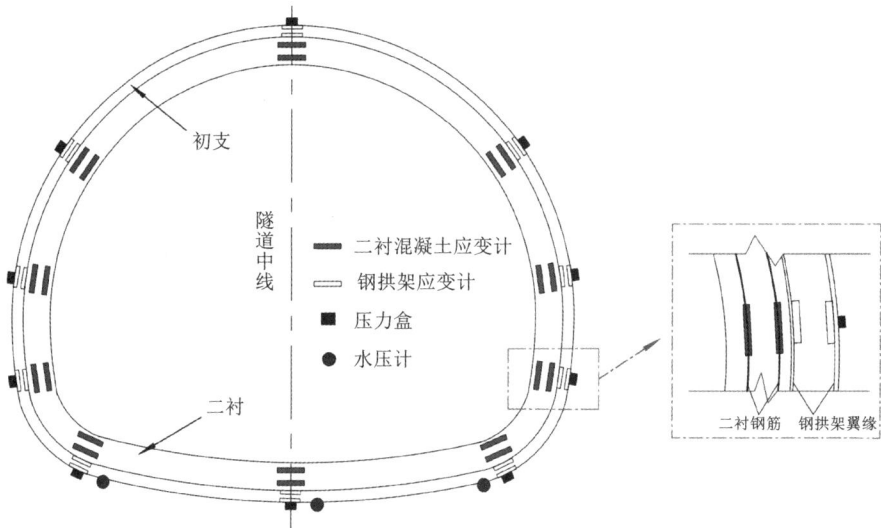

图 3-5　二衬混凝土应变计、钢拱架应变计、压力盒埋设示意图

3.3　现场测试结果分析

3.3.1　洞身周边收敛及拱顶沉降

　　针对香丽高速典型炭质板岩隧道大变形的情况，结合现场具体的地质条件，选取大变形断面进行洞身周边收敛及拱顶沉降监控量测。选取了海巴洛隧道右幅 YK66+000 ~ YK66+230 大变形段落、YK67+170 ~ YK67+220 预警变形段落及两个典型应力测试断面（YK64+135、YK67+198 断面）的监控量测结果进行分析。

（1）YK66+000~YK66+230 大变形段落

海巴洛隧道 YK66+000~YK66+230 段采用台阶法（预留核心土）开挖。设计围岩为Ⅳ级，实际开挖揭露围岩主要为黑色、强风化-全风化炭质板岩，岩体岩质较软，遇水极易软化。岩体结构为薄层状、碎裂结构；节理裂隙、层理面发育，节理平均间距小于 0.2 m，围岩十分破碎。掌子面左拱肩处呈小股状、线状出水，掌子面岩体湿润。YK66+000~YK66+230 段掌子面围岩情况如图 3-6 所示。

图 3-6　YK66+000~YK66+230 段掌子面围岩情况

海巴洛隧道右幅 YK66+000~YK66+230 段地质条件较差，施工至此段时，现场出现了围岩大变形，变形量大且难以稳定，围岩膨胀挤出侵入二衬净空，给施工带来巨大难题。图 3-7 给出了 YK66+000~YK66+230 段大变形空间分布曲线图。

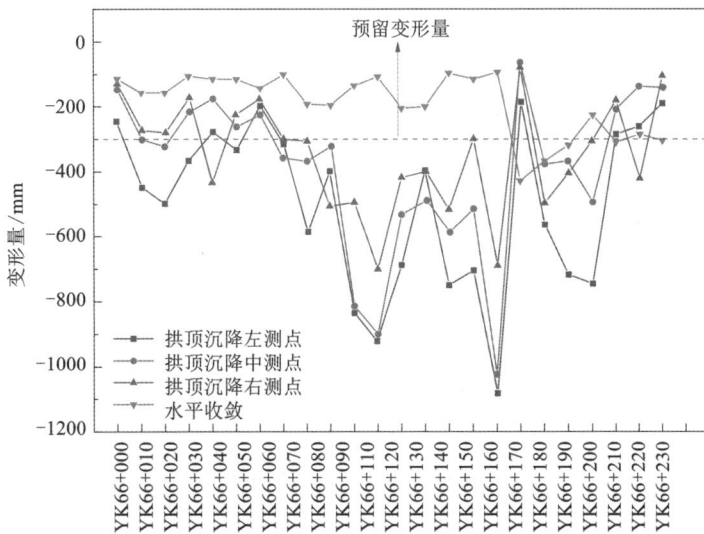

图 3-7　YK66+000~YK66+230 段大变形空间分布曲线图

从图 3-7 可以看出，YK66+000~YK66+230 大变形段落的变形具有以下特点：

①监测断面全段落处于大变形状态，除 YK66+000、YK66+060、YK66+210、YK66+230 几个断面外，其余断面的拱顶沉降值均超过了预留变形量。在现场具体表现为初支侵限，需进行大面积钢拱架拆换。

②拱顶沉降最大值为 1.075 m，位于 YK66+160 断面，周边收敛值最大值为 0.42 m，位于 YK66+170 断面；整个监测段落中，大多数监测断面的拱顶沉降值大于周边收敛值，表明围岩的垂直应力大于水平应力；但 YK66+170 断面较为反常，出现周边收敛值大于拱顶沉降值的情况，表明围岩受到的水平应力可能大于垂直应力。

③拱顶沉降监测值具有左测点监测值、中测点监测值要大于右测点监测值的情况。这一规律在整个监测段落中均适用，反映出层状炭质板岩隧道具有不对称变形的特点。

选取大变形段落的典型断面 YK66+110，绘制变形规律图如图 3-8 所示，其中以拱顶沉降、水平收敛为正。

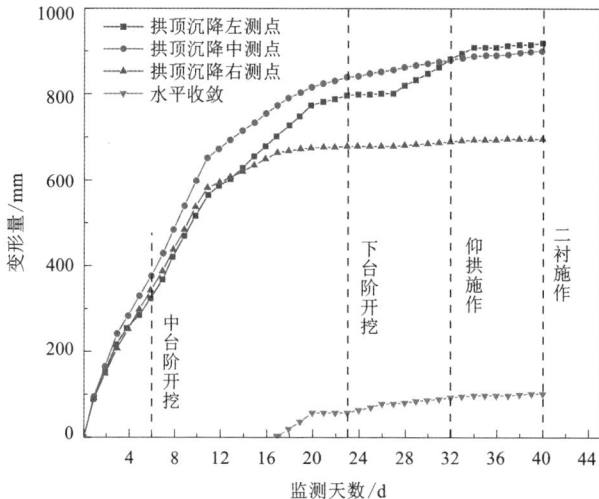

(a) 海巴洛隧道 YK66+110 断面时程曲线图

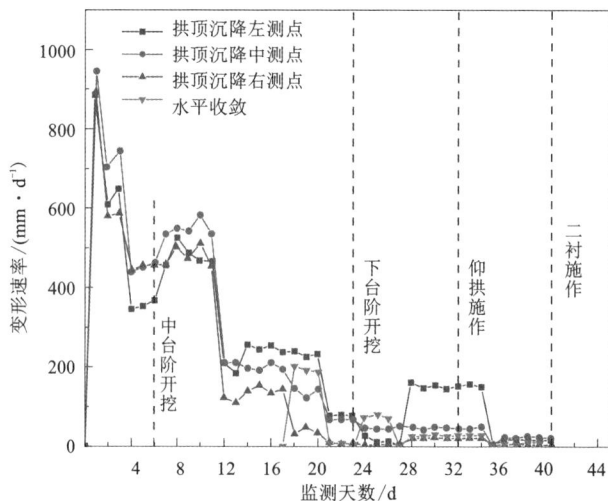

(b) 海巴洛隧道 YK66+110 断面变形速率图

图 3-8　海巴洛隧道 YK66+110 断面变形规律图

从图 3-8 可以得到以下结论:

①隧道上台阶开挖至中台阶开挖(0~6 d),隧道围岩处于急速变形期,左测点、中测点和右侧点平均沉降速率分别为 53.6 mm/d、62.6 mm/d 和 56.9 mm/d,此阶段围岩变形量占总变形量的 35% 以上;该时段变形速率极大且难以控制,日均变形量超 50 mm/d,变形速率随时间增长有下降的趋势,但仍处于较高的水平。

②隧道中台阶开挖至下台阶开挖(6~23 d),隧道围岩处于快速变形期,左测点、中测点和右侧点平均沉降速率分别为 27.8 mm/d、27.1 mm/d 和 19.7 mm/d,水平收敛速率为 8.0 mm/d,此阶段围岩变形量约占总变形量的 50%;此阶段变形速率较前一阶段有所下降,但变形量仍然在快速增加,此阶段是最终变形值的主要积累阶段。

③隧道下台阶开挖至仰拱施作阶段(23~32 d),隧道围岩处于缓慢变形期,左测点、中测点和右侧点平均沉降速率分别为 9.0 mm/d、4.6 mm/d 和 1.3 mm/d,水平收敛速率为 4.1 mm/d,此阶段围岩变形量约占总变形量的 10%;此阶段变形速率较前一阶段下降较大,表明下台阶开挖后,围岩的应力释放已基本完成,此阶段变形接近最终变形值。

④隧道仰拱施作至二衬施作阶段(32~40 d),隧道围岩处于变形稳定期,左测点、中测点和右侧点平均沉降速率分别为 5.0 mm/d、2.55 mm/d 和 4.7 mm/d,水平收敛速率为 0.76 mm/d,此阶段围岩变形量小于总变形量的 5%;此阶段变形速率较小,围岩应力调整已基本完成。

⑤监测过程中,隧道拱顶下沉呈现出明显的非对称性,左侧拱顶沉降值为 916 mm,右侧拱顶沉降值为 694.5 mm,呈现出右侧沉降大于左侧沉降的特点。

由于围岩侵入二衬净空,海巴洛隧道 YK66+000~YK66+230 大变形段落进行了全段的换拱措施,为了保证换拱后大变形段落的安全性,对换拱后的 YK66+110 断面重新布点监测,绘制出变形情况如图 3-9 所示。

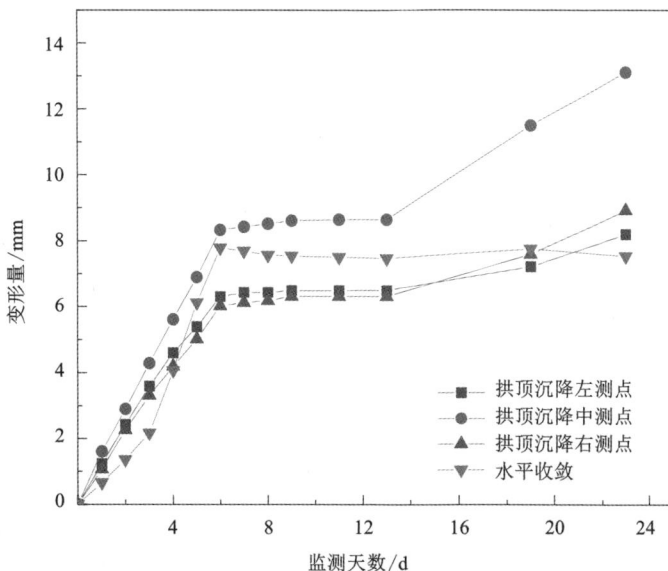

图 3-9 海巴洛隧道 YK66+110 断面换拱后变形情况

从图 3-9 可以看出，YK66+110 断面实施换拱后，不再出现大变形的情况。最大拱顶沉降值为 13.1 mm，位于拱顶处；周边收敛值为 7.52 mm，二者均处于安全范围之内。现场大变形断面在实施换拱后，基本未出现二次大变形，施工顺利。由此可见，施工期间第一次实施初期支护后因围岩压力过大造成破坏而出现的大变形，在一定程度上对围岩进行了有效的应力释放，使得换拱后没有出现二次大变形的情况。

为了探究大变形段落隧道开挖后空间效应的影响，选取典型断面 YK66+110 下台阶开挖时间作为基准时间，对已开挖断面变形值进行汇总，得到 YK66+088～YK66+140 段大变形空间分布曲线图，如图 3-10 所示。

从图 3-10 可以看出，在掌子面 YK66+140 开挖时，距离掌子面较近的 YK66+130 断面由于开挖时间较短，呈现出的变形仍处在较低水平；距离开挖掌子面 20 m 时，围岩已出现大变形，YK66+120 断面最大变形值已达 349.5 mm；距离开挖掌子面 30 m 时，开挖的空间效应已不再显著，监测变形量与实际变形量基本一致。监测数据表明，海巴洛隧道大变形段落的开挖变形稳定距离为 20～30 m，现场应根据距掌子面变形稳定距离，及时完成后续支护措施。

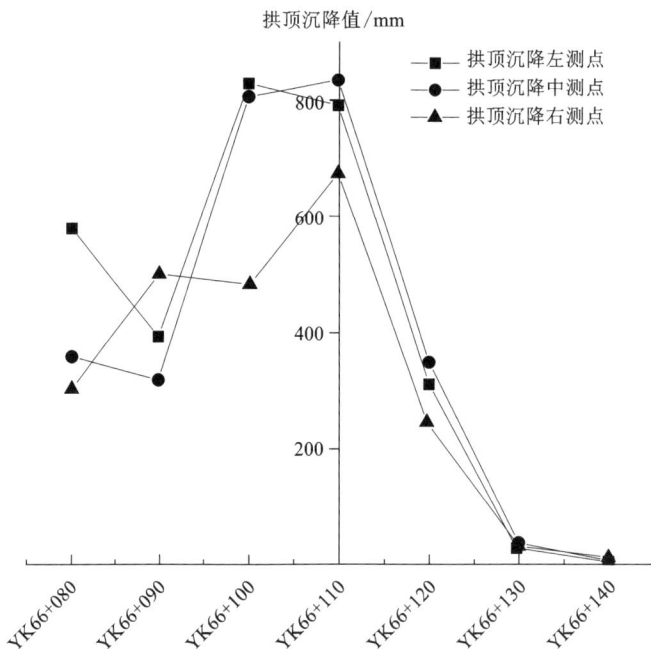

图 3-10　YK66+080～YK66+140 段大变形空间分布曲线图

（2）YK67+170～YK67+220 预警变形段落

海巴洛隧道 YK67+170～YK67+220 段采用台阶法开挖。设计围岩为 IV 级，实际开挖揭露掌子面围岩为黑色强风化板岩，岩体呈层状、碎裂结构，局部夹有白色石英脉，岩体较破碎，节理裂隙发育，掌子面右侧有渗水、滴水，围岩自稳性较差。现场围岩情况如图 3-11 所示。

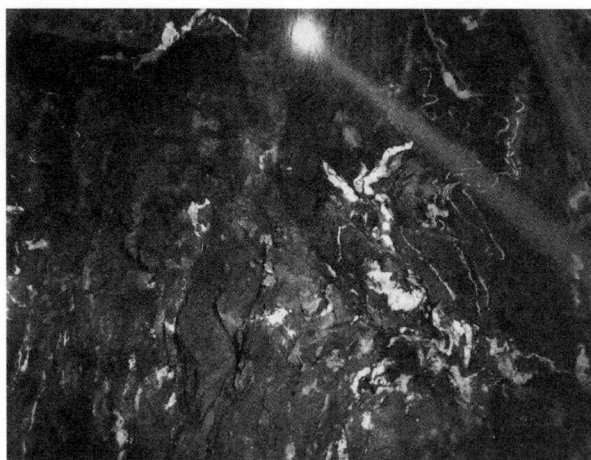

图 3-11　YK67+170~YK67+220 段掌子面围岩情况

　　海巴洛隧道 YK67+170~YK67+220 段地质条件较差，施工至此段时，掌子面出现局部掉块，部分岩体顺层滑落，多处初支混凝土出现开裂现象，现场变形量已达到预警值。图 3-12 给出了这一监测段落的大变形空间分布曲线图。

　　从图 3-12 可以看出，YK67+170~YK67+220 段预警变形段落的变形具有以下特点：

　　①监测断面变形值基本达到预留变形量的 2/3，表明这一段落围岩变形仍处于较危险状态，须及时对变形进行控制。

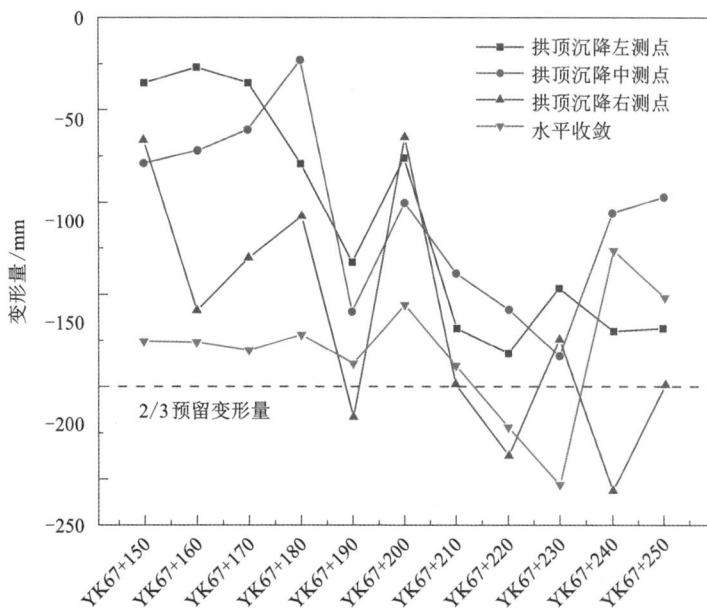

图 3-12　YK67+170~YK67+220 段大变形空间分布曲线图

②拱顶沉降最大值为 256.6 mm，位于 YK67+240 断面，周边收敛值最大值为 253.0 mm，位于 YK67+230 断面；整个监测段落中，监测断面的拱顶沉降值与周边收敛值大致相等，表明现场围岩的垂直应力与水平应力基本相当。现场在做好沉降控制的同时，需注意控制水平方向位移。

③拱顶沉降监测值具有右测点监测值、中测点监测值要大于左测点监测值的情况。

选取大变形段落的典型断面 YK67+198，绘制变形规律图如图 3-13 所示，其中以拱顶沉降、水平收敛为正。

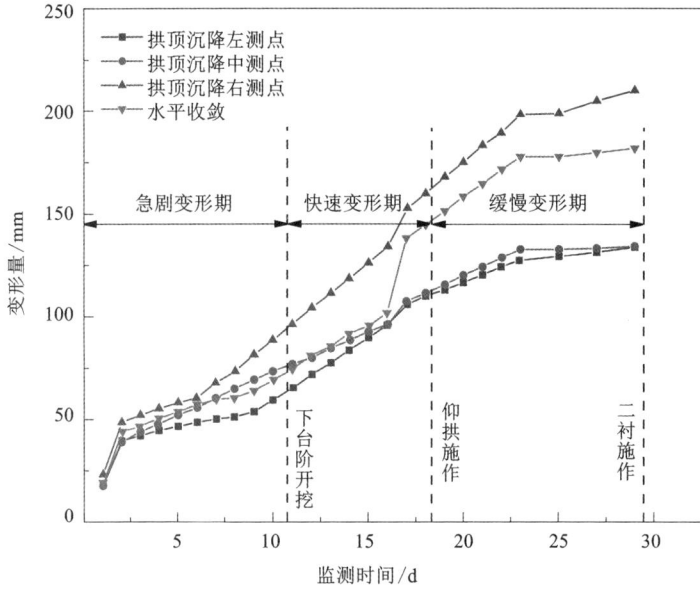

(a) 海巴洛隧道 YK67+198 断面时程曲线图

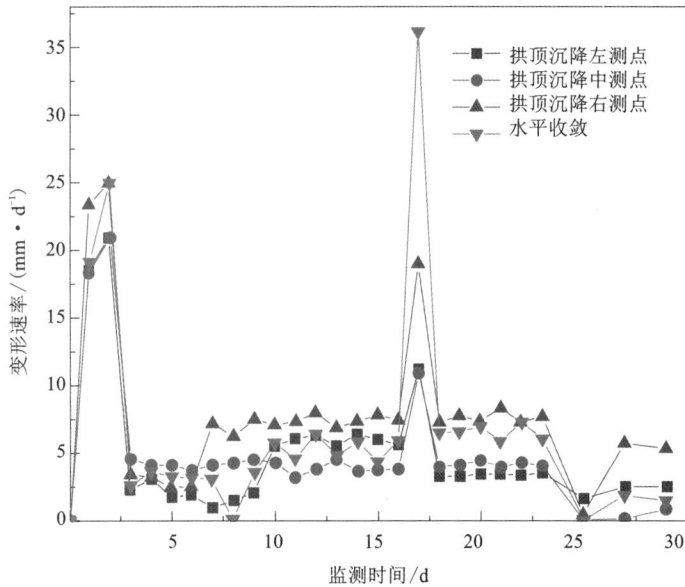

(b) 海巴洛隧道 YK67+198 断面变形速率图

图 3-13　海巴洛隧道 YK67+198 断面变形规律图

从图 3-13 可以得到以下结论：

①隧道上台阶开挖至下台阶开挖(0~11 d)，隧道围岩处于急剧变形期，左测点、中测点和右侧点平均沉降速率分别为 6.9 mm/d、5.9 mm/d 和 8.7 mm/d，水平收敛速率为 6.3 mm/d，此阶段围岩变形量约占总变形量的 50%；此阶段变形具有速率快、持续时间长的特点，应为隧道开挖后应力重分布及支护结构与围岩协调而引起。

②隧道下台阶开挖至仰拱施作阶段(11 d~18 d)，隧道围岩处于快速变形期，左测点、中测点和右侧点平均沉降速率分别为 5.9 mm/d、4.4 mm/d 和 8.0 mm/d，水平收敛速率为 3.9 mm/d，此阶段围岩变形量约占总变形量的 25%；此阶段变形速率较大，表明下台阶开挖后，围岩与支护结构再次进行调整。

③隧道仰拱施作至二衬施作阶段(18~29 d)，隧道围岩处于缓慢变形期，左测点、中测点和右侧点平均沉降速率分别为 2.2 mm/d、2.1 mm/d 和 4.7 mm/d，水平收敛速率为 3.5 mm/d，此阶段围岩变形量约占总变形量的 25%；此阶段变形速率较小，围岩应力调整已基本完成。需要注意的是，在仰拱施作后，各测点变形值均有一定量的"跃迁"，此时初支已闭合成环，围岩与支护再次进行应力调整。

④监测过程中，隧道拱顶下沉呈现出明显的非对称性，左侧拱顶沉降值为 132.9 mm，右侧拱顶沉降值为 208.9 mm，呈现出右侧沉降大于左侧沉降的特点。

为了探究大变形段落隧道开挖后空间效应的影响，选取典型断面 YK67+150 下台阶开挖时间作为基准时间，对已开挖断面变形值进行汇总，得到 YK67+150~YK67+220 段大变形空间分布曲线图，如图 3-14 所示。

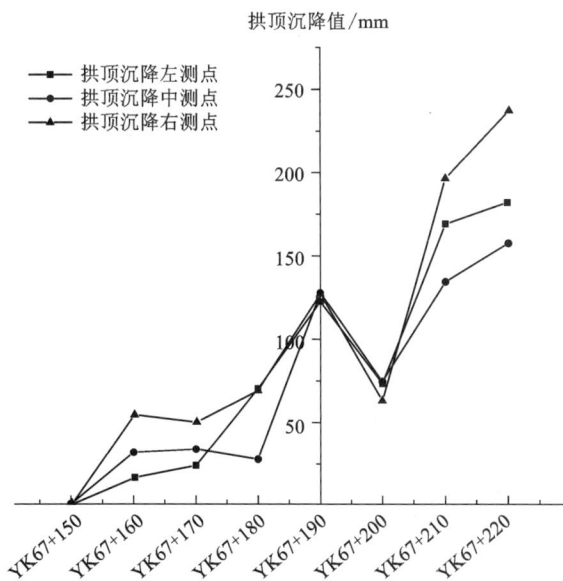

图 3-14　YK67+150~YK67+220 段大变形空间分布曲线图

从图 3-14 可以看出，在掌子面 YK67+150 开挖时，距离掌子面较近的 YK67+160 断面由于开挖时间较短，变形值较小。距离开挖掌子面 40 m 时，YK67+190 断面变形值达到 128 mm。距离开挖掌子面 60 m 时，最大变形值为 197 mm，开挖的空间效应已不再显著，监测变形量与实际变形量基本一致。监测数据表明，海巴洛隧道大变形段落的开挖变形稳定距离在 60 m 左右，现场应根据变形稳定距离，及时完成后续支护措施。

（3）洞身周边收敛及拱顶沉降

针对隧道开挖过程中出现的大变形情况，对其洞身周边收敛进行监测，通过监测结果，分析隧道的稳定性并判定隧道支护是否侵限。下面选取 YK64+135、YK67+198 断面周边收敛和拱顶沉降的情况进行分析，其拱顶沉降曲线分别如图 3-15、图 3-17 所示，周边收敛曲线分别如图 3-16、图 3-18 所示。

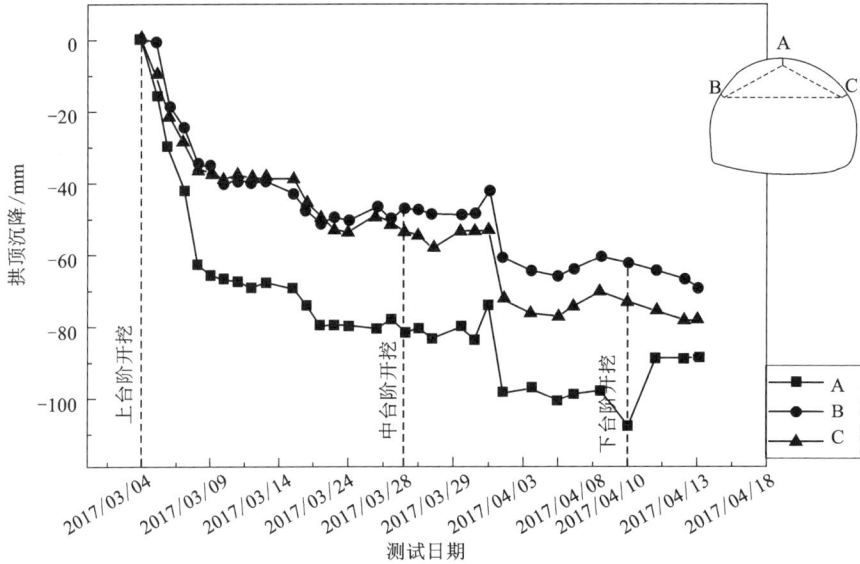

图 3-15　YK64+135 断面拱顶沉降曲线

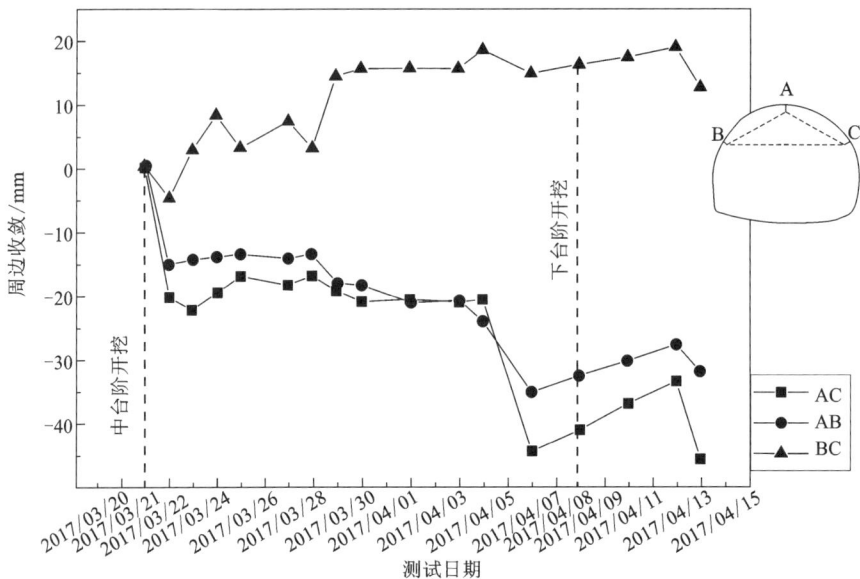

图 3-16　YK64+135 断面周边收敛曲线

　　由图 3-15、图 3-16 可知，隧道上台阶开挖后，周边收敛和拱顶沉降在初期变化较快，监测 4 d 左右，变形增长较缓；中台阶于 3 月 21 日开挖后，其周边收敛迅速增大；在下台阶开挖后，由于仰拱及时封闭成环，变化速率在短暂急增后，洞身收敛及拱顶沉降得到了抑制，变化速率变小。截至 4 月 13 日，隧道洞身上、中台阶周边收敛值达 45.5 mm，拱顶沉降左测点值达 88.6 mm。虽然此时沉降仍未趋于稳定，但根据其变化趋势，周边收敛量和拱顶沉降量将不会超过该断面预留变形量，不会造成初支侵限的问题。在下台阶开挖后，周边位移和拱顶沉降出现剧增的原因可能为：开挖时对围岩造成的二次扰动，破坏了围岩的稳定性，使得上部软弱围岩直接以重力形式施加在初支上。

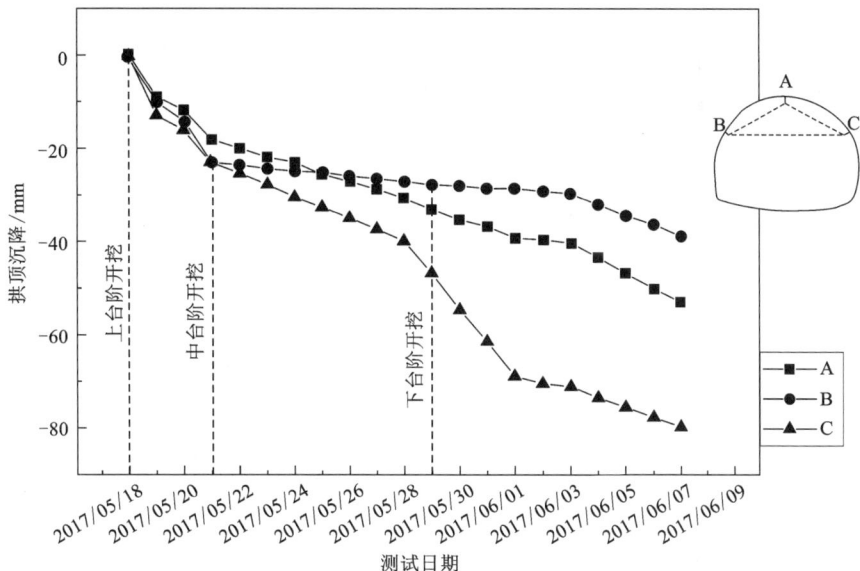

图 3-17　YK67+198 断面拱顶沉降曲线

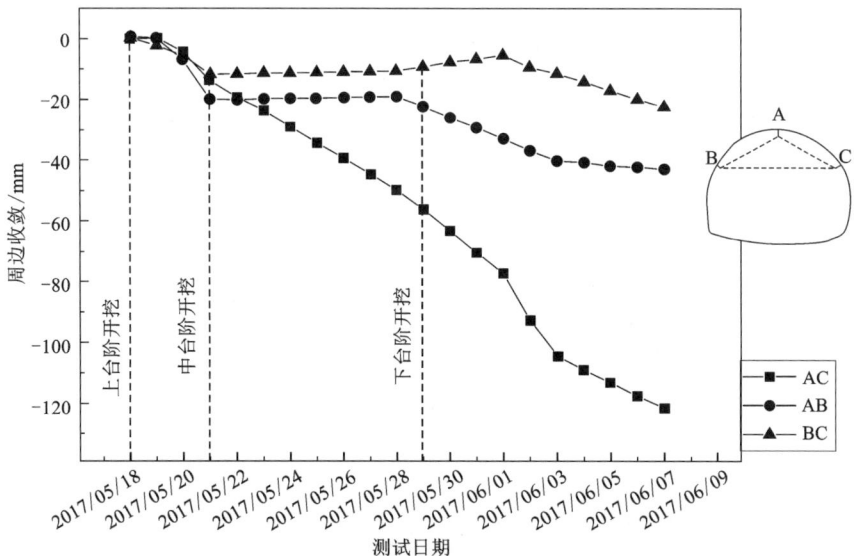

图 3-18　YK67+198 断面周边收敛曲线

由图 3-17、图 3-18 可知，隧道上台阶开挖后，拱顶沉降和周边收敛变化均较大。至 6 月 2 日，拱顶沉降速率和周边收敛速率有所减缓，为 2~5 mm/d。拱顶沉降最大值为 79.8 mm，位于 C（右拱肩）处；周边收敛最大值为 121.8 mm，位于 AC（中右测线）上。虽然此时沉降仍未趋于稳定，但根据其变化趋势，周边收敛量和拱顶沉降量将不会超过该断面预留变形量，不会造成初支侵限的问题。在下台阶开挖后，周边位移和拱顶沉降出现剧增的原因可能为：开挖时对围岩造成的二次扰动，破坏了围岩的稳定性，使得上部软弱围岩直接以重力形式施加在初支上。

3.3.2　钢拱架应力及内力分析

（1）钢拱架应力分析

初期支护应力监测主要测试了初支钢拱架的应变值，以此应变按弹性状态进行计算得到钢拱架的应力值（E = 210 GPa），图 3-19、图 3-20 分别为 YK64+135、YK67+198 断面钢拱架应力时程曲线图，图中拉应力为正、压应力为负（图中内和外分别代表测点的内侧和外侧，内侧表示测点靠近净空一侧，外侧表示测点靠近围岩一侧）。

YK64+135 断面采用三台阶法开挖，拱顶（A）、左/右拱肩（B/C）测点为上台阶钢拱架测点，左拱腰（D）测点为中台阶左侧钢拱架测点，右拱腰（E）测点为中台阶右侧钢拱架测点，左拱脚（F）测点为下台阶左侧测点，右拱脚（G）测点为下台阶右侧测点，左/右仰拱（H/I）测点为仰拱钢架测点，其中测点布置的先后顺序为：上台阶、中台阶左侧、中台阶右侧、下台阶左侧、下台阶右侧。

由图 3-19 可知：随着隧道施工循环的开挖，在测点布置初期应力值增长较快，而每一台阶的开挖都对已布置测点的应力造成了一定的影响，使得应力发生较大的调整，进行了应力重分布，导致测得的应力值波动较大。后期随着掌子面的远离和仰拱的封闭成环，变化平缓直至平稳，各测点基本为受压状态。由于层状软弱围岩的存在及开挖扰动的影响，上部围岩以重力形式作用于初支，使得拱顶的钢拱架受力一直处于高水平状态，钢拱架内侧最大压应力达 764.6 MPa，位于测试断面的左墙处；外侧最大压应力达 427.8 MPa，位于测试断面的左拱肩处。

需要注意的是，钢拱架应力测试中，均有应力反常的情况产生，如图 3-19（a）中左拱腰内侧、拱顶内侧、右拱肩内侧测点和图 3-19（b）中左拱肩外侧测点，其应力值均超过 400 MPa，且应力值未随着掌子面远离受测断面而趋于收敛状态。这些测点后续遭到破坏，所测得的数据不具备参考价值。

排除无效点后，在所有内侧测点中，以左拱肩内侧测得的应力值最大，其最大压应力值约为 339.86 MPa。在所有外侧测点中，以左拱腰外侧测得的应力值最大，其最大压应力值约为 304.63 MPa。其余测点也均以受压为主，其变化规律为：随着掌子面及上、中、下台阶的开挖，应力随时间的增长而逐渐增大。在掌子面逐渐远离受测断面时，应力变化趋于平稳。同时，相较于中、下台阶的应力值，上台阶测得的应力值偏大。此变化规律同样适用于钢拱架外侧测点的变化情况。根据目前的监测结果，钢拱架应力水平已趋于平稳，表明钢拱架受力已稳定。

YK67+198 断面采用三台阶法开挖，拱顶（A）、左/右拱肩（B/C）测点为上台阶钢拱架测点，左拱腰测点（D）为中台阶左侧钢拱架测点，右拱腰测点（E）为中台阶右侧钢拱架测点，左拱脚测点（F）为下台阶左侧测点，右拱脚测点（G）为下台阶右侧测点，左/右仰拱测点（H/I）为仰拱钢架测点，其中测点布置的先后顺序为：上台阶、中台阶左侧、中台阶右侧、下台阶左侧、下台阶右侧。

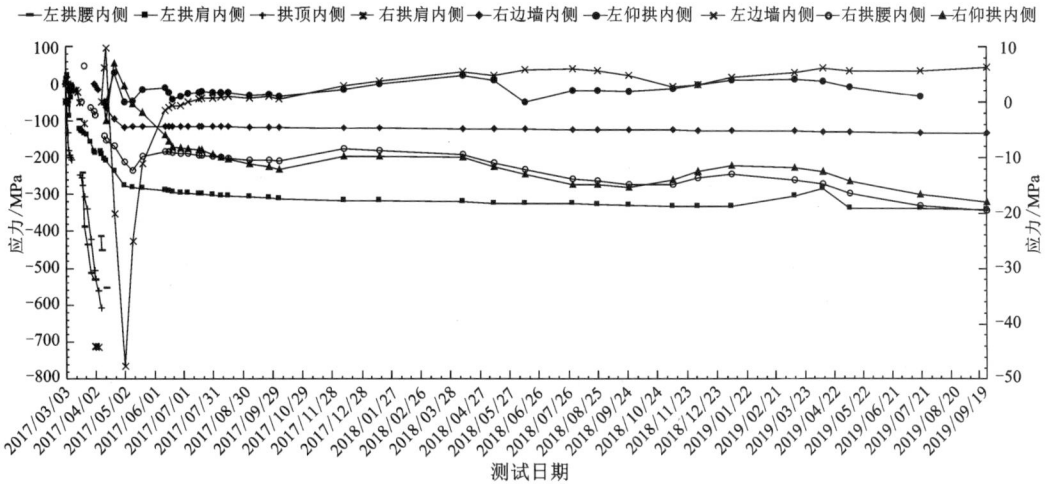

注：左仰拱、左拱脚、右拱腰、右仰拱内侧采用右侧纵坐标轴。

(a) 内侧元器件时程曲线图

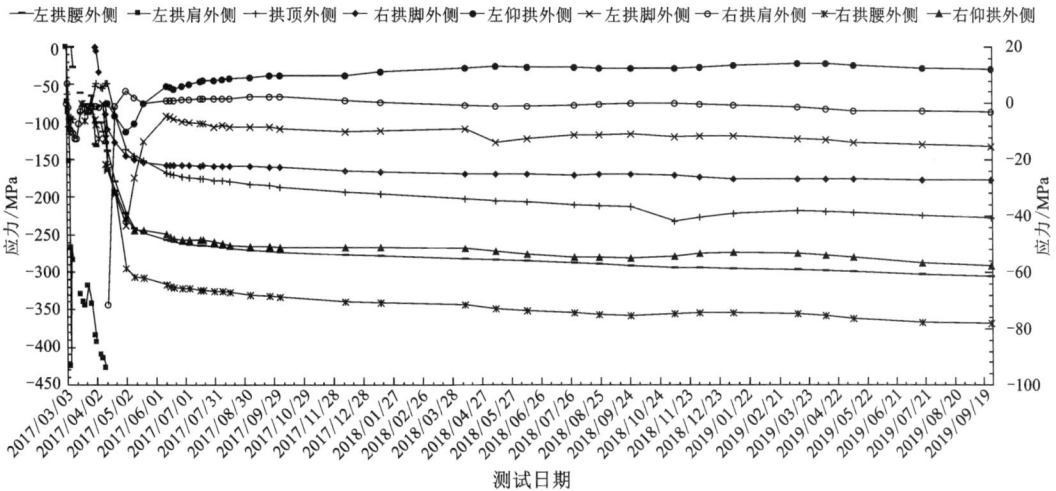

注：左仰拱、左拱脚、右拱肩、右拱腰和右仰拱外侧采用右侧纵坐标轴。

(b) 外侧元器件时程曲线图

图 3-19　YK64+135 断面钢拱架应力时程曲线图

由图 3-20 可知：随着隧道施工循环的开挖，在测点布置初期应力值急剧增加，而每一台阶的开挖都对已布置测点的应力造成了一定的影响，使得应力发生较大的变化，进行了应力重分布，导致测得的应力值波动较大。后期随着掌子面的远离和仰拱的封闭成环，变化平缓直至平稳，各测点基本为受压状态。钢拱架右拱肩（C）外侧测点具有较大的拉应力值，为反常点，且后续被破坏，不具有研究价值。

此外，从图 3-20 可以看出，钢拱架内、外侧均有左侧应力较大的情况。钢拱架拱顶

（A）和右拱肩（C）外侧应力因测值超过量程而被破坏。因此，在讨论初支钢拱架应力规律时应剔除这两点。钢拱架内侧最大压应力为 457.3 MPa，位于（左拱腰 D）处；钢拱架外侧最大压应力为 544.2 MPa，位于（左拱肩 B）处。最大应力超出钢拱架屈服强度。

　　现场情况与测值基本吻合。现场右侧围岩较破碎，应力过大可能导致元器件损坏。现场左、右拱部均出现初支混凝土开裂、剥落、裂缝宽度较大等现象，表明初支承受较大的围岩压力，需采取一定措施进行加固补强；仰拱和边墙测点应力均处于缓慢增长阶段，未超过材料的屈服强度。

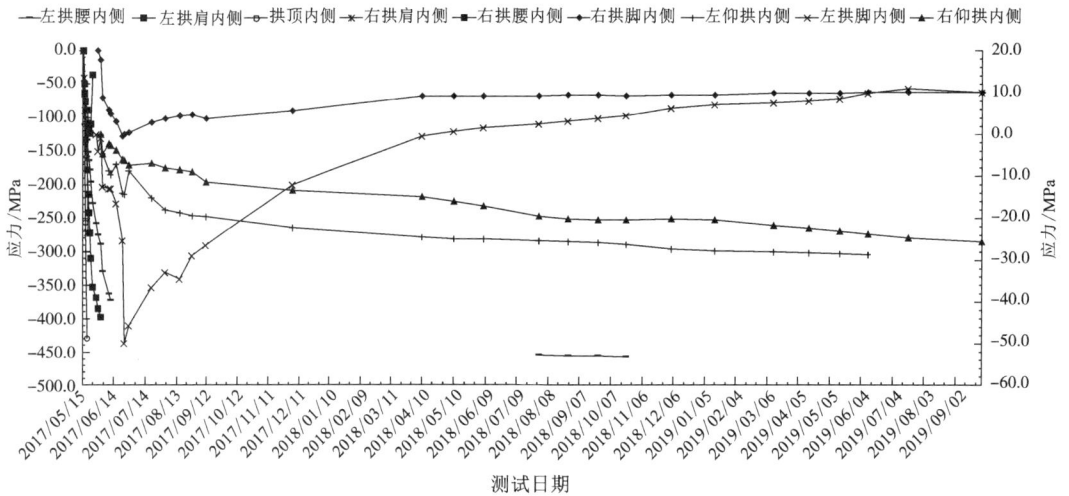

注：　左仰拱、左拱脚和右仰拱采用右侧纵坐标轴。

(a) 内侧元器件时程曲线图

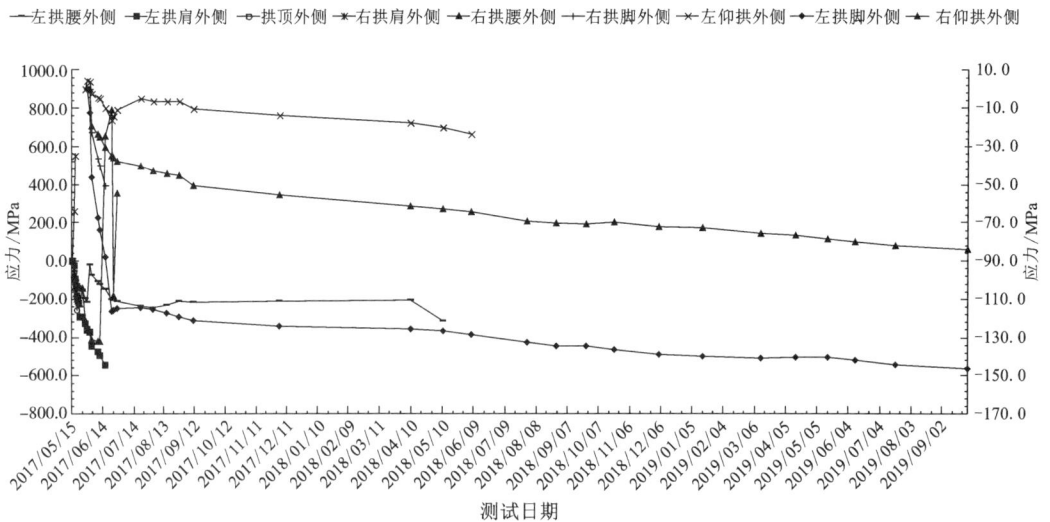

注：　左拱脚和右仰拱采用右侧纵坐标轴。

(b) 外侧元器件时程曲线图

图 3-20　YK67+198 断面钢拱架应力时程曲线图

（2）钢拱架内力分析

YK64+135、YK67+198 断面钢拱架的轴力及弯矩时程曲线图如图 3-21~图 3-24 所示，图中拉应力为正，压应力为负（图中内和外分别代表测点的内侧和外侧，内侧表示测点靠近净空一侧，外侧表示测点靠近围岩一侧）。

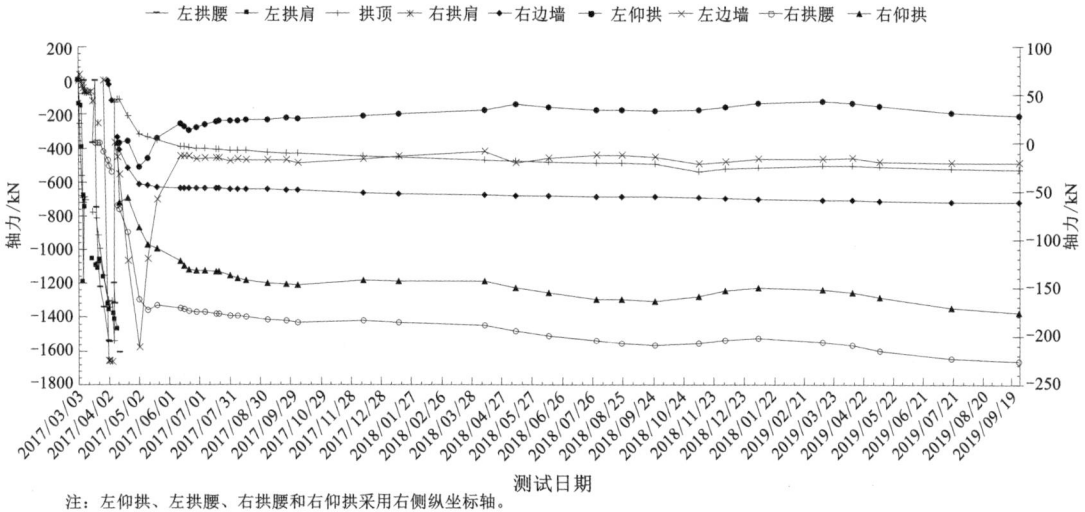

注：左仰拱、左拱腰、右拱腰和右仰拱采用右侧纵坐标轴。

图 3-21　YK64+135 断面钢拱架轴力时程曲线图

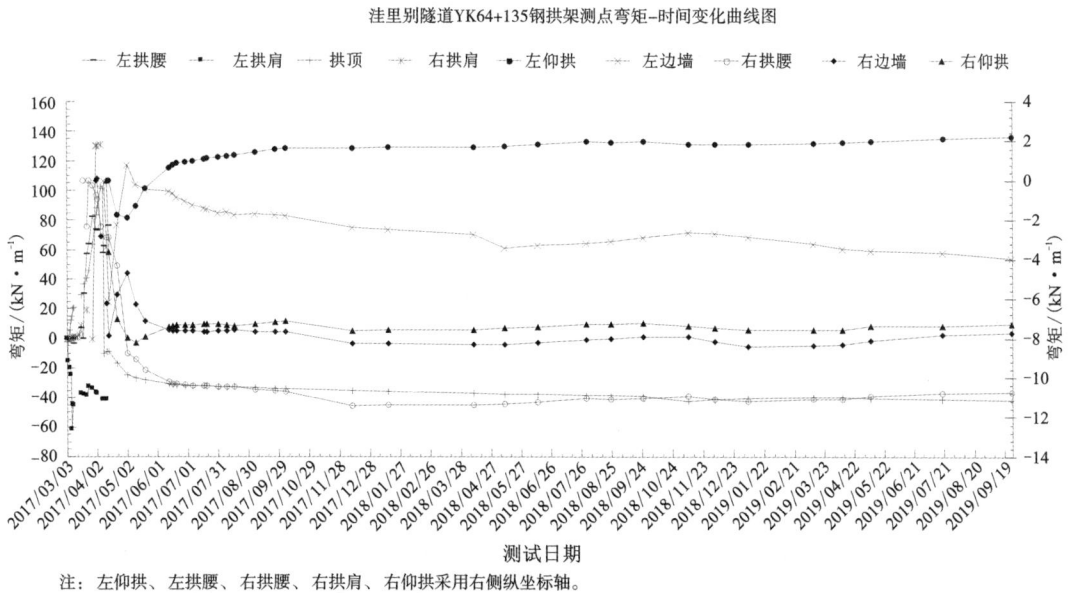

洼里别隧道YK64+135钢拱架测点弯矩-时间变化曲线图

注：左仰拱、左拱腰、右拱腰、右拱肩、右仰拱采用右侧纵坐标轴。

图 3-22　YK64+135 断面钢拱架弯矩时程曲线图

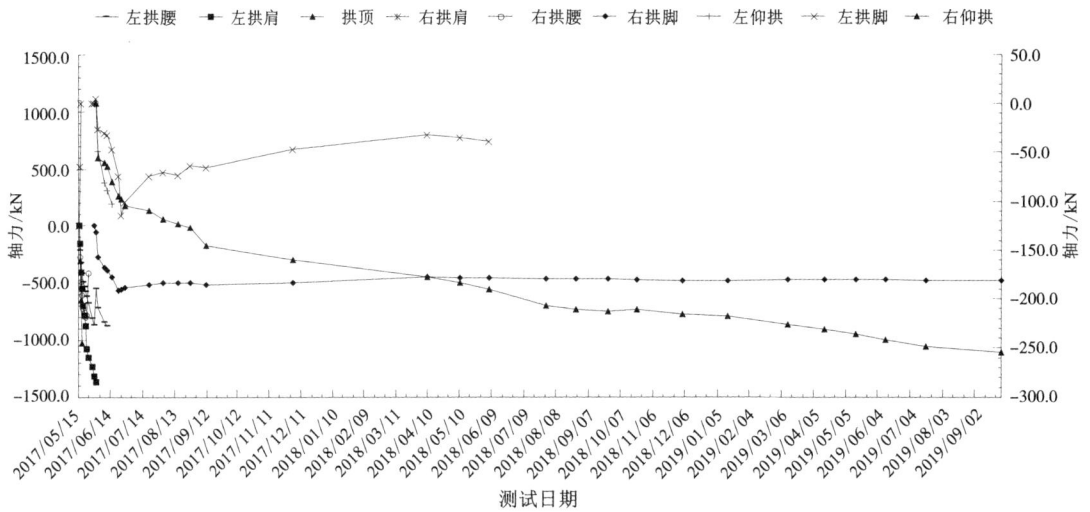

注：左仰拱、左拱脚和右仰拱采用右侧纵坐标轴。

图 3-23　YK67+198 断面钢拱架轴力时程曲线图

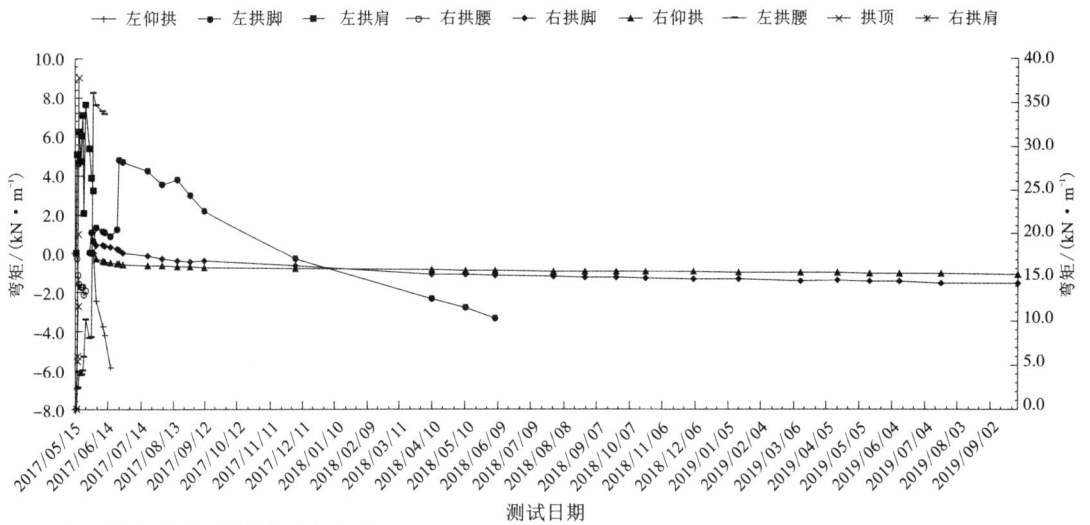

注：左拱腰、拱顶和右拱肩采用右侧纵坐标轴。

图 3-24　YK67+198 断面钢拱架弯矩时程曲线图

由图 3-21、图 3-22 可知：①该断面初支内力在开挖后一段时间内呈现不稳定的变化，弯矩和轴力的波动较大，这可能与分台阶开挖有关，逐阶开挖、逐段安装钢拱架、喷射混凝土、仰拱回填以致封闭成环，每一个施工工序均可能引起弯矩和轴力的较大变化与波动。但是在开挖一段时间后，除极个别测点外，初支的轴力和弯矩均逐渐趋于稳定，可知该隧道洞内施工完成后，围岩最终趋于稳定，支护结构基本处于稳定状态；②中、上台阶左拱肩、左拱腰、拱顶和右拱肩测点的轴力值较大，且后续无法测得，疑似因应力水平过高而超过仪器量程。在所有测点中右拱肩测点处所受轴力最大，达到 -1664.4 kN。左仰拱测点处钢拱架的轴力值为正值，表明钢拱架在此处处于受拉状态，最大值为 42.8 kN。在目前所有测点中，正弯矩最大值为 130.8 kN·m，位于右拱肩处；负弯矩最大值为 42.4 kN·m，位于拱顶处。

由图 3-23、图 3-24 可知：①该断面初支内力上台阶的应力测点绝大多数遭到破坏。故而钢拱架在上台阶的内力数据在图中均出现震荡波动且内力值超过元器件的量程。结合现场情况，海巴洛隧道出口测试断面附近，多处出现初支裂缝，初支内可能存在较大的剪力导致埋设在钢拱架的应力计遭到破坏。②开挖后一段时间内，上台阶初支应力、内力急剧增加，弯矩和轴力的值较大，导致初支发生开裂剥落，钢拱架发生屈服，大多数上台阶测点超出量程。在开挖一段时间后，仰拱封闭成环后，初支的轴力和弯矩均逐渐趋于稳定，可知该隧道洞内施工完成后，围岩最终趋于稳定，支护结构基本处于稳定状态。其他测点内力变化较小，最大轴力值为 -485.1 kN，位于 (右拱脚 G) 处；最大弯矩值为 33.7 kN·m，位于 (左拱腰 D) 处。

3.3.3 外水压力分析

为了掌握围岩内的地下水情况，通过埋设渗压计的方式对外水压力进行了测试。YK67+198 断面外水压力-时间曲线图如图 3-25 所示。

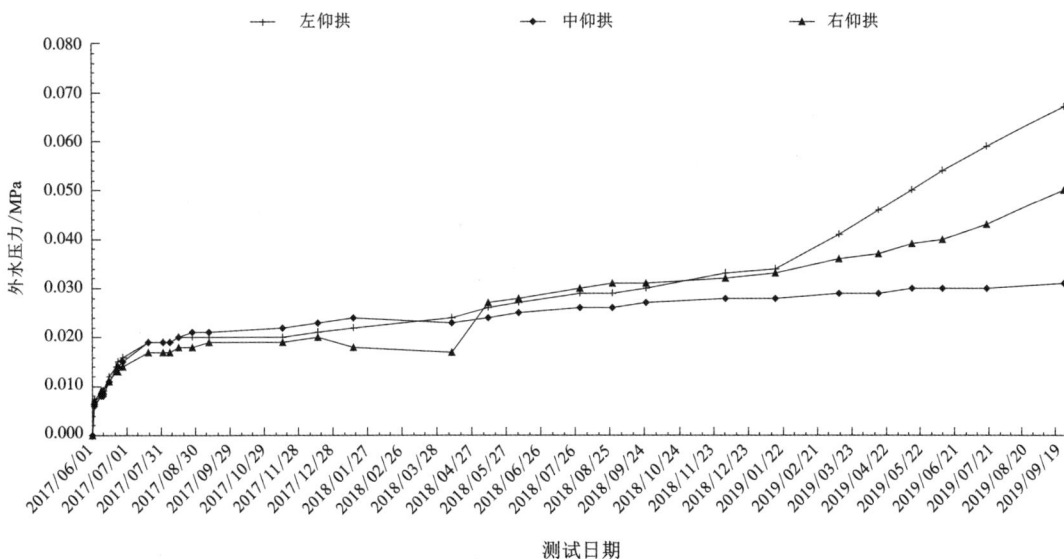

图 3-25 YK67+198 断面外水压力-时间曲线图

由图 3-25 可知，该断面的外水压力值在开挖过程中，出现较为缓慢的增长。这是由于仰拱底部水不能及时排出。该断面外水压力在缓慢增长的过程中，最大压力为 0.067 MPa，位于仰拱左部。

3.3.4　初支与围岩间压力分析

为了掌握初期支护与围岩间接触压力的数值，通过埋设压力盒的方式对接触压力进行了测试。现场监测结果整理如下：

YK64+135 断面初支与围岩接触压力-时间曲线图如图 3-26 所示。

由图 3-26 可知：在各台阶掌子面开挖阶段，围岩接触压力出现不同幅度的波动，随着开挖掌子面的远离，围岩接触压力的变化趋势随时间的增长而减缓；各测点的围岩压力在前期变化幅度较大，在 2017 年 4 月 30 日左右趋于稳定。各测点压力变化时间跨度较大，将近 4 个月均趋于平缓，现已基本稳定。其中隧道上部的接触压力相对较大，拱顶的最大接触压力约为 0.25 MPa，右仰拱处的最大接触压力约为 0.31 MPa，左仰拱的最大接触压力为 0.16 MPa。

拱顶、左拱肩和左拱腰测点在埋设前期压力变化较大，但在一段时间后变化逐渐趋于稳定；拱顶测点在上台阶开挖初期，围岩应力释放完成，围岩压力在较小的范围内波动，随着中台阶开挖，围岩应力释放，围岩压力急剧增长，最大增长为 0.23 MPa。2017 年 4 月 10 日，仰拱施作完成，初支与围岩间压力趋于稳定。

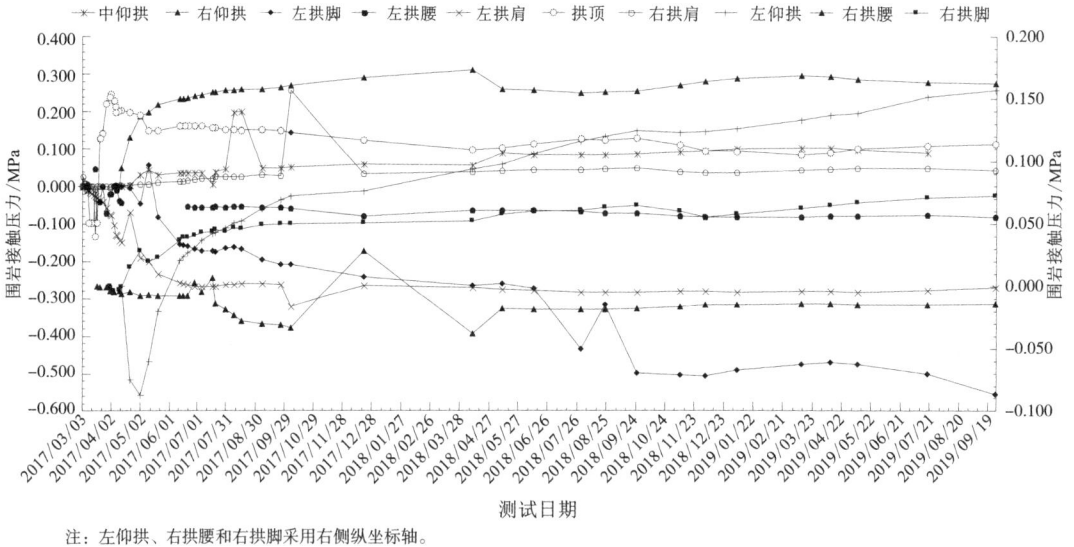

注：左仰拱、右拱腰和右拱脚采用右侧纵坐标轴。

图 3-26　YK64+135 断面初支与围岩接触压力-时间曲线图

YK67+198 断面初支与围岩接触压力-时间曲线图如图 3-27 所示。

由图 3-27 可知：在各台阶掌子面开挖阶段，围岩接触压力出现不同幅度的波动，随着开挖掌子面的远离，围岩接触压力的变化趋势随时间的增长而减缓；各测点的围岩压力在前期变化幅度较大，在 2017 年 7 月 18 日左右趋于稳定状态。各测点压力变化时间跨度较大，将近 2 个月均趋于平缓，现已基本稳定。其中，围岩压力较大值位于拱脚附近，右拱脚（G）测点处的最大接触压力约为 0.64 MPa；（右仰拱 I）测点处的最大接触压力约为 0.24 MPa，中仰拱（J）测点处的最大接触压力约为 0.23 MPa，（左仰拱 H）测点处的最大接触压力约为 0.58 MPa。

在上台阶开挖初期，围岩应力释放完成，围岩压力在较小的范围内波动，随着中台阶开挖，围岩应力释放，围岩压力急剧增长。2017 年 7 月 5 日，仰拱施作完成，初支与围岩间压力趋于稳定。

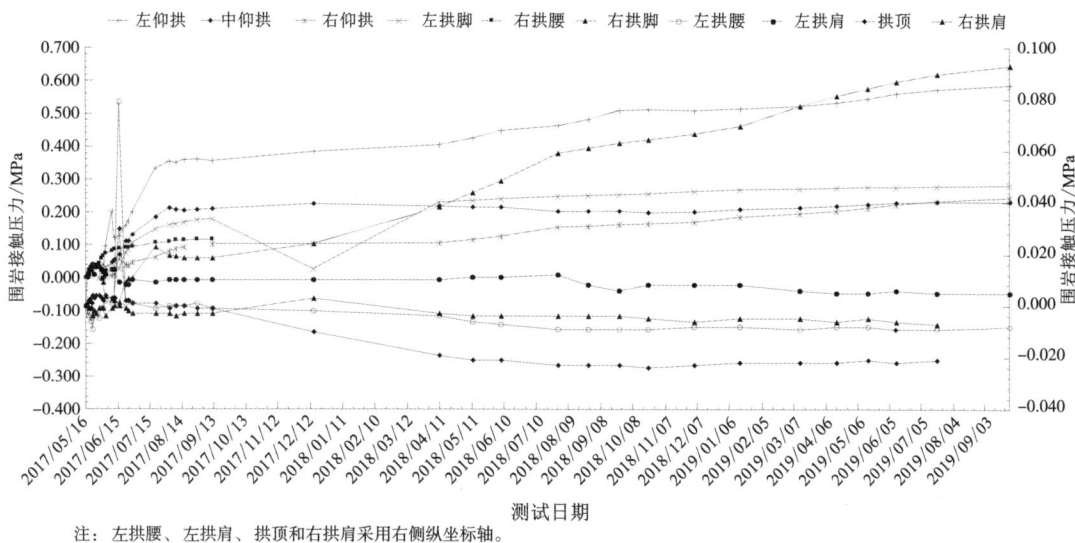

图 3-27　YK67+198 断面初支与围岩接触压力-时间曲线图

3.3.5　二次衬砌应力及内力分析

（1）二次衬砌应力分析

对 YK64+135、YK67+198 断面进行了二衬内力量测，通过埋设的混凝土应变计，测出混凝土的应变，按弹性状态计算出混凝土的应力。该断面的二衬均用 C30 钢筋混凝土（等效弹性模量取 $E=31.33$ GPa）。二衬内侧应力为由绑在内侧主筋上的混凝土应变计换算出来的混凝土应力，其中拉应力为正、压应力为负。YK64+135、YK67+198 断面二衬内力时程曲线图如图 3-28、图 3-29 所示。

由图 3-28 可知，二衬各测点除左、右拱腰测点外基本处于受压状态，这是由围岩重力直接作用于支护结构左侧上部导致的；各测点的应力值的产生都由拉应力转变为压应力，在测点埋设 30 d 后，应力值变化趋势变缓，但仍未趋于稳定，反映了炭质板岩变形时间长的特点。

从图 3-28 可以看出，前期拉应力快速增长，这是因为混凝土凝结过程放热产生温度应力。目前，二衬各测点混凝土拉应力最大测点为（左拱肩 B）处内侧测点，为 2.50 MPa，短暂性超出了 C30 混凝土的轴心抗拉强度标准值（2.01 MPa）；二衬各测点混凝土压应力最大测点为（右边墙 G）内侧测点，达到 11.2 MPa，未超出了 C30 混凝土的轴心抗压强度标准值（20.1 MPa）。

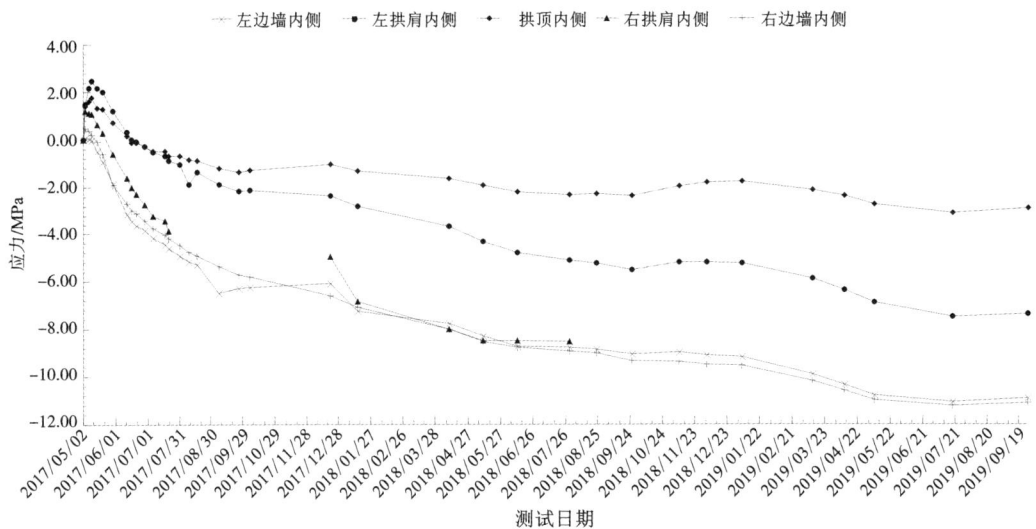

(a) 内侧元器件时程曲线图

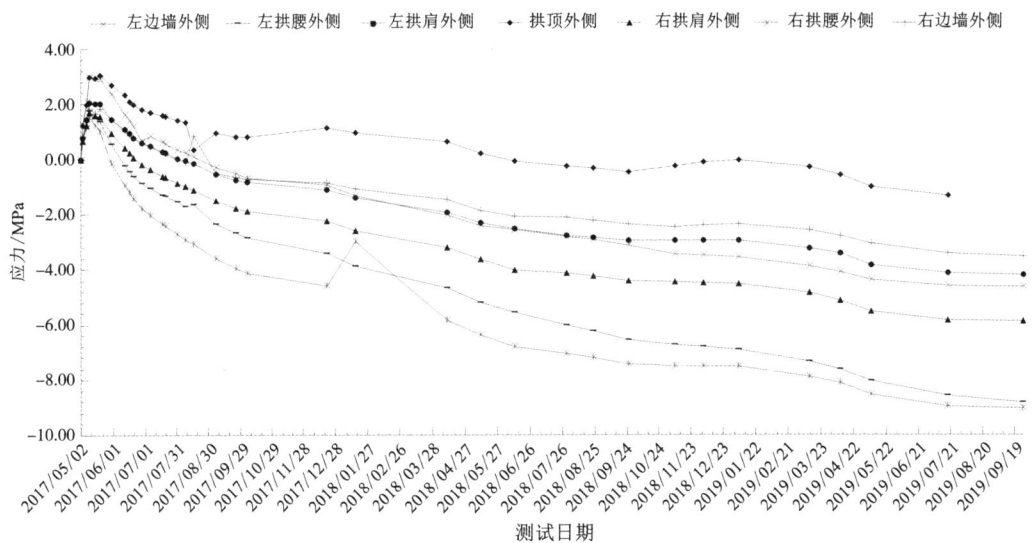

(b) 外侧元器件时程曲线图

图 3-28　YK64+135 断面二衬应力时程曲线图

　　由图 3-29 可知，前期拉应力快速增长，考虑是由混凝土凝结过程放热导致的温度应力。对于二次衬砌内侧应力，下台阶三测点处于较高水平。其中，(左仰拱 H)处的拉应力值最大，最大拉应力为 5.21 MPa，超出 C30 混凝土轴心抗拉强度标准值(2.01 MPa)；最大压应力为(左拱肩 B)处，其值为 6.28 MPa。

　　对于二次衬砌外侧应力，二衬各测点出现拉应力的测点为(中仰拱 I)、(右仰拱 J)处，均未超出 C30 混凝土的轴心抗拉强度标准值(2.01 MPa)，结构处于安全状态；二衬各测点混凝土压应力最大测点为(右拱腰 E)测点处，达到 12.37 MPa，未超出 C30 混凝土的轴心抗压强度标准值(20.1 MPa)，结构处于安全状态。

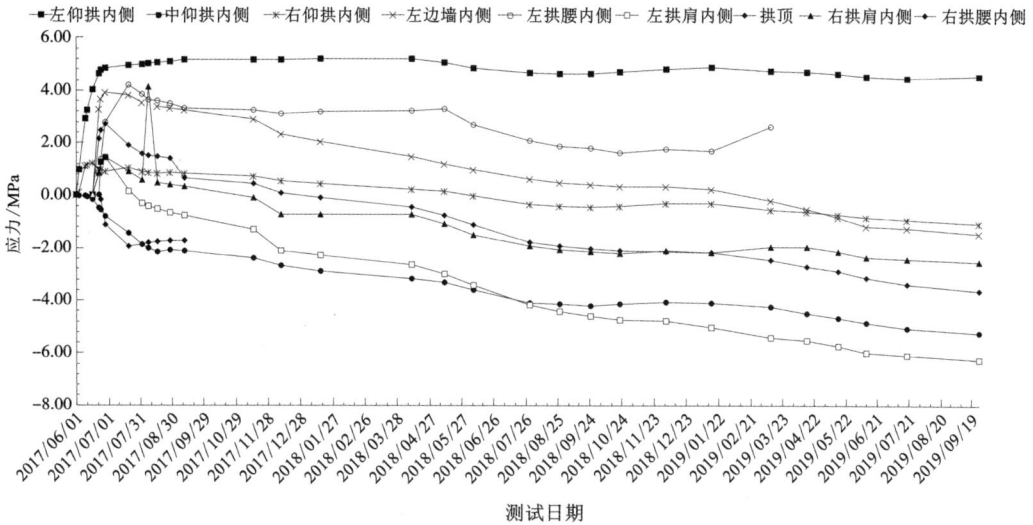

(a) 内侧元器件时程曲线图

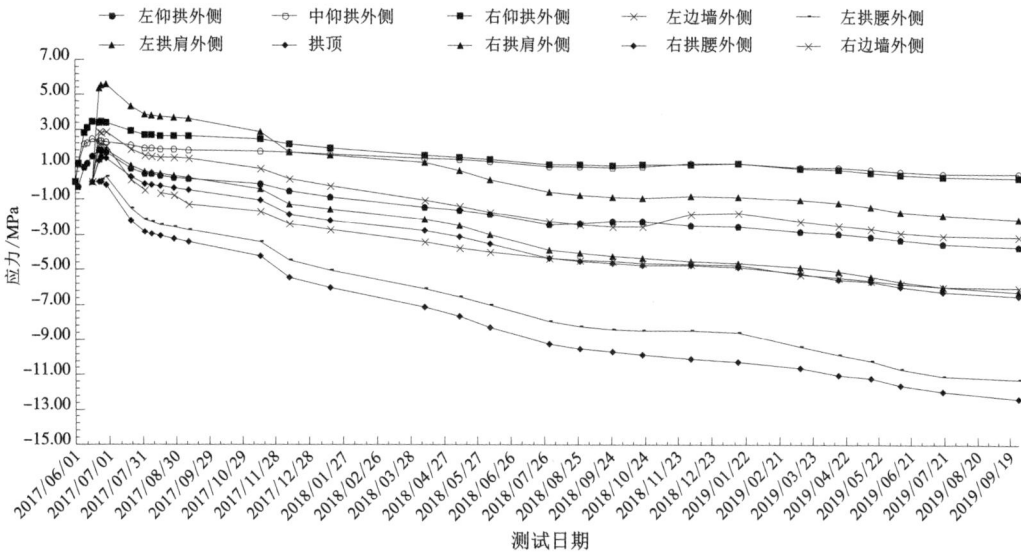

(b) 外侧元器件时程曲线图

图 3-29　YK67+198 断面二衬应力时程曲线图

（2）二次衬砌内力分析

绘制洼里别隧道 YK64+135 断面二衬轴力、弯矩的时程曲线图，如图 3-30、图 3-31 所示。

由图 3-30、图 3-31 可知，二次衬砌的内力发展在 2017 年 9 月以后进入了稳定发展阶段。根据二次衬砌内力监测结果，计算其安全系数。断面二次衬砌计算参数如表 3-2 所示，断面安全系数的计算结果如表 3-3 所示。

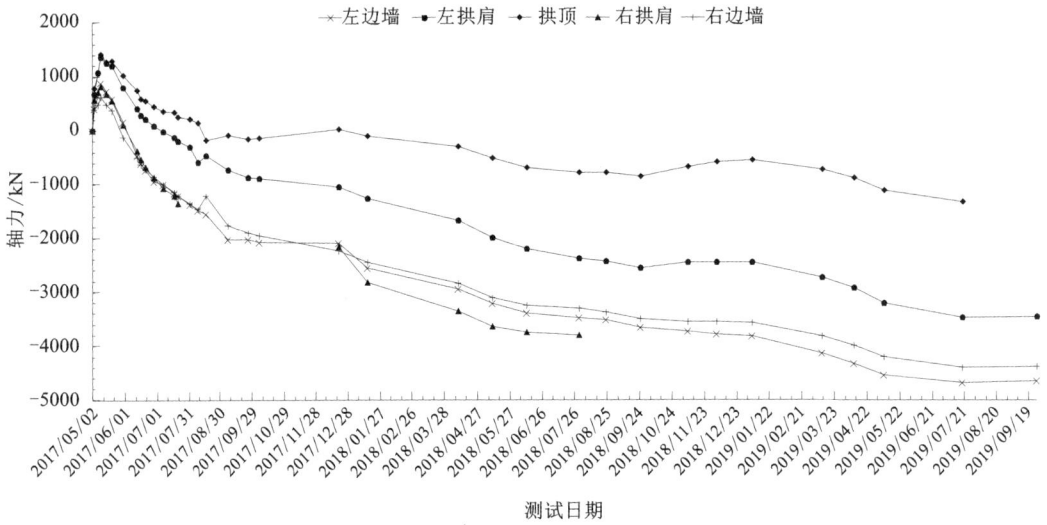

图 3-30　YK64+135 断面二衬轴力时程曲线图

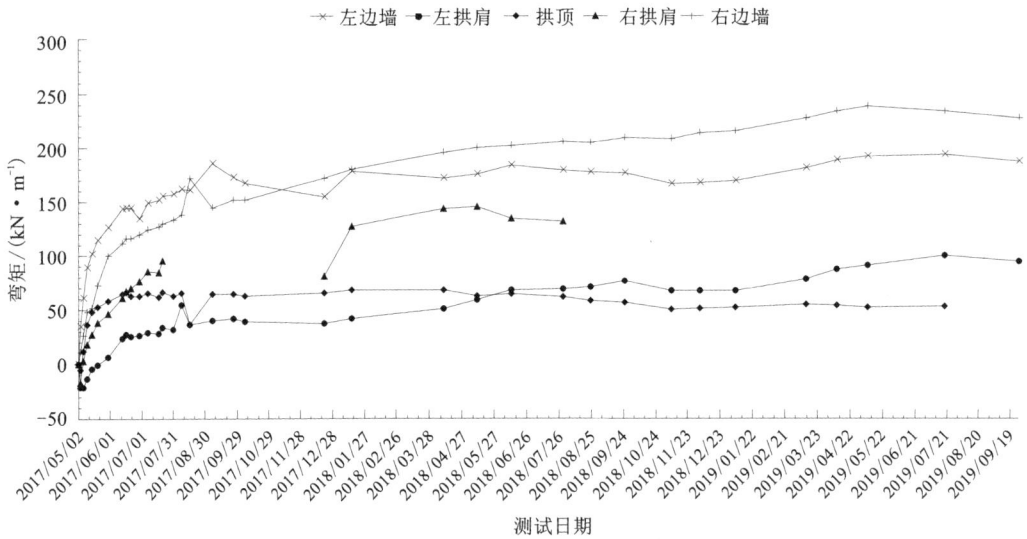

图 3-31　YK64+135 断面二衬弯矩时程曲线图

表 3-2　断面二次衬砌计算参数表

断面	二衬厚度/cm	混凝土	钢筋	保护层厚度/cm
YK64+135	60	C30	HRB400，22@200	5

表 3-3　断面安全系数的计算结果表

测点	轴力/kN	弯矩/(kN·m⁻¹)	抗压安全系数	抗弯安全系数
左边墙	-4656.8694	187.39554	3.21	2.66
左拱腰(破坏)	—	—	—	—
左拱肩	-3461.0712	94.22016	4.31	3.72
拱顶	-1333.5192	52.9988	11.20	9.31
右拱肩	-3801.0996	131.4523	3.93	3.31
右拱腰(破坏)	—	—	—	—
右边墙	-4393.7748	227.0022	3.40	2.73

由表 3-3 可知,在监测时间内,该断面安全系数均大于结构设计的安全系数(2.0)要求,结构处于安全稳定状态。

绘制海巴洛隧道 YK67+198 断面二衬轴力、弯矩的时程曲线图,如图 3-32、图 3-33 所示,可知各测点轴力和弯矩在 2017 年 7 月 20 日以后进入缓慢发展阶段。

根据二次衬砌内力监测结果,计算其安全系数。断面二次衬砌计算参数如表 3-4 所示,断面安全系数的计算结果如表 3-5 所示。

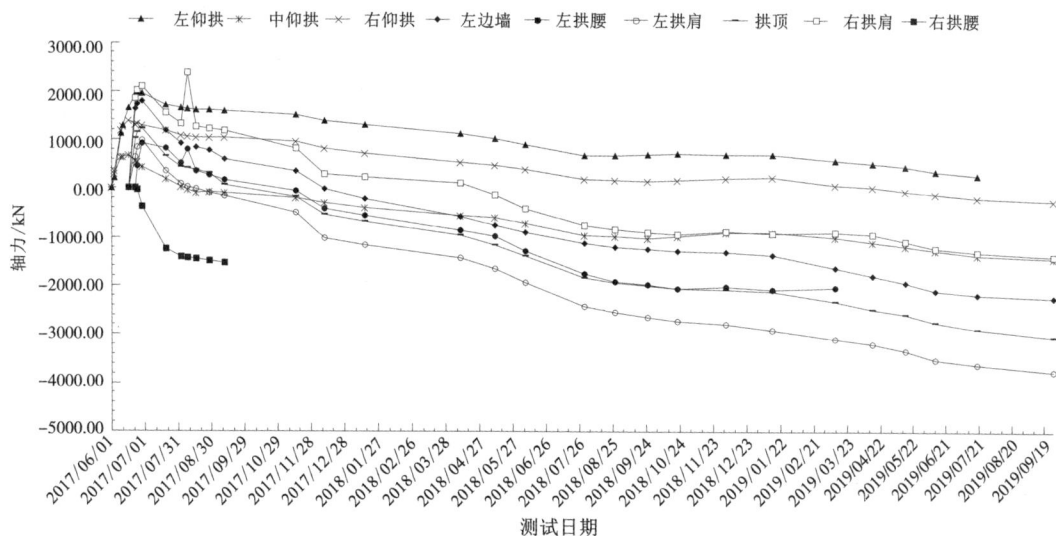

图 3-32　YK67+198 断面二衬轴力时程曲线图

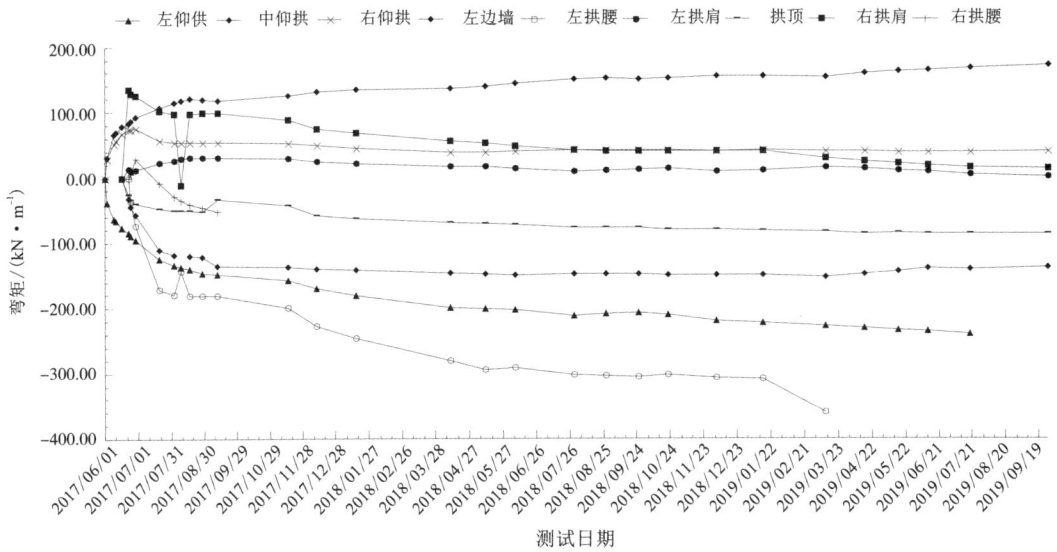

图 3-33　YK67+198 断面二衬弯矩时程曲线图

表 3-4　断面二次衬砌计算参数表

断面	二衬厚度/cm	混凝土	钢筋	保护层厚度/cm
YK67+198	60	C30	HRB400，22@ 200	5

表 3-5　断面安全系数的计算结果表

测点	轴力/kN	弯矩/(kN·m⁻¹)	抗压安全系数	抗弯安全系数
左仰拱	276.3918	−240.2044	—	2.43
中仰拱	−1434.198	171.34392	10.41	7.04
右仰拱	−251.697	39.22674	59.34	36.93
左边墙	−2250.0762	−137.43606	6.64	5.20
左拱腰(破坏)	−2043.0198	−360.0691	7.31	4.34
左拱肩	−3759.3084	0.56988	3.97	3.73
拱顶	−3050.7576	−85.482	4.90	4.21
右拱肩	−1396.206	12.72732	10.70	9.75
右拱腰(破坏)	−1541.5254	−51.5741	9.69	8.20
右边墙(破坏)	—	—	—	—

由表 3-5 可知，在监测时间内，该断面安全系数均大于结构设计的安全系数(2.0)要求，结构处于安全稳定状态。

3.4　本章小结

通过现场隧道周边收敛和拱顶下沉、初支钢拱架、围岩压力、外水压力及二次衬砌内力监测成果,可得以下结论:

1)选取 YK66+000～YK66+230 大变形段落、YK67+170～YK67+220 预警变形段落及两个典型应力测试断面(YK64+135、YK67+198 断面)进行现场变形监测。监测结果表明,大变形段落最大拱顶沉降值达 1.075 m,预警变形段落最大拱顶沉降值为 0.2375 m。两个段落的主要变形均集中在上台阶开挖后。因此,在开挖施工过程中应重点关注上台阶开挖阶段,且控制措施应具有针对性。此外,大变形段落换拱后,不再出现二次变形。

2)总体上讲,监测断面的钢拱架受力已达到稳定,部分钢拱架应力已超过型钢的屈服强度,结构偏于危险。监测断面上覆地层呈层状分布,且岩层软弱松散。隧道施工过程中对围岩产生扰动,易使上部岩土以重力形式作用在初支上,造成隧道上部初期支护钢拱架应力处于高水平状态(最大应力达 544.2 MPa),超过了钢拱架的屈服应力,需要及时进行处理。

3)监测断面处的地下水不丰富,不会对支护结构造成较大的影响。

4)围岩压力监测结果表明,围岩接触压力值多小于 0.4 MPa,其数值随时间增长而增大,且达到稳定需要的时间跨度大,监测时间超过 4 个月,仍有部分测点围岩接触压力在缓慢增大,但增幅较小,基本趋于稳定状态。

5)二衬内力监测结果表明,大多数测点的应力均未达到抗拉(压)标准值,但在 YK64+135 断面左拱肩内侧、YK67+198 断面左仰拱内侧等位置处,最大拉应力超过了 C30 二衬混凝土的最大抗拉强度,属于危险点,二衬总体受力基本在施作后两个月左右进入缓慢发展阶段,达到稳定状态。

第 4 章

层状炭质板岩隧道稳定性分析

　　通过香丽高速公路海巴洛隧道现场实测数据与大变形破坏情况可以发现，层状炭质板岩隧道的非对称变形特征与岩层倾角具有相关性。本章通过有限元软件 FLAC3D 程序，建立与海巴洛隧道围岩倾角相一致的层状围岩隧道数值模型，并结合现场实际情况，对隧道开挖后的稳定性进行评价。

4.1　海巴洛隧道层状岩体数值模型构建

4.1.1　计算模型建立

　　根据现场情况，海巴洛隧道掌子面情况及掌子面素描如图 4-1 所示。

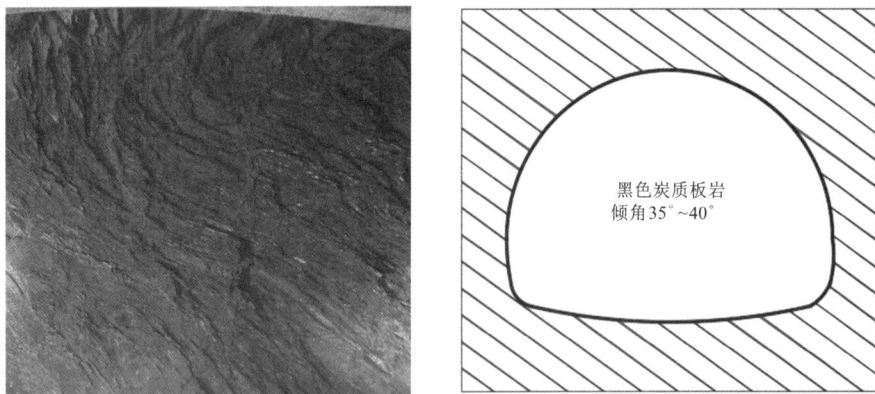

黑色炭质板岩
倾角35°~40°

图 4-1　海巴洛隧道掌子面情况及掌子面素描

　　从图 4-1 可以看出，海巴洛隧道掌子面炭质板岩属于薄层状岩体，层厚为 0.06~0.2 m，倾角为 35°~40°，节理发育，层间结合强度低，属于典型的倾斜层状炭质板岩隧道。

　　目前针对层状岩体数值模拟的方法主要分为两大类：一种是通过在建模中建立层状岩体，通过建立接触面单元并设置弱化参数，以对节理面进行模拟；另一种是采用与层状岩体力学性质相似的相关本构模型，如正交各向异性模型、横观各向同性模型、遍布节理模型、应变强化模型等，根据岩体自身特点选取相应的本构模型。

由于岩体呈倾斜薄层状，采用建模方法建立层理来模拟层状岩体会形成数量庞大的网格单元，严重影响计算效率；故选用遍布节理模型，来描述海巴洛隧道层状岩体的各向异性特征。

考虑到模型的计算精度，二维计算模型大小选为 100 m×100 m。两侧边界至隧道中心线距离为 50 m，上、下边界距离为 100 m，隧道实际埋深以等效荷载代替。左、右边界设置为水平方向的位移约束，上边界设置为自由边界，并施加以等效埋深荷载；下边界设置为固定约束，用来代表水平和竖直方向的位移。图 4-2 给出了计算模型的边界条件。

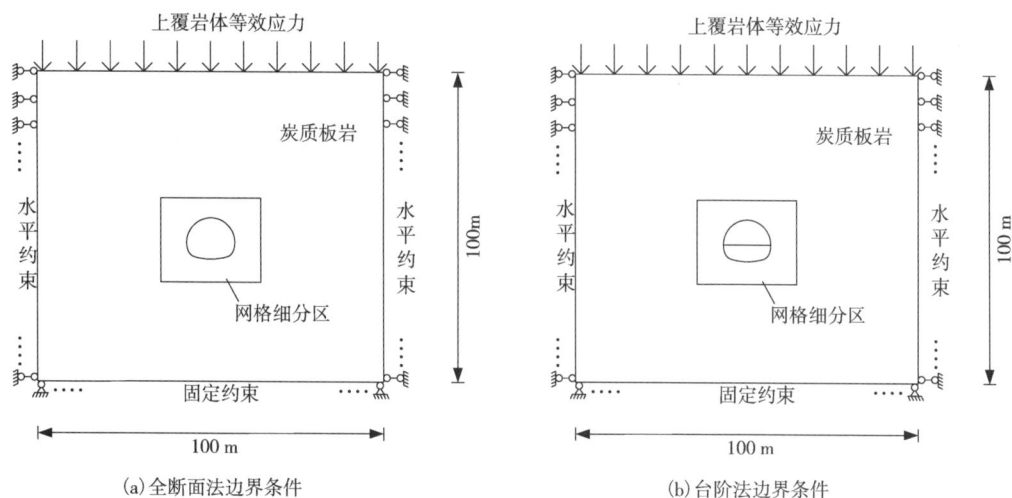

(a)全断面法边界条件　　　　(b)台阶法边界条件

图 4-2　计算模型边界条件

利用 MIDAS 进行前处理，按照海巴洛隧道断面设计图进行建模及网格划分，网格划分完毕后，利用相关小程序将其转换为 FLAC3D 可读取的文件格式，海巴洛隧道 V 级围岩段数值计算模型如图 4-3 所示。

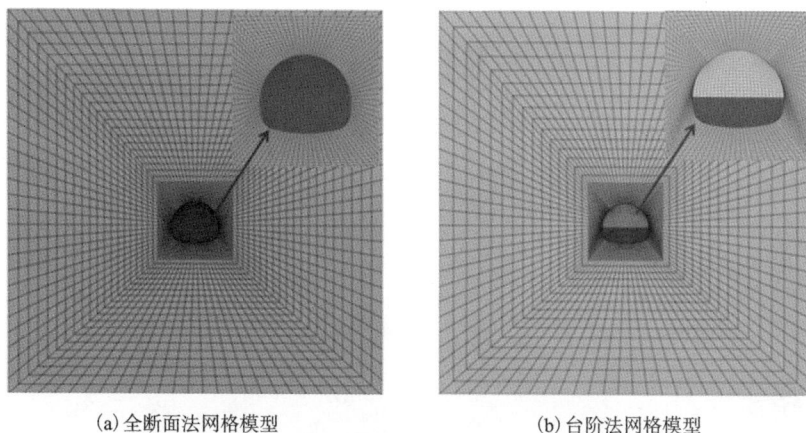

(a)全断面法网格模型　　　　(b)台阶法网格模型

图 4-3　海巴洛隧道 V 级围岩段数值计算模型

围岩采用实体单元，初期支护采用 FLAC3D 自带的壳单元(shell)，隧道的开挖过程通过空模型(null)来实现。围岩的材料选用遍布节理(ubiquitous-joint)模型，用以模拟海巴洛隧道层状炭质板岩的实际情况，支护结构采用弹性模型。

4.1.2　计算工况及参数选取

为了研究海巴洛隧道层状炭质板岩变形破坏机理与特征，现场采用台阶法开挖；此外，对全断面法开挖也设置了计算工况，研究层状岩体开挖后的变形特点，并通过计算无支护开挖与有支护开挖两种支护模式，对层状岩体的破坏特点进行梳理，计算工况如表4-1所示。

表4-1　计算工况

工况	开挖方法	支护情况
1	全断面法	无支护
2	全断面法	有支护
3	台阶法	无支护
4	台阶法	有支护

为了掌握海巴洛隧道炭质板岩层状岩体的变形情况，选取全断面法进行对照，与现场实际采用的台阶法开挖进行对比。同时，为了掌握层状岩体的破坏特点，选取无支护开挖和有支护开挖两种方案，对比有、无支护的条件下层状岩体的变形特性的变化，最终得出层状炭质板岩隧道的变形破坏模式。

数值模型选用遍布节理(ubiquitous-joint)模型，需要给出围岩力学参数，计算采用的参数如表4-2所示。

表4-2　围岩力学参数

材料类型	容重 γ/ (kN·m³)	弹性模量 E/ GPa	泊松比 μ	黏聚力 C/ MPa	内摩擦角 φ/(°)	抗拉强度/ MPa
围岩	21.5	0.5	0.35	0.7	39	0.05
层间节理	21.5	0.5	0.35	0.18	18	0.05

计算中，支护结构的参数采用等效法予以考虑，将钢拱架的弹性模量折算至初支喷射混凝土，具体计算公式为：

$$E = E_0 + \frac{\eta \times S_g \times E_g}{S_c}$$

式中：E——折算后混凝土弹性模量；E_0——原混凝土弹性模量；E_g——钢拱架弹性模量；η——每米钢拱架等效根量；S_g——钢拱架截面积；S_c——混凝土截面积。

根据现场的实际情况，对支护结构的参数进行折算，折算后得出支护结构的计算参数如表 4-3 所示。

表 4-3　支护结构计算参数

材料类型	容重 γ/(kN · m³)	弹性模量 E/GPa	泊松比 μ
支护结构	25	27.6	0.2

4.1.3　隧道围岩位移监测点布置

为了分析海巴洛隧道层状岩体不对称变形的特征,在数值模型选取特征监测点进行监测,具体布设方法为:以拱顶为中心,在两侧偏移 1.5 m、3 m、5 m 距离处,各布设一个测点,共设 7 个测点,监测点位置示意图如图 4-4 所示。

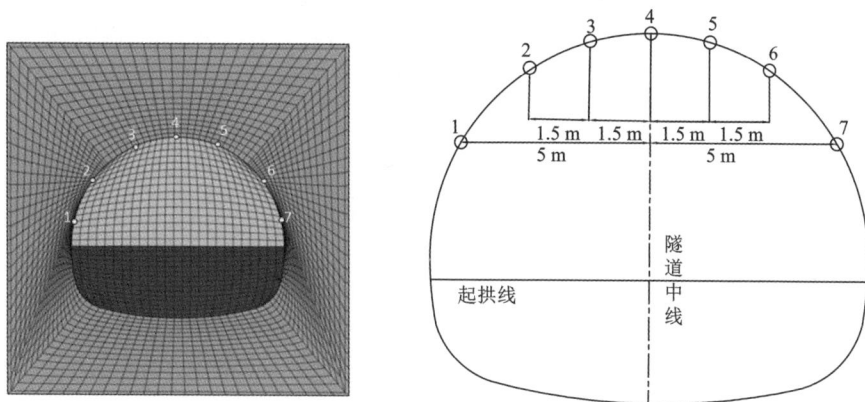

图 4-4　监测点位置示意图

4.2　海巴洛隧道层状岩体变形特征分析

4.2.1　围岩竖向位移分析

围岩位移云图可以较为直观地反映出隧道开挖后由应力重分布引起的围岩变形情况,图 4-5 分别给出全断面法无支护开挖、全断面法有支护开挖、台阶法无支护开挖、台阶法有支护开挖 4 种工况下围岩竖向位移云图。

可以看出,在海巴洛隧道倾斜层状岩体开挖过程中,4 种不同工况条件下,隧道围岩变形均呈现出明显的不对称性,具体规律如下:

1)在不同开挖工法不同支护方式条件下,台阶法开挖产生的变形值要大于全断面法开挖产生的变形值,无支护开挖产生的变形值要大于有支护开挖产生的变形值。台阶法无支护开挖产生的竖向位移值最大,拱顶沉降值为 28.0 cm,仰拱隆起值为 19.7 cm;台阶法有支护开挖产生的竖向位移值最小,拱顶沉降值为 12.2 cm,仰拱隆起值为 10.2 cm。

2)在同一开挖工法同一支护方式条件下,施作支护能够有效地控制变形。全断面法拱顶沉降值在无支护开挖条件下为 26.9 cm，在有支护开挖条件下为 10.2 cm，变形降幅达 62.1%；台阶法拱顶沉降值在无支护开挖条件下为 28.0 cm，在有支护开挖条件下为 12.2 cm，变形降幅达 56.4%。

3）在变形特点上，以上 4 种工况具有一致性。其特点为拱顶和仰拱变形相对较大值位置的连线与层理面近似垂直。对于海巴洛隧道，其具体表现为沉降值右侧大于左侧，隆起值左侧大于右侧。在有支护结构施作的工况下，上述不对称变形特点仍存在，但较之无支护开挖的工况下有所减弱。由此可见，在无支护开挖工况下，围岩不对称变形特征更为典型。

4）相较于全断面法开挖，台阶法开挖工况下位移等值线均有向右侧集中的情况出现。这是由于上台阶开挖后，位于上台阶与下台阶的交界处右侧的层状岩体较为薄弱，更易产生大变形。

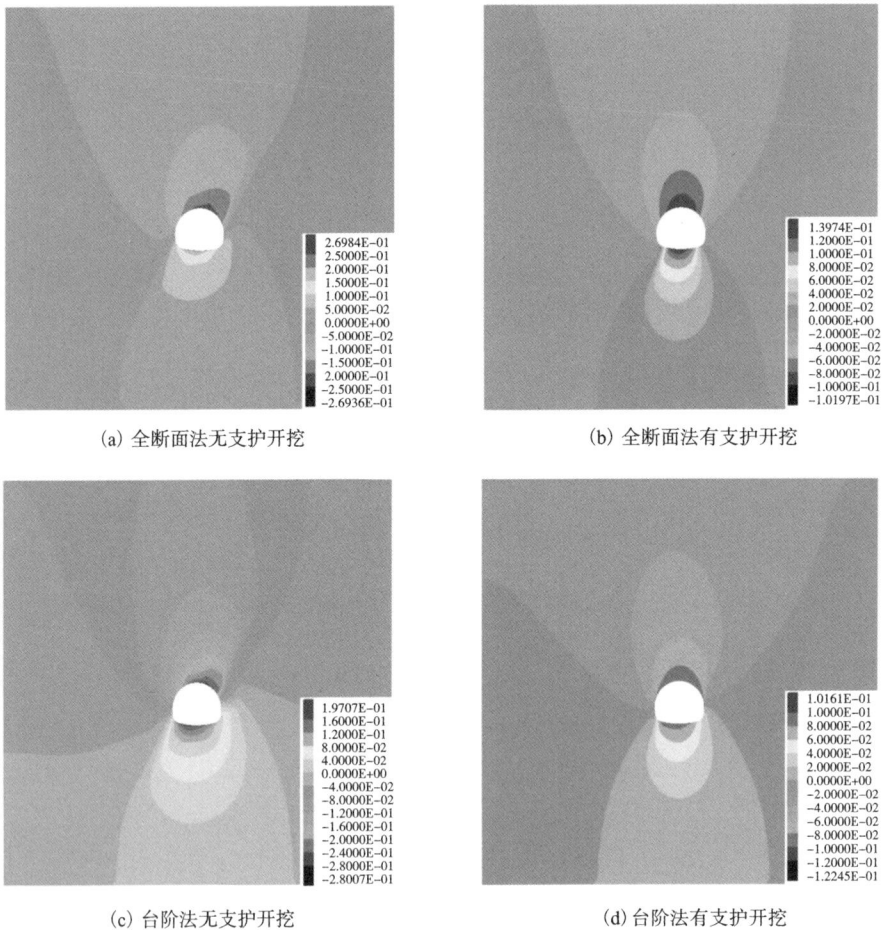

（a）全断面法无支护开挖　　　　　　　　（b）全断面法有支护开挖

（c）台阶法无支护开挖　　　　　　　　　（d）台阶法有支护开挖

图 4-5　围岩竖向位移云图

图 4-6 给出了围岩拱顶变形特点与层理间倾角的关系，其特点为拱顶和仰拱变形相对较大值位置的连线与层理面近似垂直。

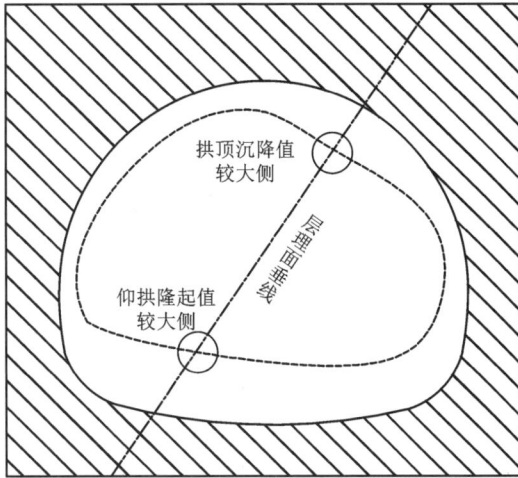

图 4-6　围岩拱顶变形特点与层理间倾角的关系

4.2.2　围岩变形时程曲线分析

为了掌握隧道开挖状态下围岩位移随时间变化的特点，图 4-7~图 4-8 给出了 4 种不同工况下围岩竖向位移的时程曲线图。

由图 4-7 可知，在全断面法无支护开挖工况下，围岩竖向位移随着时间增加呈现出先迅速增加后趋于平稳的变形规律。0~3000 计算时步阶段为应力释放主要阶段，也是产生变形的主要阶段，之后变形逐渐趋于平稳。在最终各监测点的竖向位移值中，位于拱顶的 4 号测点和拱顶右侧的 5 号测点、6 号测点变形量较大，其值分别为 266 mm 和 263 mm、254 mm，位于拱顶左侧的 1 号测点变形值最小，其值为 146 mm。可以看出，位于拱顶右侧的监测点位移大于左侧监测点的位移，围岩拱顶沉降值呈现"左小右大"的变形特点。

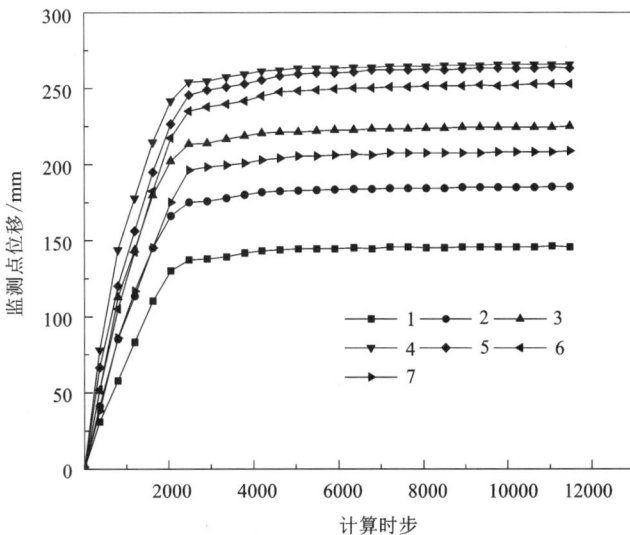

图 4-7　全断面法无支护开挖围岩竖向位移时程曲线图

由图 4-8 可知，在全断面法有支护开挖工况下，围岩竖向位移随着时间增加呈现出先急剧上升后趋于平稳的变形规律。0~2000 计算时步阶段为应力释放主要阶段，也是产生变形的主要阶段，之后变形逐渐趋于平稳。与全断面法无支护开挖不同的是，在急剧上升阶段中，变形速率出现了"先减小后增加"的情况，这是由于支护施作后在一定程度上抑制了围岩的变形，之后与围岩变形协调，变形速率再次上升。在最终各监测点的竖向位移值中，位于拱顶的 4 号测点、拱顶左侧的 3 号测点、拱顶右侧的 5 号测点变形量较大，其值分别为 102 mm、98 mm、99 mm，位于拱顶左侧的 7 号测点变形值最小，其值为 64 mm。可以看出，位于拱顶右侧的监测点位移大于左侧监测点的位移，围岩拱顶沉降值呈现"左小右大"的变形特点。

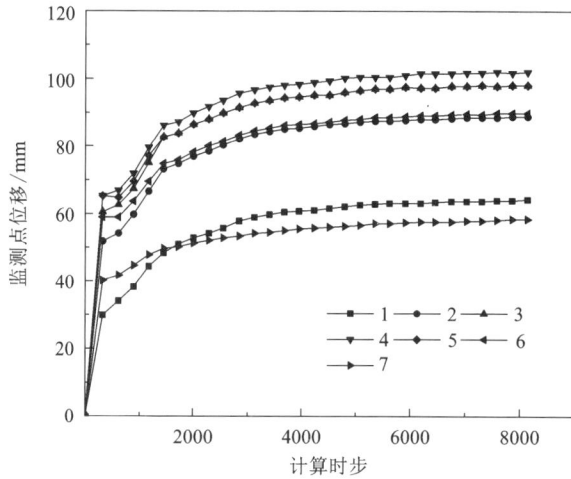

图 4-8　全断面法有支护开挖围岩竖向位移时程曲线图

由图 4-9 可知，在台阶法无支护开挖工况下，围岩竖向位移随着时间增加呈现出先迅速增加后趋于平稳的变形规律。0~3000 计算时步阶段为应力释放主要阶段，也是产生变

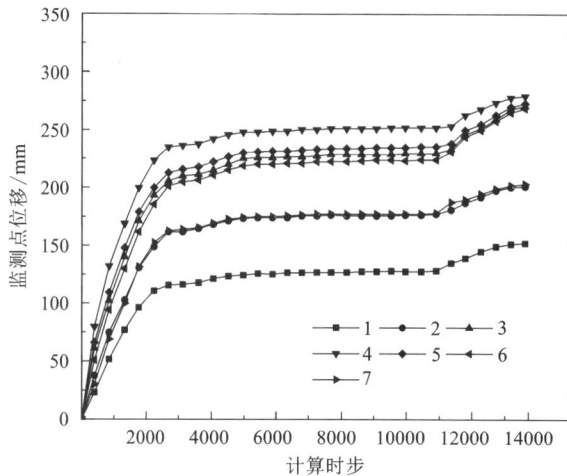

图 4-9　台阶法无支护开挖围岩竖向位移时程曲线图

形的主要阶段，之后变形逐渐趋于平稳。在 11000~14000 计算时步阶段，出现变形二次增加的情况。在最终各监测点的竖向位移值中，位于拱顶的 4 号测点和拱顶右侧的 5 号测点、3 号测点变形量较大，其值分别为 278 mm 和 272 mm、270 mm，位于拱顶左侧的 1 号测点变形值最小，其值为 151 mm。可以看出，位于拱顶右侧的监测点位移大于左侧监测点的位移，围岩拱顶沉降值呈现"左小右大"的变形特点。

由图 4-10 可知，在台阶法有支护开挖工况下，围岩竖向位移随着时间增加呈现出先急剧上升后趋于平稳的变形规律。0~3000 计算时步阶段为应力释放主要阶段，也是产生变形的主要阶段，之后变形逐渐趋于平稳。在最终各监测点的竖向位移值中，位于拱顶右侧的 5 号测点、拱顶右侧的 6 号测点、拱顶的 4 号测点变形量较大，其值分别为 98 mm、97 mm、96 mm，位于拱顶左侧的 2 号测点变形值最小，其值为 87 mm。可以看出，位于拱顶右侧的监测点位移大于左侧监测点的位移，围岩拱顶沉降值呈现"左小右大"的变形特点。

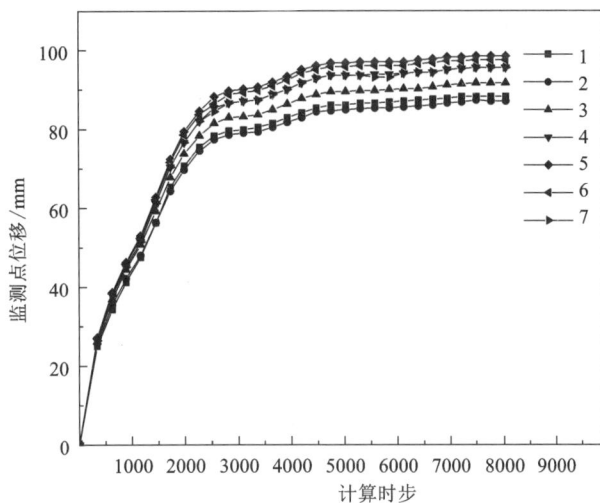

图 4-10　台阶法有支护开挖围岩竖向位移时程曲线图

根据不同计算工况下得出的各监测点围岩变形值，绘制成围岩变形形式，如图 4-11 所示。

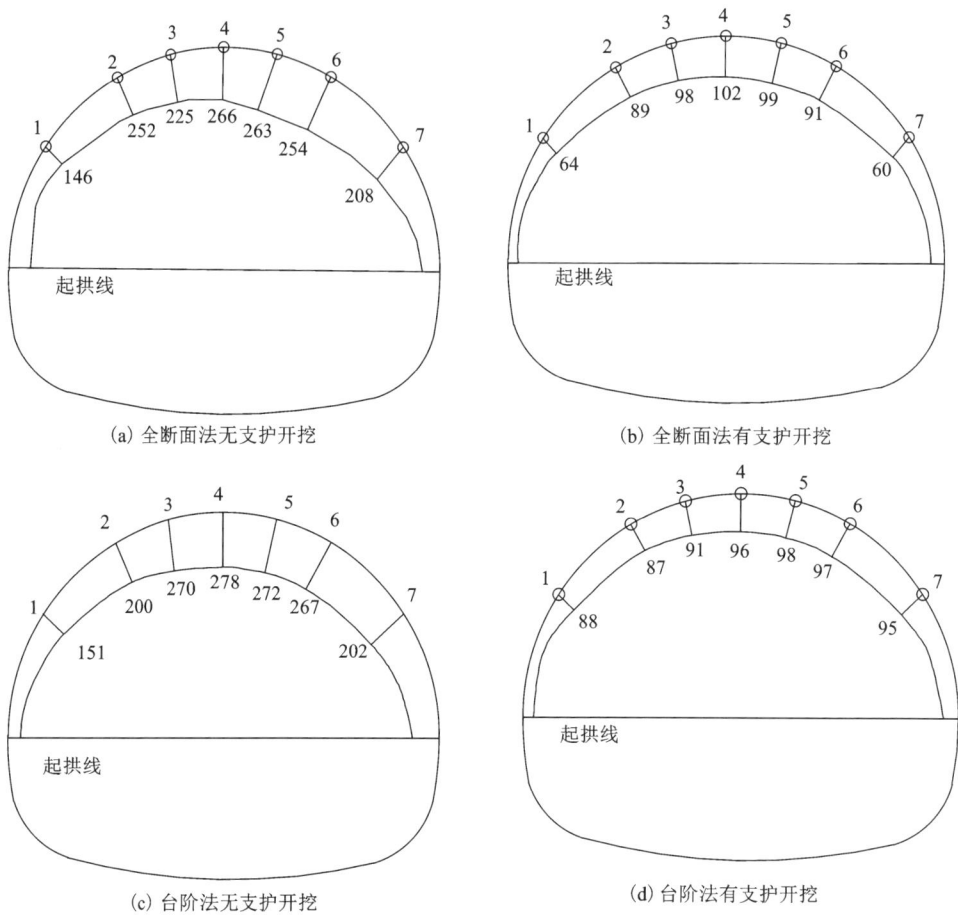

(a) 全断面法无支护开挖

(b) 全断面法有支护开挖

(c) 台阶法无支护开挖

(d) 台阶法有支护开挖

图 4-11　不同工况下围岩变形形式(单位：mm)

由图 4-11 可知，各计算工况情况下，均出现了右侧竖向变形值大于左侧竖向变形值，呈现出"左小右大"的不对称变形特点，具体规律如下：

1) 相较于无支护开挖，隧洞施作衬砌后变形得到了明显控制。全断面法无支护开挖产生的最大变形量比全断面法有支护开挖的最大变形量多 164 mm，占变形总量的 61.7%；台阶法无支护开挖产生的最大变形量比台阶法有支护开挖产生的最大变形量多 180 mm，占变形总量的 64.7%。由此可见，与无支护开挖相比，施作衬砌后，变形量均减少了 60%以上。

2) 对于全断面法无支护开挖的工况，5 号测点比 3 号测点变形值多 38 mm，6 号测点比 3 号测点变形值多 28 mm，7 号测点比 1 号测点变形值多 63 mm；对于全断面法有支护开挖的工况，5 号测点比 3 号测点变形值相同，6 号测点比 3 号测点变形值少 8 mm，7 号测点比 1 号测点变形值少 6 cm。由此可见，对于全断面法开挖的工况条件，无支护开挖的不对称变形特征较有支护开挖的不对称变形特征更为显著。

3) 对于台阶法无支护开挖的工况，5 号测点比 3 号测点变形值多 2 mm，6 号测点比 3 号测点变形值少 3 mm，7 号测点比 1 号测点变形值多 51 mm；对于台阶法有支护开挖的工况，5 号测点比 3 号测点变形值多 7 mm，6 号测点比 3 号测点变形值多 6 mm，7 号测点比 1 号测点变形值多 8 mm。由此可见，对于台阶法开挖的工况条件，无支护开挖的不对称变形特征较有支护开挖的不对称变形特征更为显著。

将各个工况下的位移进行汇总，如表 4-4 所示。

表 4-4　不同工况下围岩竖向位移值汇总表

工况	围岩竖向位移值/mm						
	1 号测点	2 号测点	3 号测点	4 号测点	5 号测点	6 号测点	7 号测点
1	146	185	225	266	263	253	209
2	64	89	98	102	98	90	58
3	152	201	271	279	273	268	203
4	88	87	92	96	99	98	96

4.2.3　数值模拟结果与现场实测数据对比

将数值模拟结果与现场实测的数据进行对比，左、中、右测点对应 3 号、4 号、5 号测点，图 4-12 为海巴洛隧道现场拱顶沉降实测数据与计算结果对比图。

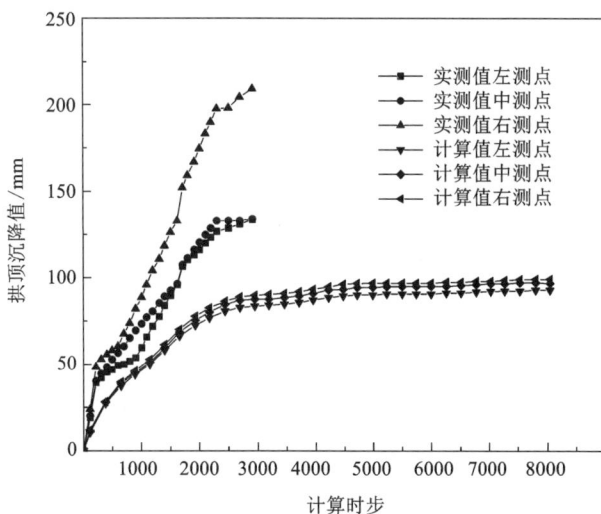

图 4-12　现场拱顶沉降实测数据与计算结果对比图

从图 4-12 可以得出以下规律：

1)海巴洛隧道现场实测数据变形值的大小排序为右测点>中测点>左测点，数值计算模型最终变形值的大小排序为右测点>中测点>左测点，两者的变形规律相一致，均为围岩右侧位移大于围岩左侧位移，表明数值模拟结果的变形形式与现场实际相吻合。

2)在 0~3000 计算时步阶段，二者的增长趋势一致，均为快速增长期，在 3000 计算时步之后，现场施作二衬导致监测中断，数值模拟结果位移值趋于稳定。

3）现场监测右侧点的实测位移值为 209 mm，中测点的实测位移值为 133 mm，左测点实测位移值为 132 mm。数值模拟结果中，右测点最终位移 98 mm，中测点最终位移为 96 mm，左测点最终位移为 92 mm。可以看出，二者的变形的不对称特征具有一致性。

4.3 海巴洛层状隧道围岩稳定性分析

4.3.1 围岩最大剪应变

围岩最大剪应变可以反映出隧道开挖后层状围岩的破坏特征，图 4-13 分别给出 4 种工况下围岩最大剪应变分布图。

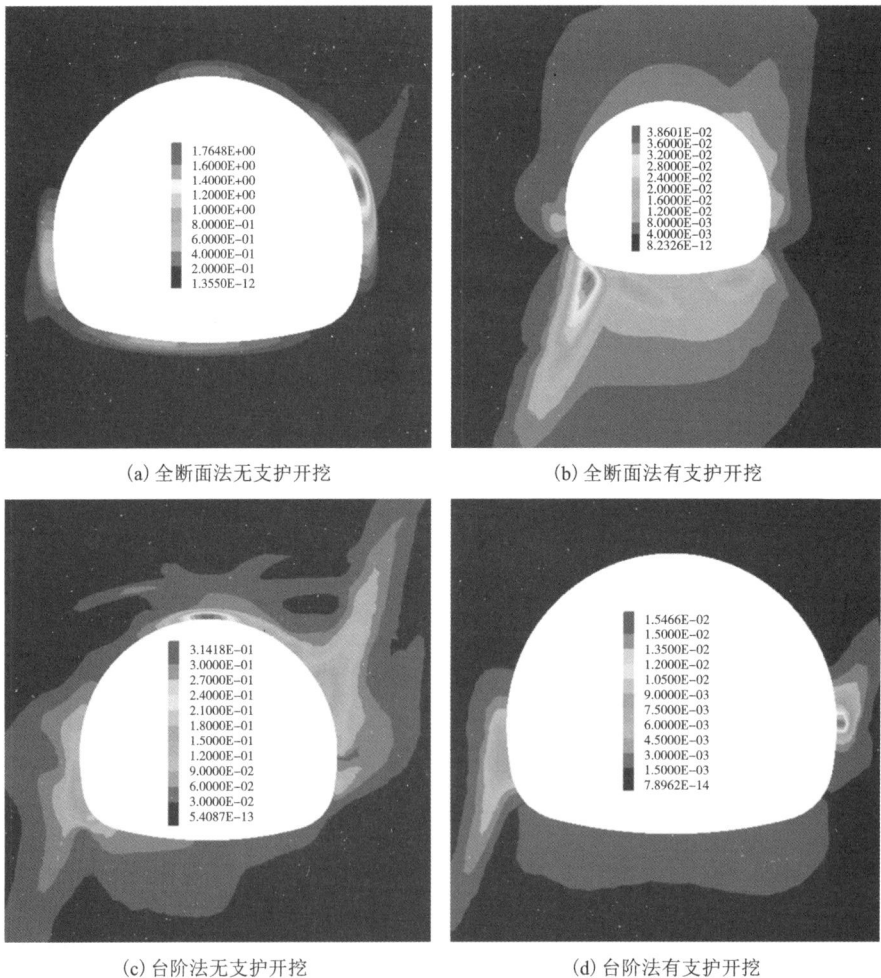

(a) 全断面法无支护开挖　　　　　　(b) 全断面法有支护开挖

(c) 台阶法无支护开挖　　　　　　　(d) 台阶法有支护开挖

图 4-13　围岩最大剪应变分布图

从图 4-13 可以看出，在海巴洛隧道倾斜层状岩体开挖过程中 4 种不同工况条件下，隧道围岩最大剪应变分布具有一定规律，具体规律如下：

1) 对于全断面法无支护开挖，最大剪应变主要分布集中在右拱腰和左仰拱处，恰好对应层状岩体的层理面与隧道轮廓的相切位置，其次分布在隧道拱顶与仰拱处。对于全断面法有支护开挖，最大剪应变主要集中分布在左仰拱处，其值相较于无支护开挖具有明显减小。这表明全断面法开挖后，层状围岩的主要破坏集中在层理面与隧道轮廓的交界处。

2) 对于台阶法无支护开挖，最大剪应变主要集中分布在隧道拱顶及右拱腰和左边墙处，且右拱腰处和左边墙处的剪应变为主要分布区，这与全断面法开挖剪应变的分布特点基本一致。对于台阶法有支护开挖，其最大剪应变分布主要集中在上、下台阶的分界处，这表明支护结构可在一定程度上改变最大剪应变的分布。

4.3.2　围岩最大主应力

图 4-14 分别给出 4 种工况下围岩最大主应力分布图。

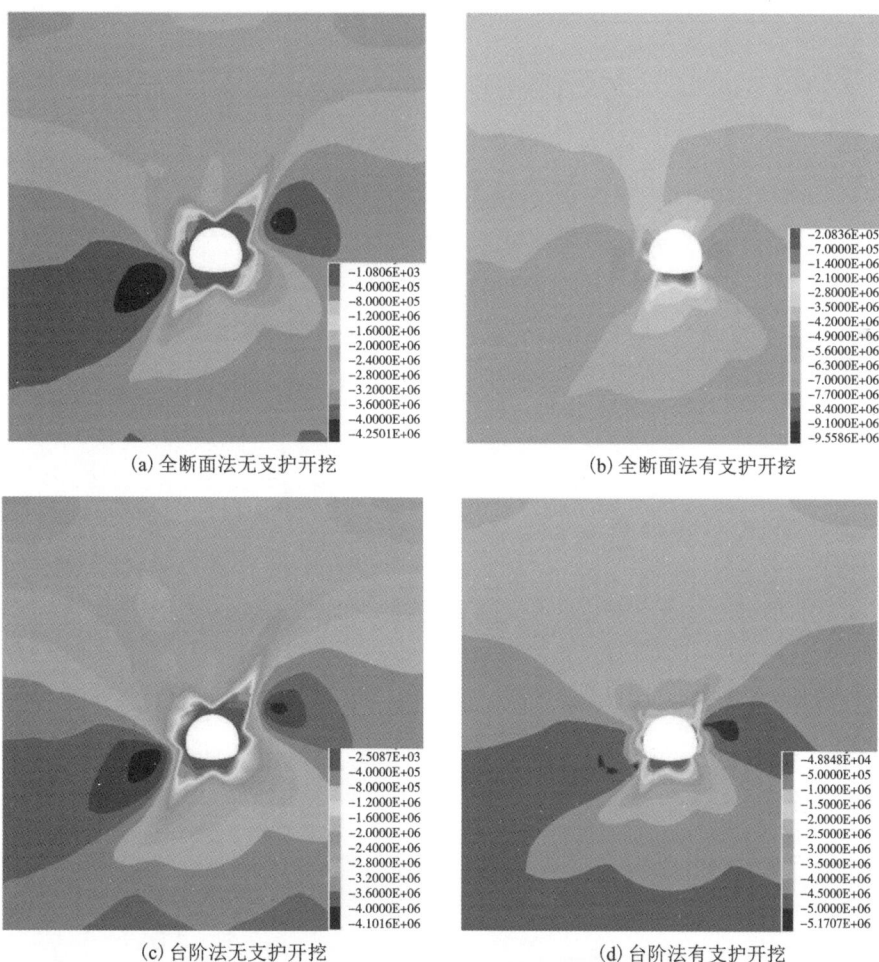

(a) 全断面法无支护开挖　　　　　　　　(b) 全断面法有支护开挖

(c) 台阶法无支护开挖　　　　　　　　(d) 台阶法有支护开挖

图 4-14　围岩最大主应力分布图

从图 4-14 可以看出，在海巴洛隧道倾斜层状岩体开挖过程中 4 种不同工况条件下，隧道围岩最大剪应变分布具有一定规律，具体规律如下：

1) 在无支护开挖的 2 种工况下，最大主应力分布呈"四叶草"形分布，其主应力方向与层理面垂直，分布特点为以层理面为轴线对称分布。这表明在无支护开挖的工况下，隧道围岩主应力集中在左边墙至左仰拱处、右拱肩至拱顶处，这些位置往往是易发生破坏的位置。

2) 在全断面法有支护开挖的工况下，最大主应力分布主要集中在仰拱及右边墙处，特别是右边墙处出现了最大主应力较为集中的情况。在台阶法有支护开挖的工况下，最大主应力沿隧道轮廓环向分布，主要集中在上、下台阶分界处及仰拱处，这表明这些位置是易产生破坏的薄弱区域。

4.3.3 围岩塑性区

图 4-15 分别给出 4 种工况下围岩塑性区分布图。

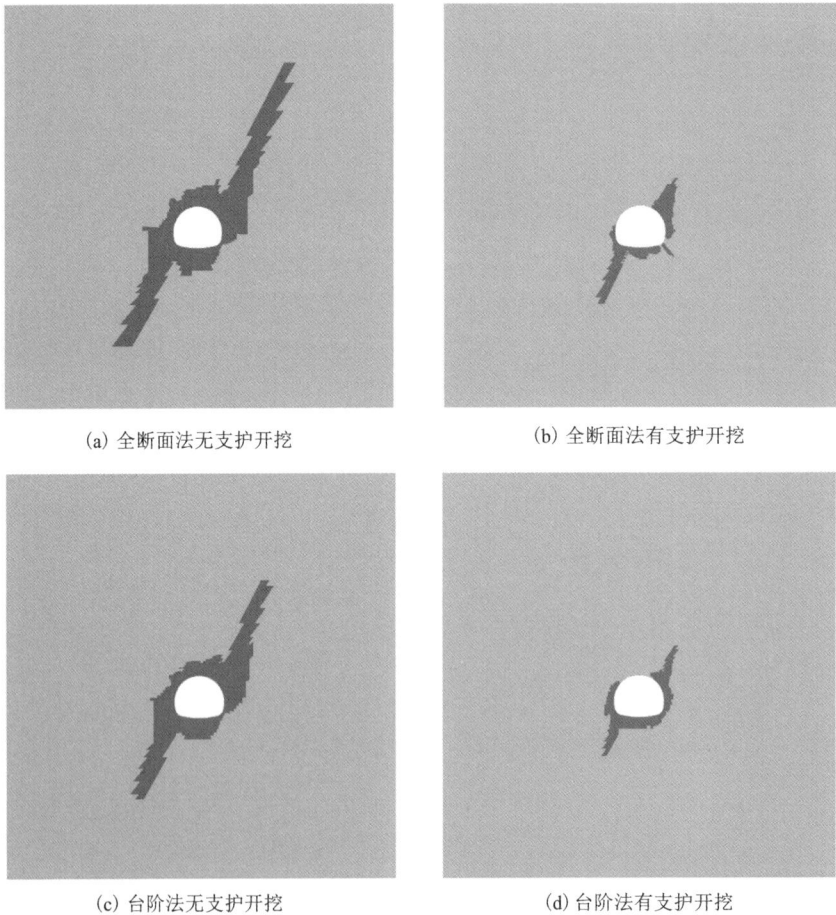

(a) 全断面法无支护开挖

(b) 全断面法有支护开挖

(c) 台阶法无支护开挖

(d) 台阶法有支护开挖

图 4-15 围岩塑性区分布图

从图 4-15 可以看出，围岩塑性区的主要分布位置与层理面密切相关，且有、无支护条件的情况对塑性区分布有较大影响，具体表现为：

1）在无支护开挖的工况下，围岩塑性区主要垂直层理面分布，分布最大深度为隧道洞径的 2~3 倍。此外，一部分围岩塑性区沿隧道轮廓线分布，分布深度约为隧道洞径的 0.5 倍。这表明在无支护开挖的工况下，层状围岩发生破坏的主要形式为垂直层理面的弯曲折断。

2）在台阶法开挖的工况下，有支护开挖较无支护开挖的塑性区范围大大减小，其分布特征与无支护开挖类似，均为垂直层理面方向分布，深度范围为隧道洞径的 0.5~1.2 倍。由此可见，支护结构的施作有效地限制了塑性区的发展。此外，全断面法有支护开挖的塑性区面积大于台阶法有支护开挖的塑性区面积，这表明后一种开挖方法对围岩塑性区控制具有较好的效果。

4.3.4　衬砌结构内力

为了研究层状岩体开挖后衬砌结构的受力特征，选取了全断面法有支护开挖这一工况，分析其衬砌结构的轴力与弯矩受力特征，图 4-16 给出了这种工况下内力分布图。

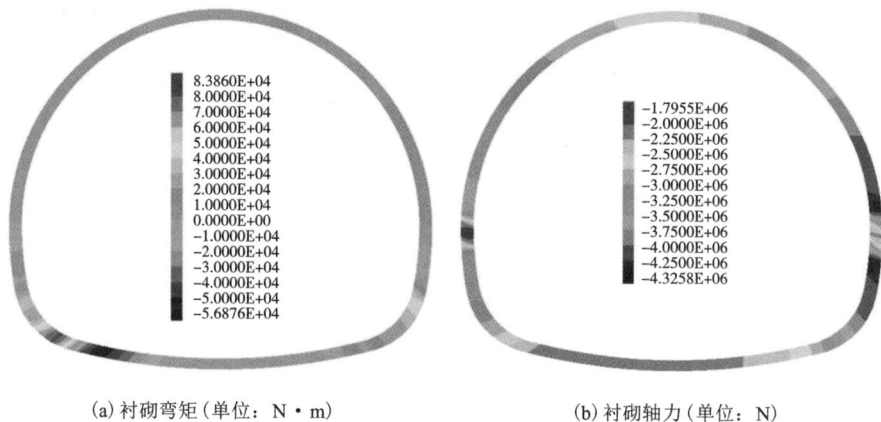

(a) 衬砌弯矩（单位：N·m）　　　　　(b) 衬砌轴力（单位：N）

图 4-16　全断面法有支护开挖内力分布图

对图 4-16 进行分析，可得出以下几点规律：

1）在全断面法开挖的工况下，衬砌结构的最大弯矩值为 83.9 kN·m，位于左仰拱处；衬砌结构的最大轴力值为 432.6 kN，位于右拱腰处。

2）从整体上看，衬砌内力的分布呈现明显的不对称性，具体表现为：靠近拱顶处内力分布特点为"左小右大"，靠近仰拱处内力分布特点为"左大右小"。内力分布较大侧的连线与层理面垂直，内力分布规律与变形分布规律相一致。

为了研究层状岩体开挖后衬砌结构的受力特征，选取了台阶法有支护开挖这一工况，分析其衬砌结构的轴力与弯矩受力特征，图 4-17 给出了这种工况下内力分布图。

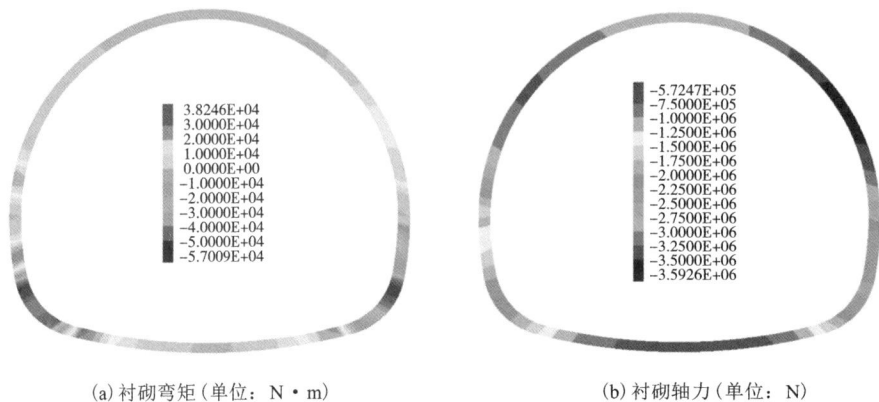

(a) 衬砌弯矩(单位: N·m)　　　　　　(b) 衬砌轴力(单位: N)

图 4-17　台阶法有支护开挖内力分布图

对图 4-17 进行分析, 可得出以下几点规律:

1) 在全断面法开挖的工况下, 衬砌结构的最大弯矩值为 57.0 kN·m, 位于左仰拱处; 衬砌结构的最大轴力值为 359.3 kN, 位于右拱肩处。

2) 从整体上看, 衬砌内力的分布呈现明显的不对称性, 具体表现为: 靠近拱顶处内力分布特点为"左小右大", 靠近仰拱处内力分布特点为"左大右小"。内力分布较大侧的连线与层理面垂直, 内力分布规律与变形分布规律相一致。

3) 相对全段面法开挖, 台阶法开挖的衬砌内力相对较小, 说明台阶法开挖围岩应力释放较为充分。

4.4　层状炭质板岩破坏模式分析

层状岩体是隧道实际施工过程中经常遇到的一种岩体, 岩体常包含多组节理, 具有节理发育的特点。层状岩体结构面的产状分布及特性是影响其稳定性的重要因素。隧道开挖后受到这些因素的作用, 最终导致不对称的破坏特点。

针对围岩的变形机理与破坏特征, 国内外学者进行了大量的研究工作, 得到了许多有意义的结论。王思敬院士经过多年的研究与调研, 结合地下工程实践, 对隧道围岩常见的变形机理与破坏特征进行了分析和总结, 如表 4-5 所示。

根据研究, 影响层状岩体变形和破坏的主要因素有岩层产状和自身岩石力学特性两点。沿层滑移、弯曲内鼓、折断剥落是层状岩体宏观破坏的主要类型。倾斜岩层的具体破坏模式表现为: 弯曲内鼓和折断破坏常发生在层状岩体反向位置, 顺层滑移破坏则发生在岩体顺层方向, 形成不对称破坏的特点, 相对较大变形侧一般与层状岩体的产状相关。

表 4-5　隧道围岩常见的变形机理与破坏特征

失稳机制	破坏形式	力学机理	岩质	岩体结构类型
围岩强度-应力控制类型	岩爆	压应力高度集中突发脆性破坏	硬质岩	块状及厚层状
	劈裂剥落	压应力集中导致拉裂（脆性破裂）		
	张裂坍落	拉应力集中导致张裂破坏（脆性破坏）		
	弯曲折断	压应力集中导致弯曲拉裂	硬质岩	层状、薄层状结构
	塑性挤出	围岩应力超过围岩屈服强度向洞内挤出	软弱夹层	夹层状结构
	内挤坍落	围压释放、围岩吸水膨胀、强度降低	膨胀性质软岩	层状结构
	松脱坍落	重力及拉应力作用下松动坍落	硬质岩、软质岩	散体及碎裂结构
弱面控制类型	块体滑移坍落	重力作用下块体失稳	硬质岩（弱面组合）	块状及层状结构
混合控制类型	碎裂松动	压应力集中导致剪切松动	硬质岩（结构面密集）	碎裂及镶嵌结构
	剪切滑移	压应力集中导致滑移拉裂	硬质岩（弱面组合）	块状及层状结构
	剪切破碎	压应力集中导致剪切破碎	硬质岩（结构面稀疏）	块状及厚层状结构

拉裂破坏、剪裂破坏、塑性滑移和拉剪破坏是层状岩体发生破坏的四大原因，基于上述四种破坏原因从机理上讨论了层状岩体的破坏特点。根据层状岩体的破坏情况，可以得出张拉破坏、顺层滑移破坏、软弱带挤压外鼓破坏和弯曲折断破坏是其破坏的主要形式。

（1）张拉破坏

层状岩体张拉破坏示意图如图 4-18 所示。

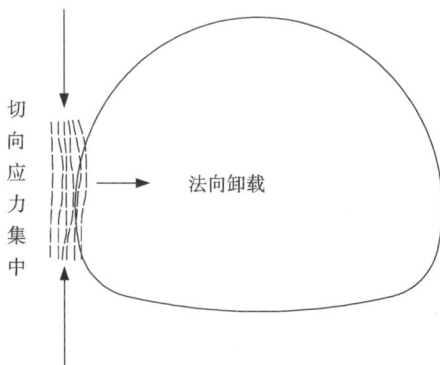

图 4-18　层状岩体张拉破坏示意图

由于隧道围岩在开挖后发生应力重分布，其最终状态为平行于洞壁的切向应力大、垂直洞壁的法向应力小，这种状态会导致隧道边墙和仰拱处产生较大张拉应变，在拱顶一定范围内出现拉应力。由于拉应力的存在，当其值超过一定范围时，隧道周围会出现较多张拉裂缝，裂缝贯通后会形成掉块。

（2）顺层滑移破坏

顺层剪切和层面滑移是顺层滑移的主要破坏模式，顺着层理面产生的剪切破坏为顺层剪切破坏，层理面岩体沿层面向内滑移为顺层滑移，顺层滑移会在隧道拱部发生大变形甚至坍塌。对于层面倾角较大的围岩，层状岩体容易顺着层面倾向的一侧边墙和拱肩部位发生滑落，层状岩体顺层滑移破坏示意图如图4-19所示。

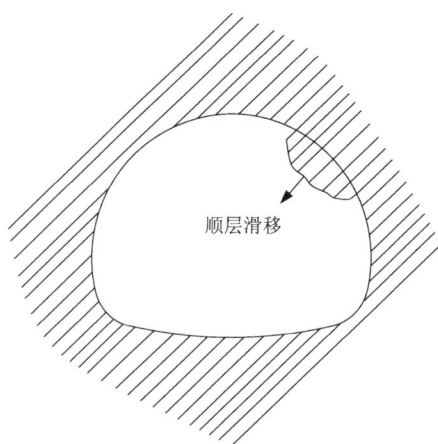

图4-19　层状岩体顺层滑移破坏示意图

（3）软弱带挤压外鼓破坏

层状岩体常夹有软弱层或破碎带，导致在开挖过程中易出现沿着软弱带的挤出破坏。围岩应力在隧道开挖后发生重分布，软弱带的屈服强度小于局部应力集中产生的二次应力，软弱夹层带沿临空面塑性流动挤出，软弱带挤压外鼓破坏如图4-20所示。

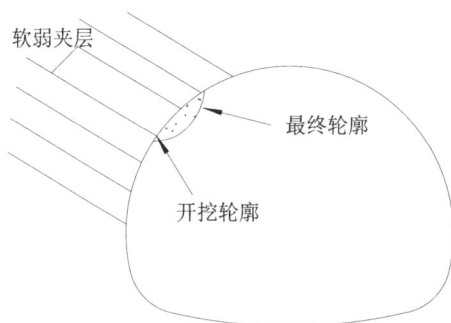

图4-20　软弱带挤压外鼓破坏

（4）弯曲折断破坏

孙广忠认为，层状岩体在研究时可视为板裂介质，弯曲折断破坏是其典型破坏特征之一。发生弯曲折断破坏(图 4-21)的原因主要为以下两点：一是切向应力超过薄层岩体的抗弯强度，从而发生破坏；二是卸荷回弹致使应力集中在隧道洞壁周边，从而发生破坏。

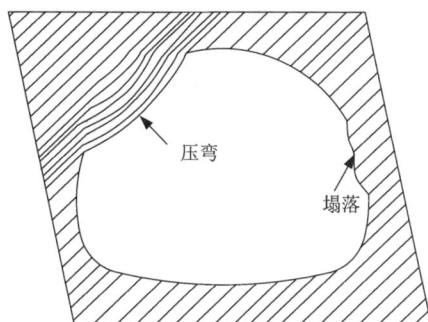

图 4-21　弯曲折断破坏

4.5　海巴洛隧道层状炭质板岩破坏模式分析

4.5.1　海巴洛隧道变形特征与背后空洞情况

　　海巴洛隧道是香丽高速公路典型的层状炭质板岩隧道，层状炭质板岩隧道在开挖过程中出现了非对称变形、初支开裂等诸多问题。为了研究海巴洛隧道围岩破坏的机理，选取海巴洛隧道出口左幅的典型断面进行分析，其围岩变形形式如图 4-22 所示。

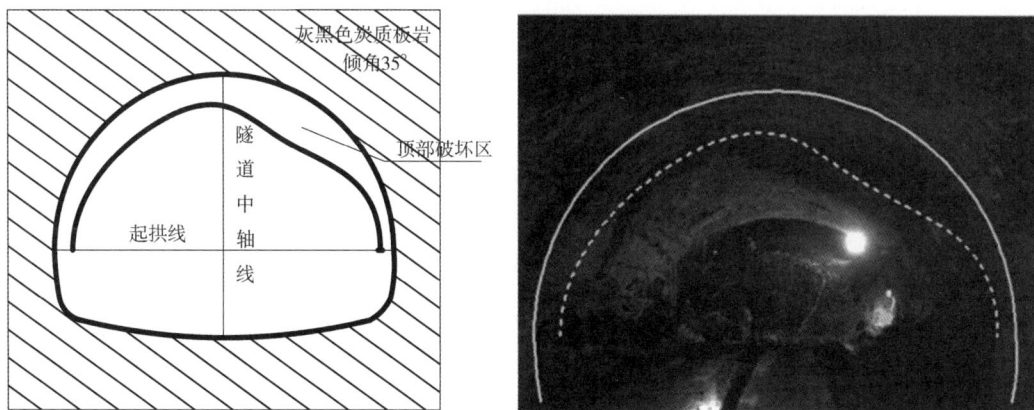

图 4-22　海巴洛隧道典型断面变形形式

　　从图 4-22 可以看出，现场层状炭质板岩的岩层倾角为 35°。现场破坏模式表现为，隧道拱顶沉降具有不对称性，右侧沉降值大于左侧沉降值，初期支护破损程度右侧较为严重。结合数值模拟结果，其计算结果与实测结果一致，表明层状岩体出现不对称性与其层状结构密切相关。需结合层状炭质板岩特性与围岩受力特性综合分析，研究其变形机理。

同时，伴随着层状炭质板岩的不对称变形特点，在海巴洛隧道出口右幅，拱顶右侧（即大变形侧）常常出现初支壁后脱空，选取典型的脱空断面，如图4-23所示。

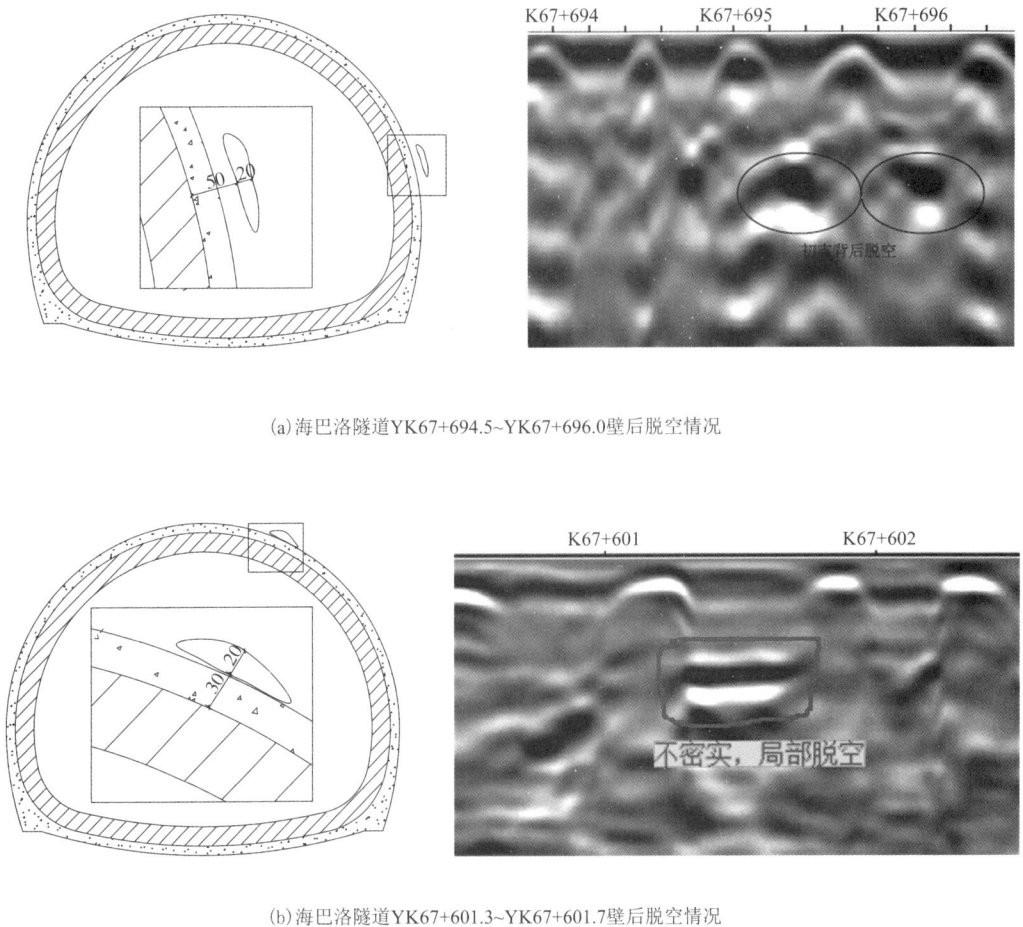

(a)海巴洛隧道YK67+694.5~YK67+696.0壁后脱空情况

(b)海巴洛隧道YK67+601.3~YK67+601.7壁后脱空情况

图4-23　海巴洛隧道典型断面初支壁后脱空情况（单位：mm）

从图4-23可以看出，对于海巴洛隧道出口侧，壁后脱空位置常出现在不对称变形较大的一侧，即拱顶右侧的位置。空洞厚度为20 m，空洞长度为1.2~2.0 m，均为局部脱空。空洞的形成与层状炭质板岩有关。

4.5.2　海巴洛隧道层状炭质板岩破坏因素

根据现场变形监测结果及具体问题，结合层状炭质板岩的室内试验、数值模拟情况，对海巴洛隧道产生的不对称变形和初支壁后脱空问题进行分析，得到海巴洛隧道层状炭质板岩产生破坏的因素主要有以下几点。

（1）炭质板岩的矿物组成特点

炭质板岩的矿物组成成分中，绿泥石含量达24.38%，白云母含量达21.09%。由于富含绿泥石、白云母等易遇水软化矿物，炭质板岩的崩解性、膨胀性较强。较强的崩解性与膨胀性，一方面导致岩体遇水软化，强度迅速丧失，失去自稳能力，对初期支护的承载力要求较高；另一方面，岩体遇水膨胀崩解，会产生额外的附加应力作用于初期支护，导致其承受较大外力，易产生大变形。

（2）层状炭质板岩的结构特性

通过电子显微镜，可以看出层状炭质板岩在垂直层理方向分布着厚度不足 1 μm 的层理结构，层间光滑且易剥离，层理间空隙由大量岩屑充填；平行层理方向，炭质板岩呈"鳞片"状排列，层理结合紧密，层面光滑且表面无其他特殊的矿物颗粒。对于薄层状光滑的层状炭质板岩来说，其主要破坏模式为薄层状层理的弯折破坏，且层理间空隙由碎裂岩屑充填，结合强度低，层间结合紧密，较难产生滑移破坏。由于其结构特性，在隧道开挖过程中，层状炭质板岩多为弯折破坏，因此垂直于层理方向一侧易出现弯折破坏，对应现场即拱顶右侧易出现这一破坏模式，这是导致海巴洛隧道不对称变形的主要原因。

（3）层状岩体的破坏模式

根据层状岩体的破坏模式，结合海巴洛隧道现场实际情况，分析海巴洛隧道层状炭质板岩的破坏模式主要原因为，隧道开挖后围岩卸载，位于拱顶右侧的临空面岩体失去支撑产生向隧道内侧的位移，由于海巴洛隧道炭质板岩多为薄层状，抗拉强度低，开挖卸荷后隧道拱顶右侧岩体在内部外挤的作用下超过岩层的抗弯刚度而产生弯曲折断，产生破坏后的层状岩体失去自稳能力，位于深层的层状岩体同样受到弯曲折断而破坏。而位于拱顶左侧的层状炭质板岩主要是受到顺层滑移的影响，但由于现场层状岩体结合紧密，顺层滑移产生的破坏较小，因此位于拱顶左侧的岩体相对破坏较少。

（4）多种因素共同作用

结合前面的破坏原因，位于拱腰右侧的层状炭质板岩出现了部分悬空的情况，因此在这一位置多发生局部塌落的现象，是现场容易受到破坏的部位，这一部位最易出现塑性变形，对应数值模拟结果，计算得出的塑性区的分布与破坏特点相吻合。层状炭质板岩的连续弯折破坏，导致位于拱顶右侧的初支壁后出现脱空问题。拱顶围岩除了受到弯曲折断的破坏外，部分段落因夹有石英脉，形成了塑性岩体夹层，应力集中明显，受夹层外侧的切向挤压力，导致软弱夹层外挤，这也是产生大变形的重要原因之一。

海巴洛隧道层状炭质板岩产生不对称变形的主要原因为薄层状岩体弯曲折断破坏，伴有张拉破坏，同时由于岩层中夹有石英脉，产生了软弱带挤压外鼓破坏，形成围岩局部破坏。现场层状炭质板岩由于结合紧密，受到顺层滑移破坏的影响较小。

4.6　本章小结

本章针对海巴洛隧道层状炭质板岩隧道，通过 FLAC3D 数值模拟软件建立数值模型并进行计算，建立了全断面法无支护开挖、全断面法有支护开挖、台阶法无支护开挖、台阶法有支护开挖 4 种工况，对层状隧道在不同工况开挖情况下的变形特征及隧道稳定性进行分析，得出主要结论如下。

（1）海巴洛隧道层状岩体变形特征分析

针对围岩变形的竖向位移值，台阶法开挖产生的变形值要大于全断面法开挖产生的变形值，无支护开挖产生的变形值要大于有支护开挖产生的变形值。在不对称变形特点上，4 种计算工况具有一致性，主要特点为拱顶和仰拱变形相对较大值位置的连线与层理面近似垂直，无支护开挖工况的围岩不对称变形特征更为典型。

针对围岩变形时程曲线图进行分析，各计算工况均出现了右侧竖向变形值大于左侧竖向变形值的情况，呈现出"左小右大"的不对称变形特点。相较于无支护开挖，隧洞施作衬砌后变形得到了明显控制。对于台阶法开挖的工况条件，无支护开挖的不对称变形特征较有支护开挖的不对称变形特征更为显著。

对现场实测与数值模拟结果进行对比，海巴洛隧道现场实测数据变形值的大小排序为右测点>中测点>左测点，数值计算模型最终变形值的大小排序为右测点>中测点>左测点，两者的变形规律相一致，均为围岩右侧位移大于围岩左侧位移，表明数值模拟结果的变形形式与现场实际相吻合。

(2)海巴洛隧道层状岩体稳定性分析

针对围岩最大剪应变，最大剪应变主要分布集中在右拱腰和左仰拱处，恰好对应层状岩体的层理面与隧道轮廓的相切位置，其次分布在隧道拱顶与仰拱处。对于全断面法有支护开挖，最大剪应变主要集中分布在左仰拱处，其值相较于无支护开挖明显减小。对于台阶法有支护开挖，其最大剪应变分布主要集中在上、下台阶的分界处，表明支护结构可在一定程度上改变最大剪应变的分布范围。

针对围岩最大主应力，在无支护开挖的 2 种工况下，最大主应力分布呈"四叶草"形分布，其主应力主方向与层理面垂直，分布特点为以层理面为轴线对称分布。在全断面法有支护开挖的工况下，最大主应力分布主要集中在仰拱及右边墙处，特别是右边墙处出现了最大主应力较为集中的情况

针对围岩塑性区，其主要分布位置与层理面密切相关，且有、无支护条件的情况对塑性区分布有较大影响。无支护开挖的工况下，围岩塑性区主要垂直层理面分布，分布最大深度为隧道洞径的 2~3 倍。在台阶法开挖的工况下，有支护开挖较无支护开挖的塑性区范围大大减小，其分布特征与无支护开挖类似，均为垂直层理面方向分布，深度范围为隧道洞径的 0.5~1.2 倍。

针对衬砌结构内力，其分布呈现明显的不对称性，靠近拱顶处内力分布特点为"左小右大"，靠近仰拱处内力分布特点为"左大右小"。内力分布较大侧的连线与层理面垂直，内力分布规律与变形分布规律相一致。

依据层状岩体的破坏机理，得出海巴洛隧道层状炭质板岩的破坏模式以弯曲折断破坏为主，同时伴有软弱带挤压外鼓破坏，受到顺层滑移破坏模式的情况较少。

第 5 章
炭质板岩隧道大变形开挖支护参数优化

炭质板岩由于围岩强度较低、易受开挖扰动且变形速率大，容易引起掌子面的坍塌及初支结构的侵限，所以开挖时需要采用短进尺，分步开挖，支护及时封闭成环，且支护需要采用刚柔相济的方式，对破碎围岩采取超前加固处理，在开挖后及时进行多种支护联合作用，充分发挥支护结构和围岩共同承载作用，减小围岩的塑性变形及使初支结构均匀受力，从而有效控制大变形的发生。本章通过位移反分析对现场炭质板岩相关围岩参数进行反演，并根据反演参数进行不同开挖方式的三维数值模拟，在不同开挖进尺、中台阶长度及仰拱初支滞后距离下对围岩变形的影响进行研究，并对既有支护参数下初支结构的安全性进行评价，分析不同支护下对变形的影响并对支护参数进行相应的优化，为现场开挖支护方式的选取及变形控制提供参考。

5.1　围岩参数反演

5.1.1　位移反分析基本概述

位移反分析法主要原理为根据实际量测获取的围岩位移，通过反演模型来求解项目场区地质条件下初始岩土体相关物理力学参数。位移反分析的概念最早由 Karanagh 于1971 年提出，随后意大利学者 Gioda 开始进行弹塑性位移反分析的研究。由于计算方便，该方法逐步由岩土工程领域扩展到地下工程领域的研究中并得到广泛使用。根据计算方法的差别，其又分为解析法和数值法两种。由于解析法目前只能计算几何形状和边界条件等比较简单的工程问题，难以计算地质情况复杂的地下工程，所以本章采用数值法进行隧道相关围岩参数的反分析。

数值法因计算原理的不同分为逆反分析法、图谱法和正反分析法三种。其中，逆反分析法主要通过实测位移与待求参数建立相关的关系式，根据反分析得到的逆方程进行求解，能较快地解出待求参数，但该方法的不足之处是只能求解简单的线弹性问题，不能适用于非线性等复杂工程问题；图谱法采用数值分析方法多次进行计算，从而获取待求参数与实测位移间相关联的图谱，再根据相似原理，用现场获得的围岩位移来查图获取相应的参数，如弹性模量 E 和初始地应力 P，该方法求解精度较高，但只能应用于线弹性问题中，不具有普遍性；正反分析法采用数值计算进行正演计算，根据实测位移建立位移最小误差函数,不断优化缩小待求参数的取值范围,直至位移最小误差函数取到极小值,该参数可表示为最优待求围岩力学参数,该法可以较好地进行线性及非线性的复杂地下工程的反分析。

5.1.2　本构模型的选取

许多学者对薄层炭质板岩地层隧道大变形进行数值模拟进行了相关的研究。许占良和施成华,运用 FLAC3D 数值软件,采用摩尔-库仑屈服准则研究雪峰山炭质板岩隧道在不同埋深、侧压力系数及围岩应力释放率等影响因素时的变形规律。杜雁鹏基于 FLAC3D 有限差分软件,采用修正的 Burgers 本构模型模拟炭质板岩隧道在不同开挖支护方式下的围岩变形特征。韩现民采用摩尔-库仑本构模型对关角隧道炭质板岩进行模拟,并根据数值模拟提出相应的支护优化和控制变形措施。目前,针对薄层炭质板岩隧道的数值分析,主要采用摩尔-库仑本构模型和蠕变本构模型,但摩尔-库仑本构模型主要针对土体等受剪切破坏的分析,不能反映岩体拉应力区等对岩体强度的影响,且不能反映岩体受结构面、层理面的节理影响;蠕变本构模型考虑时间较长,不适用于分析施工阶段瞬时围岩变形情况。

Hoek-Brown 强度准则,结合多组室内及现场试验数据确定了岩石发生屈服破坏时的应力关系式,该准则可以较好地反映岩石的受力变形和非线性破坏特征,其中的 m_b 等岩石参数可以表示岩石的坚硬强度,较好地反映围岩由层理面、结构面等引起的岩体强度的降低,也能够较好地应用于节理裂隙发育岩体。广义 Hoek-Brown 强度准则根据原有准则中的一些不足引入两个表示岩体性质相关系数 s、a,它们能够更好地说明岩体软硬程度及完整性,根据围岩受开挖扰动情况确定岩体扰动参数 D 并建立基于地质强度指标 GSI 和岩体扰动系数 D 与 m_b、s、a 之间的关系式,具体公式如下:

$$\begin{cases} \sigma_1 = \sigma_3 + \sigma_c \left(m_b \dfrac{\sigma_3}{\sigma_c} + s \right) \\[2mm] m_b = \exp \left(\dfrac{GSI-100}{28-14D} \right) m_i \\[2mm] s = \exp \left(\dfrac{GSI-100}{9-3D} \right) \\[2mm] a = 0.5 + \dfrac{1}{6} \left[\exp \left(\dfrac{-GSI}{15} \right) - \exp \left(\dfrac{-20}{3} \right) \right] \end{cases} \tag{5-1}$$

式中:σ_1—岩石破裂时的最大主应力,σ_3—岩石破裂时的最小主应力,σ_c—岩样的单轴抗压强度,m_b—Hoek-Brown 参数,反映岩石的坚硬程度,取值为 0~25;a—Hoek-Brown 参数,取值为 0.5~0.65;s—Hoek-Brown 参数,反映岩体的破坏情况,取值为 0~1;m_i—Hoek-Brown 常数,可以根据岩石类型进行选取;D—岩体扰动参数,根据围岩扰动情况取 0~1;GSI——地质强度指标。

5.1.3　围岩参数反演

根据现场围岩位移监测情况,选取弹性模量 E 和侧压力系数 K 两个参数作为反演围岩参数。通过 FLAC3D 进行围岩参数反演,具体计算流程如图 5-1 所示。

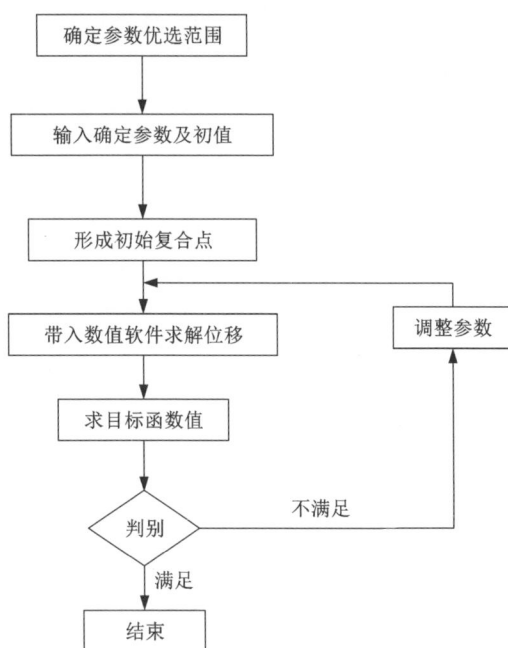

图 5-1 位移反分析流程图

（1）量测数据

量测数据选取海巴洛隧道出口大变形段 YK67＋310～YK67＋350，其中选取 YK67＋310 断面位移监测结果，选取变形速率趋于稳定的拱顶下沉中测点和周边收敛测点累计值，断面累计变形如表 5-1 所示。断面开挖揭露围岩为强风化炭质板岩，薄层状，层厚为 0.06～0.2 m，岩层与水平方向呈 30°～40°，向线路左侧倾斜，掌子面岩体干燥，无明显渗水。掌子面围岩情况如图 5-2 所示。根据既有地质强度指标表，结合现场揭露围岩地质水文条件，GSI 选取 50，根据板岩岩石类型知 m_i 取 9，岩体扰动参数 D 选取 0.5。

图 5-2 掌子面围岩情况

表 5-1 YK67+310 断面累计变形

监测日期	拱顶下沉累计量/mm	周边收敛累计量/mm
2017/03/26	0.0	0.0
2017/03/27	13	14.6
2017/03/28	27.2	30.3
2017/03/29	41.0	44.2
2017/03/30	55.7	59.4
2017/03/31	68.8	73.6
2017/04/01	81.2	88.8
2017/04/02	95.7	103.4
2017/04/03	99.3	107.0
2017/04/04	104.9	108.8
2017/04/05	109.3	113.0
2017/04/06	110.5	118.5
2017/04/07	111.6	124.1
2017/04/08	112.8	129.1
2017/04/09	114.0	134.7
2017/04/10	114.8	141.5
2017/04/11	115.7	148.2
2017/04/12	116.5	152.5
2017/04/13	117.3	155.8
2017/04/14	118.3	158.5
2017/04/15	119.1	161.9
2017/04/16	119.9	164.4
2017/04/17	123.9	166.1
2017/04/19	127.9	167.5
2017/04/21	131.5	169.3
2017/04/23	135.2	170.5
2017/04/25	139.0	172.4

（2）模型建立

YK67+310 断面尺寸为开挖宽度 12.5 m，高度 10.2 m，埋深 195 m，实际开挖方法选取台阶法。结合现场地勘资料及开挖影响范围，计算模型选取 3~5 倍洞径。计算模型左、右范围距隧道中心线 70 m，顶部埋深选取 100 m，其余部分以围岩自重应力形式加在上边界，底部边界距隧道中心 60 m，轴(Y)向 1 m，计算模型总体尺寸 140 m×160 m×1 m。

模型边界条件如下：左、右两侧采用水平约束，前后两侧约束 Y 向位移，下底面采用固定约束，上表面为竖向应力 1.7 MPa。其中，围岩选取弹塑性单元模拟，选用广义 Hoek-Brown 强度准则；隧道初期支护结构选取 shell 单元，通过等效法把钢拱架弹性模量折算到喷射混凝土里，锁脚锚杆选取 beam 单元。

两种结构单元主要特性如下：

①壳单元(shell)：shell 单元由三个节点构成等厚的三角形，每个壳构件由 2 个膜单元、1 个平板弯曲单元及 2 个壳单元组成，可以模拟忽略横向剪切变形的薄膜结构，反映结构的抗弯、抗压拉等特性，能够较好地适用于初支结构的模拟。

②梁单元(beam)：包括 12 个自由度，根据结构单元位移和旋转能够得出应力和力矩，由于锁脚锚杆在实际中不仅只承受轴向力，还需要承担弯矩，所以不能用锚杆(cable)单元进行模拟，梁单元虽然不能反映围岩和锁脚锚杆之间的作用，但可以表示锁脚锚杆的抗压、抗弯曲及抗剪切等力学特性。所以本章选用 beam 单元对锁脚锚杆进行数值模拟。模型尺寸及边界条件如图 5-3 所示。

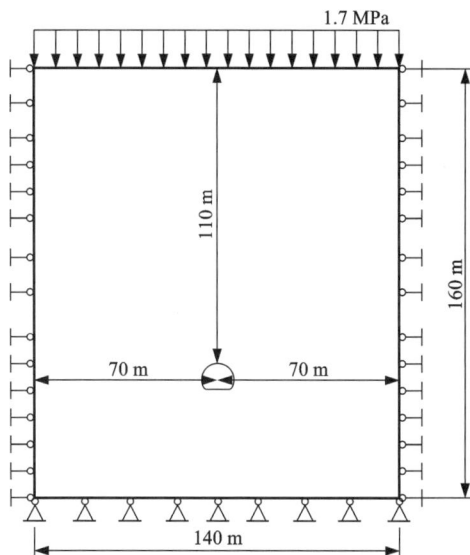

图 5-3　模型尺寸及边界条件

(3)参数选取

隧道开挖采用台阶法，模拟炭质板岩隧道开挖与支护，本次模拟根据 YK67+310 炭质板岩地层实际采用的施工方法和支护方式。开挖方式选取台阶法，先开挖并支护上台阶，随后下台阶和仰拱一次开挖，再施加初期支护。具体的材料物理力学参数如表 5-2 所示。根据实测位移与数值位移计算对反演参数进行优化，最终在允许的误差范围内得到待求参数。其中，反演的具体流程为：

①模拟上台阶开挖支护，根据上台阶开挖后计算的拱顶下沉和周边收敛累计变形量与实测值的误差反演弹性模量 E 和侧压力系数 K；

②模拟下台阶与仰拱开挖支护，根据开挖后计算的拱顶下沉和周边收敛累计变形量与实测值的误差反演参数弹性模量 E 和侧压力系数 K；

③根据两阶段的计算位移值与实测值反演参数，使计算值与实测值位移误差在误差允许范围内，即求得反演围岩参数弹性模量 E、侧压力系数 K。

表 5-2   材料物理力学参数

材料	弹性模量/GPa	泊松比	容重/(kN·m³)	m_b	s	a	备注
薄层炭质板岩	0.1~0.05	0.4	20	0.832	0.00127	0.506	V级围岩
钢拱架	210	0.3	78.5	—	—	—	I18a 工字钢
喷射混凝土	23	0.2	24	—	—	—	C25，厚 25 cm
锁脚锚管	210	0.2	78.5	—	—	—	直径 42 mm（两根）打设角度 15°

（4）结果分析

采用 YK67+310 断面拱顶下沉中测点和周边收敛在开挖上台阶和最终累计监测值作为反演目标，通过位移反分析，计算获取炭质板岩隧道围岩弹性模量和侧压力系数，具体结果如表 5-3、表 5-4 所示。

表 5-3   围岩反演参数

参数	弹性模量/GPa	侧压力系数
强风化板岩	0.07	1.1

表 5-4   监测点计算误差

项目	测点			
	上台阶		下台阶	
	拱顶中测点	周边收敛	拱顶中测点	周边收敛
实际位移/mm	112.8	129.1	139.0	172.4
计算位移/mm	104.2	140.1	137.0	159.0
绝对误差/mm	8.6	11.0	2.0	13.4
相对误差/%	7.6	8.5	1.4	7.8

根据表 5-4，对现有支护结构变形情况进行比较，反演所得地质围岩力学参数能与现场情况吻合，监测点最大误差为 8.5%，在误差允许范围内，可以作为反映该区域地质条件的围岩力学参数。

5.2　炭质板岩隧道开挖三维模型建立

5.2.1　计算模型建立

海巴洛隧道进口段实际开挖方法采用三台阶法,支护形式选取 SF5a。隧道在施工过程中多次出现初支大变形情况,引起初支混凝土开裂剥落及侵限等问题。本节根据海巴洛隧道实际开挖方法和支护方式,采用 FLAC3D 进行三维数值分析,分析开挖过程中围岩的变形规律,并对开挖方式进行合理的优化。

计算模型尺寸沿隧道横轴(X 轴)选取 100 m,沿纵轴(Y 轴)选取 60 m,z 方向选取 100 m,隧道实际埋深 195 m,模型沿 z 方向埋深选取 50 m,上覆剩余土体自重通过在上表面施加 2.9 MPa 竖向压力来模拟。边界条件为底部固定约束,侧面法向约束,上表面施加应力边界条件,侧压力系数通过初始应力命令进行施加。模型网格划分如图 5-4 所示。

围岩采用三维弹塑性单元,初支 C25 喷射混凝土采用壳单元模拟,钢拱架通过等效弹性模量折算,ϕ 42 mm、长 4.5 m 锁脚锚杆选取 beam 单元进行模拟,根据实际情况不考虑锁脚注浆,打设角度为 15°,计算主要对二衬施作前初支大变形进行模拟,因此不考虑二衬的模拟。具体模拟步骤为:①上台阶开挖,施作初支和锁脚锚杆,上台阶高度 3.2 m;②中台阶开挖,施作初支和锁脚锚杆,中台阶高度 3.3 m,滞后上台阶 4.8 m;③下台阶开挖,施作初支和仰拱,下台阶高度 3.7 m。具体材料物理力学参数如表 5-2 所示。

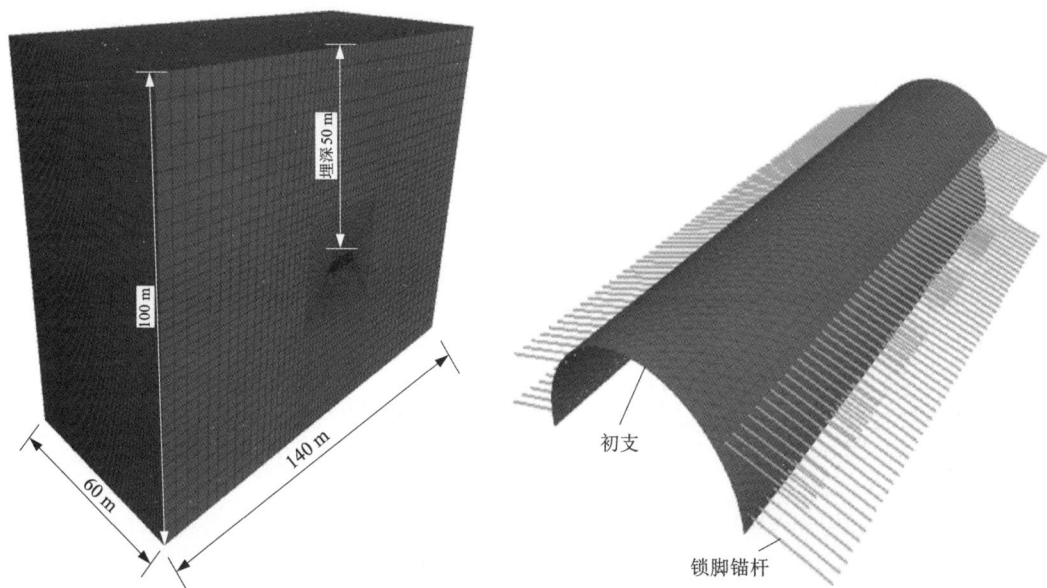

图 5-4　模型网格划分

5.2.2　计算工况

针对海巴洛隧道三台阶开挖方法，根据现场几种开挖进尺和台阶步距，在不同开挖进尺、中台阶长度及仰拱初支滞后距离下对围岩变形的影响分别进行三维数值分析，典型分析工况如表5-5所示。

表5-5　典型分析工况

分析类型	分析工况
开挖进尺	开挖进尺1.2 m；中台阶长度31.2 m；仰拱初支滞后距离0 m
	开挖进尺2.4 m；中台阶长度31.2 m；仰拱初支滞后距离0 m
中台阶长度	开挖进尺1.2 m；中台阶长度10.8 m；仰拱初支滞后距离0 m
	开挖进尺1.2 m；中台阶长度19.2 m；仰拱初支滞后距离0 m
	开挖进尺1.2 m；中台阶长度31.2 m；仰拱初支滞后距离0 m
仰拱初支滞后距离	开挖进尺1.2 m；中台阶长度31.2 m；仰拱初支滞后距离0 m
	开挖进尺1.2 m；中台阶长度31.2 m；仰拱初支滞后距离4.8 m
	开挖进尺1.2 m；中台阶长度31.2 m；仰拱初支滞后距离9.6 m

5.3　开挖进尺对围岩变形的影响

根据工况1和工况2计算结果，提取模型拱顶下沉、周边收敛位移值及初支结构的应力，对开挖进尺分别为1.2 m和2.4 m情况下围岩和支护结构的变形及受力情况进行对比分析。具体计算模型图如图5-5所示。

图5-5　计算模型图(开挖进尺1.2 m和2.4 m)

5.3.1　开挖进尺1.2 m结果分析

(1)围岩位移结果分析

开挖进尺1.2 m围岩变形图如图5-6所示。在隧道开挖中，围岩的竖向位移随着上台阶开挖急剧增大，中台阶开挖后变形减缓，在下台阶和仰拱封闭后变形趋于稳定。拱部竖向下沉值较大，最大沉降值累计达 304 mm；水平位移最大值主要在拱脚部位的中、下台阶连接部位，累计达 244 mm。

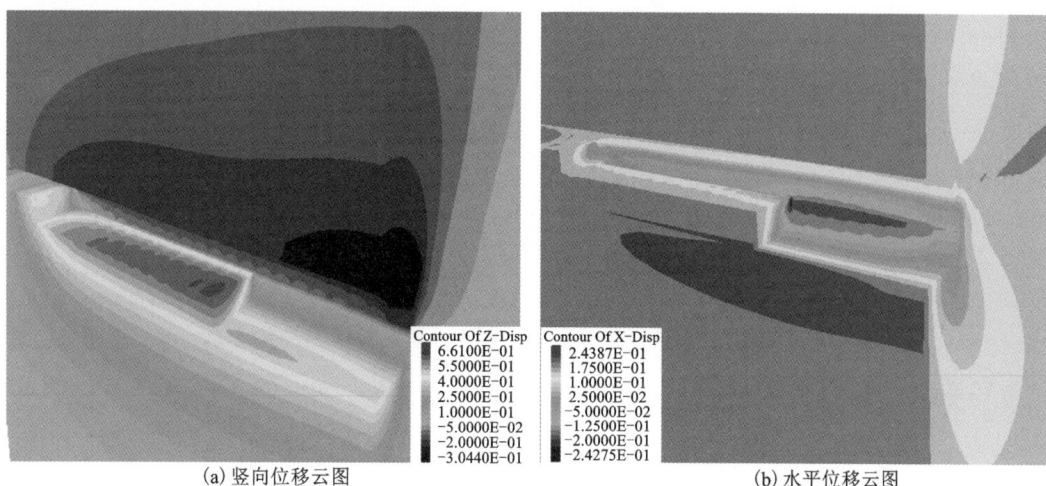

<table>
<tr><td>(a) 竖向位移云图</td><td>(b) 水平位移云图</td></tr>
</table>

图 5-6　开挖进尺 1.2 m 围岩位移云图

（2）监测断面围岩位移变化情况

选取 $Y=9.6$ m 断面作为监测断面进行围岩变形规律的分析，结果如图 5-7 和图 5-8 所示。在监测断面开挖前，由于之前的断面开挖对围岩的扰动，监测点已经沉降了 50 mm，占总沉降量的 19%；随着上台阶的开挖，围岩变形急剧增长，一个开挖循环最大增长 23 mm，该阶段围岩累计沉降量为 79 mm，占总沉降量 31%；中台阶开挖时，变形速率有所减缓，累计沉降量 129 mm，达到总沉降量 50%，在下台阶开挖及仰拱施作后，变化较小且趋于稳定。

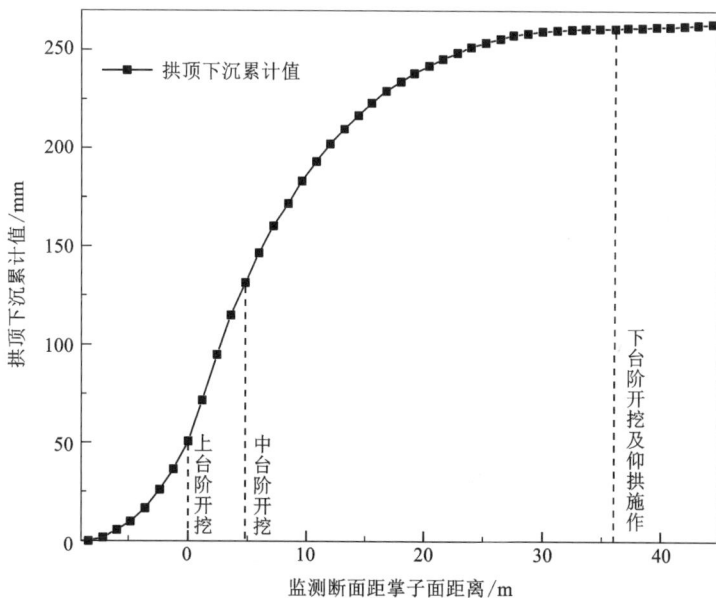

图 5-7　监测断面拱顶下沉时程曲线图（开挖进尺 1.2 m）

图 5-8 为监测断面周边收敛时程曲线图。在监测断面开挖前，围岩受到开挖扰动监测周边收敛测点累计收敛了 31 mm，占总收敛值的 11%；在上台阶开挖后，累计值达到 74 mm，占总收敛值 27%；中台阶开挖后，该阶段周边收敛累计达到 154 mm，占总收敛量 56%。下台阶及仰拱开挖及支护施作后，周边收敛变化较缓，累计值 18 mm，占总收敛值的 6%且变化逐渐稳定。

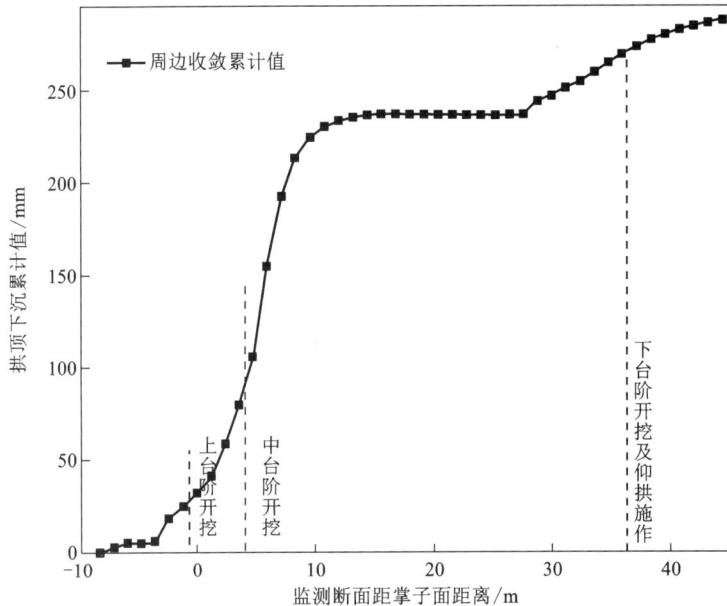

图 5-8　监测断面周边收敛时程曲线图(开挖进尺 1.2 m)

5.3.2　开挖进尺 2.4 m 结果分析

（1）围岩位移结果分析

开挖进尺 2.4 m 围岩位移剖面图如图 5-9 所示。在隧道施工过程中，围岩的竖向沉降随着上台阶开挖应力释放而急剧增大，在中台阶开挖后变形减缓，在台阶连接处由于应力集中，围岩变形较大，在下台阶初支和仰拱初支施加后，变形逐步减小并趋于稳定。其中拱部最大沉降达 304 mm；水平变形最大值主要在拱脚部位，中、下台阶连接部位，累计收敛 244 mm。

（2）监测断面围岩位移变化情况

同理，对 $Y = 9.6$ m 监测断面进行围岩变形规律的分析。在监测断面开挖前，由于之前的断面开挖对围岩的扰动，监测点已经沉降了 46 mm，占总沉降量的 17%；随着上台阶开挖初期，围岩变形速率快速增加，围岩累计沉降值达到 75 mm，占总沉降值 29%；当中台阶开挖后，变形速率有所减缓，累计沉降达到 143 mm，占总沉降值 54%，下台阶及仰拱初支施作后，竖向位移基本无变化。监测断面拱顶下沉时程曲线图如图 5-10 所示。

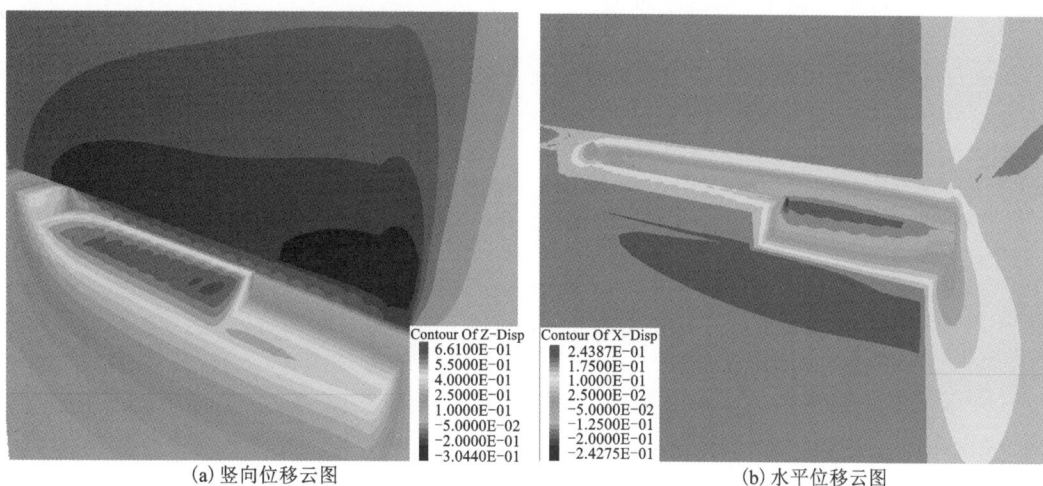

(a) 竖向位移云图   (b) 水平位移云图

图 5-9 开挖进尺 2.4 m 围岩位移剖面图

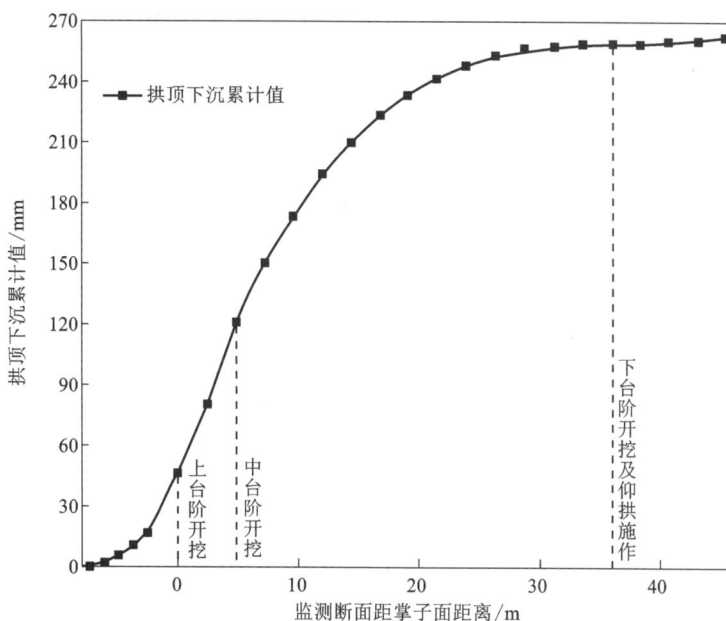

图 5-10 监测断面拱顶下沉时程曲线图(开挖进尺 2.4 m)

图 5-11 为监测断面周边收敛时程曲线图。在监测断面开挖前,围岩受到开挖扰动,监测到周边收敛测点累计收敛了 23 mm,占总收敛值的 8%;在上台阶开挖后,围岩变形处于急剧增长阶段,累计收敛达到 64 mm,占比达 22%;之后中台阶开挖完成,围岩变形速率减缓,累计收敛 170 mm,占 60%;下台阶开挖及仰拱施作后,该阶段累计收敛 28 mm,占比达到 10%,周边收敛变化较小并趋于稳定。

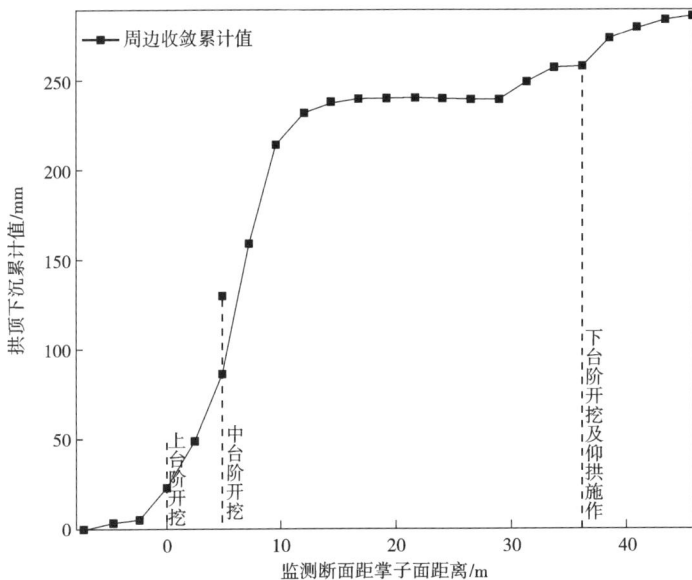

图 5-11　监测断面周边收敛时程曲线图(开挖进尺 2.4 m)

综上所述，在薄层炭质板岩地层中，增加开挖进尺，会加大对周边岩体的扰动，增加塑性变形，导致变形速率显著加大，引起开挖面的失稳及初支结构的破坏，所以应采用短进尺，同时减小对围岩的扰动，以达到减小围岩的变形的目的。

5.4　中台阶长度及仰拱初支滞后距离对围岩变形的影响

5.4.1　不同中台阶长度下围岩变形结果分析

在薄层炭质板岩等软岩隧道使用台阶法开挖时，要尽量缩短台阶间距，甚至采用微台阶，保证支护结构及时封闭成环，才能在限制围岩塑性变形的同时保证初支的稳定。但在实际施工过程中，各施工机械和设备需要一定的安置空间等，在软岩隧道现场容易出现台阶步距过大的情况，导致初支结构不能及早封闭及二衬施作较晚，最终导致初支因承担过大围岩压力而产生破坏及侵限等问题，所以本节主要介绍在中台阶长度为 10.8 m、19.2 m、31.2 m 情况下对围岩变形的影响，提供相应的开挖优化及控制方法。

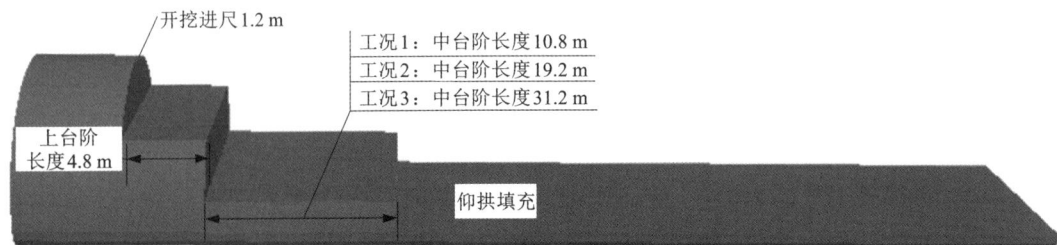

图 5-12　计算模型图(中台阶长度 10.8 m、19.2 m、31.2 m)

（1）围岩位移结果分析

开挖完成后，围岩整体竖向位移和水平位移云图如图 5-13～图 5-15 所示。隧道施工过程中，围岩竖向位移随着上台阶开挖后变形速率快速增大，中台阶开挖完成后变形速率减小，在台阶连接处变形较大，在下台阶和仰拱初支封闭后变形趋于稳定。当中台阶长度选取 10.8 m 时，最大沉降值达 301 mm，位于拱部；水平位移最大值227 mm，主要处于拱脚部位，中、下台阶连接部位。当中台阶长度为 19.2 m 时，最大沉降达 303 mm；水平最大收敛 238 mm，主要处于拱脚部位，中、下台阶连接部位。当中台阶长度为 31.2 m 时，最大沉降达 301 mm，位于拱部。水平位移最大值240 mm，主要在拱脚部位，中、下台阶连接部位。

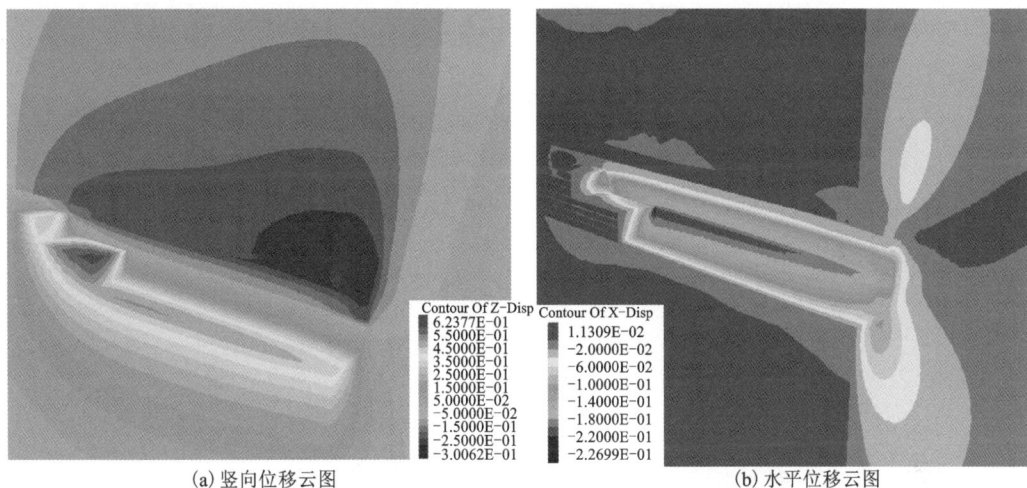

(a) 竖向位移云图　　　　　　　　　　　　(b) 水平位移云图

图 5-13　围岩整体位移云图 (中台阶长度 10.8 m)

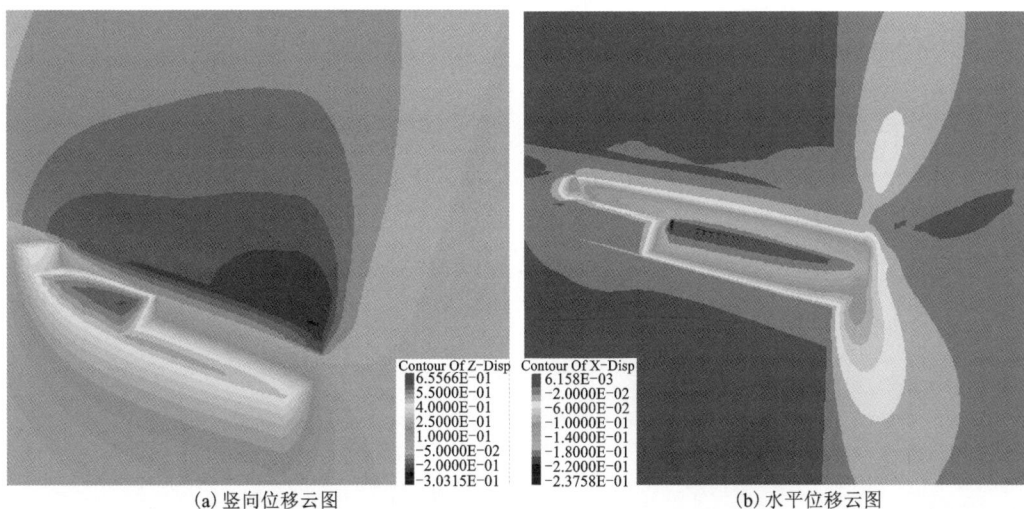

(a) 竖向位移云图　　　　　　　　　　　　(b) 水平位移云图

图 5-14　围岩整体位移云图 (中台阶长度 19.2 m)

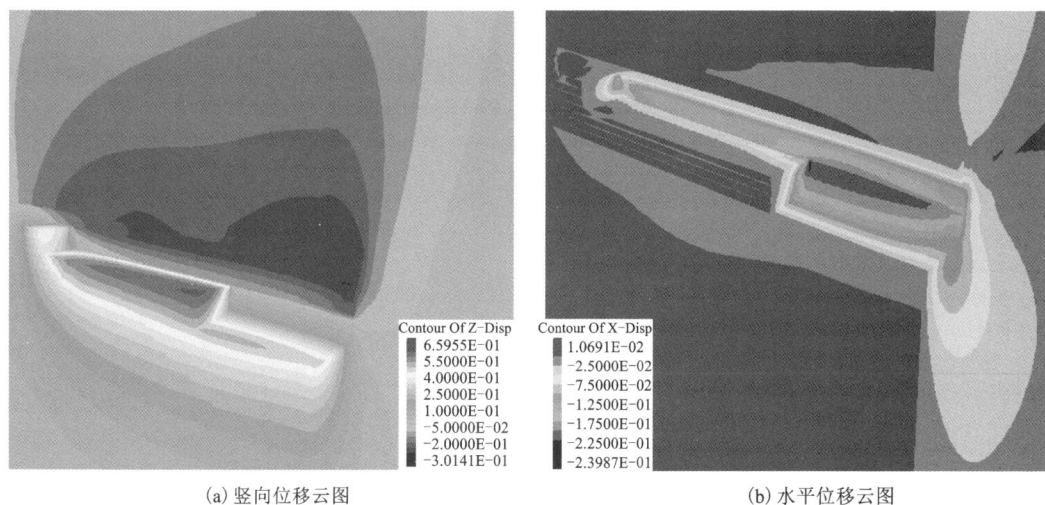

(a) 竖向位移云图　　　　　　　　　　(b) 水平位移云图

图 5-15　围岩整体位移云图(中台阶长度 31.2 m)

（2）监测断面围岩位移变化情况

选取 $Y=9.8$ m 监测断面围岩拱顶下沉和周边收敛随隧道开挖变化情况进行分析，具体如图 5-16 和图 5-17 所示。

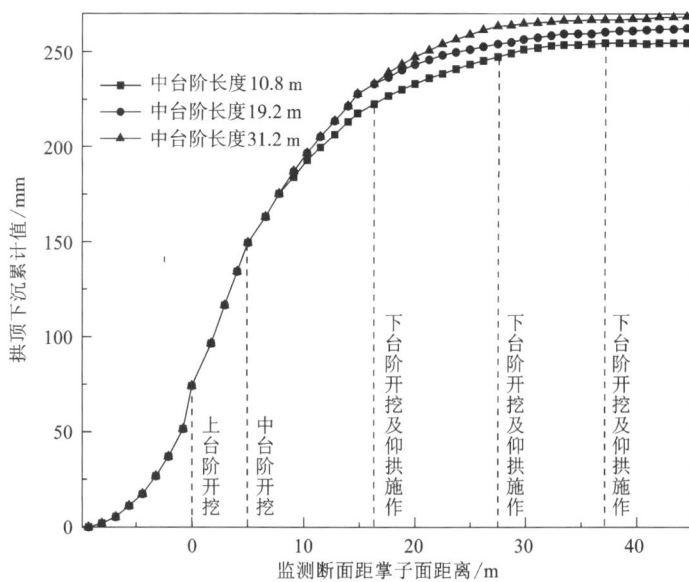

图 5-16　不同中台阶长度下监测断面拱顶下沉曲线图

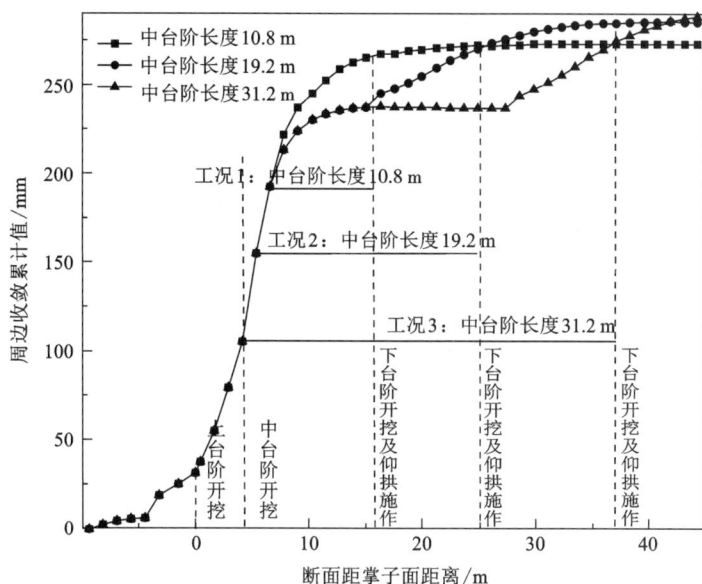

图 5-17　不同中台阶长度下监测断面周边收敛曲线图

在隧道开挖前，由于监测断面前隧道开挖的影响，围岩在上台阶开挖前部分应力释放，产生弹塑性变形；随着上台阶开挖，围岩转变为塑性状态，变形速率加速增长，当中台阶开挖时，拱顶下沉速率达到最大；围岩变形趋势随着下台阶开挖及仰拱施作时机的不同，出现不同的变化特征：当中台阶长度为 10.8 m 时，由于仰拱尽早封闭成环，支护结构能够整体受力，所以在中台阶开挖后拱顶下沉很快趋于稳定，最终拱顶沉累计降值达到 244 mm，周边收敛值为 227 mm；当中台阶长度为 19.2 m 时，由于支护结构施作较晚，围岩的塑性区不断增加，围岩变形较中台阶为 10.8 m 时增长较快，且变形收敛时间较长，监测累计拱顶下沉值达到 252 mm，周边收敛值达到 238 mm；当中台阶长度为 31.2 m 时，变形速率最大，且围岩变形收敛时间较长，变形在仰拱施作后有缓慢增长，累计沉降达 258 mm；周边收敛变形也有一定的增长且变形未再收敛，累计收敛为 240 mm，所以在实际施工中应尽量保证缩短中台阶长度，保证中台阶长度在 20 m 以内，能够及时减小围岩变形速率，加快变形收敛，控制围岩变形。

5.4.2　不同仰拱初支滞后距离下围岩变形结果分析

当炭质板岩隧道施工时，由于围岩自稳性差，需要做到短进尺、强支护，在围岩开挖完成后及时施作支护，使初支结构尽早封闭从而整体受力。但在实际施工过程中，由于各工序存在衔接配合问题，仰拱初支在开挖后往往会滞后一段距离，本节主要介绍当隧道进尺 1.2 m、中台阶长度为 10.8 m 时在仰拱初支滞后距离 0 m、4.8 m、9.6 m 情况下对围岩变形的影响，分析围岩变形规律，并提出相应的减小围岩变形的方法，计算模型图如图 5-18 所示。

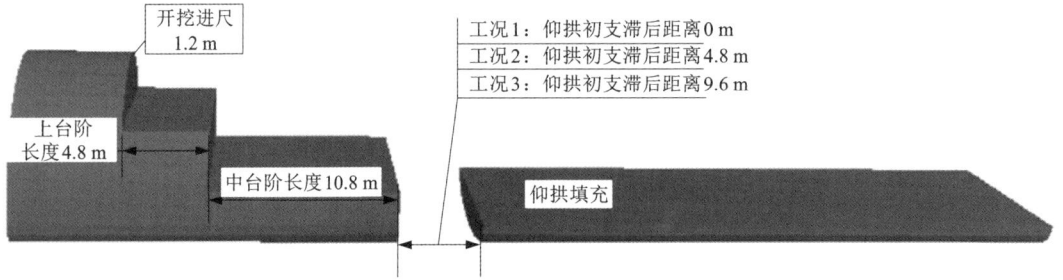

图 5-18 计算模型图(仰拱初支滞后距离 0 m、4.8 m、9.6 m)

(1)围岩位移结果分析

隧道开挖完成后围岩整体竖向位移和水平位移云图如图 5-19~图 5-21 所示。在隧道施工过程中,竖向沉降速率随着上台阶开挖急剧增大,中台阶开挖及初支施作后变形减缓,在台阶连接处变形较大,在下台阶和仰拱初支封闭后变形逐渐减小。当仰拱初支滞后 4.8 m 施作时,围岩最大沉降达 336 mm,位于拱部;水平位移最大值 320 mm,主要处于中、下台阶连接部位。当仰拱初支滞后 9.6 m 施作时,最大竖向沉降值达 350 mm,位于拱部;水平位移最大收敛值处于中、下台阶连接部位,达到 360 mm。当仰拱初支及时封闭(仰供滞后距离 0 m)时,最大沉降达 301 mm,位于拱部;水平位移最大收敛值 227 mm,主要处于中、下台阶连接部位。

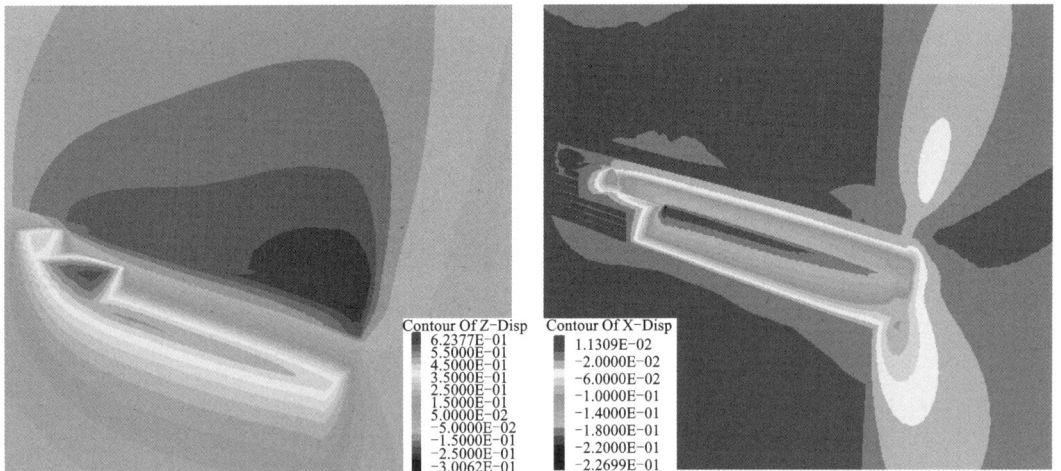

(a)竖向位移云图

(b)水平位移云图

图 5-19 围岩整体位移云图(仰拱滞后距离 0 m)

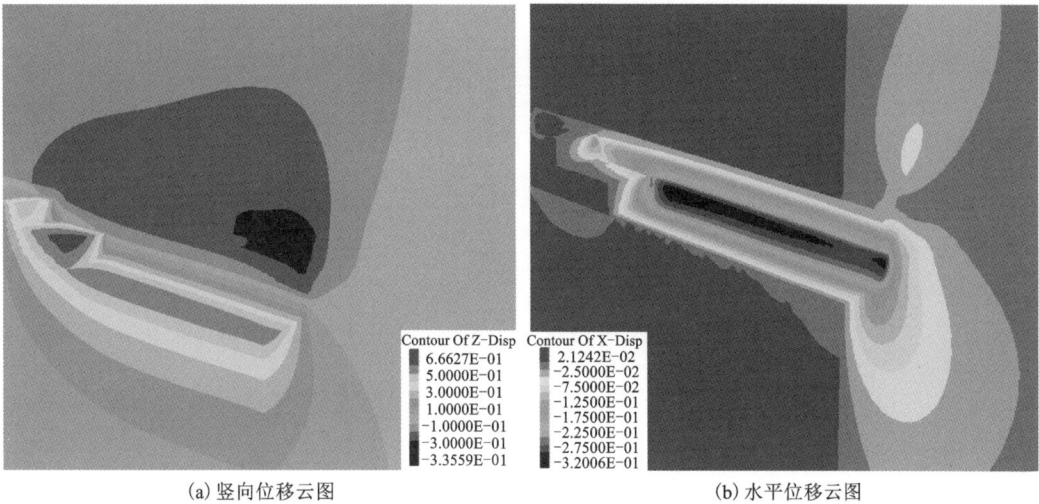

(a) 竖向位移云图　　　　　　　　　(b) 水平位移云图

图 5-20　围岩整体位移云图(仰拱滞后距离 4.8 m)

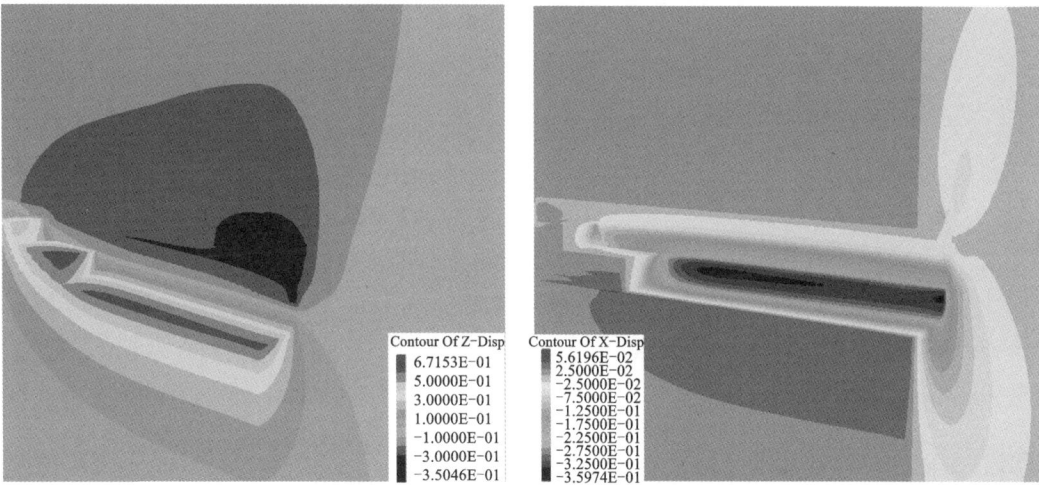

图 5-21　围岩竖向位移和水平位移云图(仰拱滞后距离 9.6 m)

(2)监测断面围岩位移变化情况

同样,对 $Y = 9.8$ m 断面围岩拱顶下沉和周边收敛数据进行分析,具体如图 5-22、图 5-23 所示。

在隧道开挖前,由于监测断面前隧道开挖的影响,围岩在上台阶开挖前部分应力释放,产生弹塑性变形;随着上台阶开挖,围岩转变为塑性状态,变形速率加速增大,当中台阶开挖时,拱顶下沉速率达到最大;围岩变形趋势随着仰拱滞后距离的差异出现不同的变化特征:当仰拱及时施作时,支护结构能够整体受力,所以在中台阶开挖后拱顶下沉很快趋于稳定,最终变形量较小,累计沉降为 300 mm,累计收敛为 227 mm;当仰拱初支滞后 4.8 m 施作时,支护结构施作较晚,围岩的塑性区不断增加,导致围岩变形较及时封闭的增长较多，但在该断面初支闭合后，围岩变形速率减小并接近稳定，最终累计拱顶下沉为336 mm，累计收敛为320 mm；当仰拱初支滞后9.6 m施作时，变形速率最大，且围岩变形收敛时间较长，变形在仰拱施作后有一定的增长，累计沉降达350 mm；周边收敛变形也有一定的增长且在仰拱初支施作完成时也未完全稳定，累计收敛达360 mm，所以在实际施工中应及时使仰拱封闭成环，缩短仰拱初支滞后距离，以便能较好地控制围岩变形，且能使因初期支护均匀受力围岩的周边收敛明显改善。

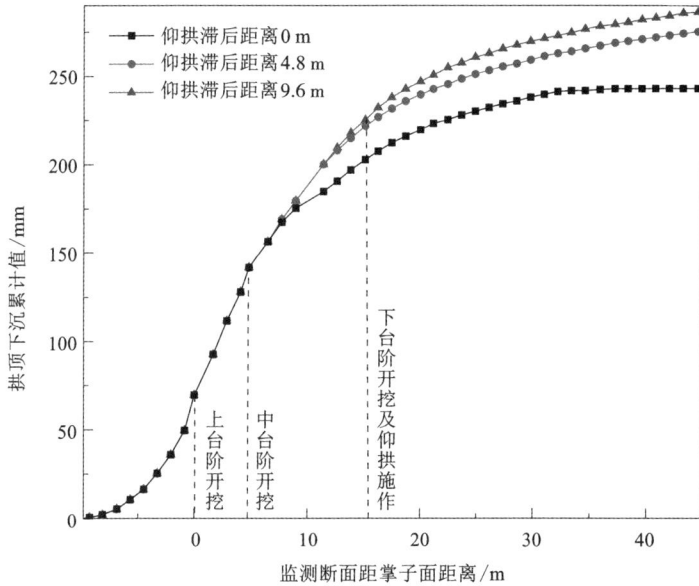

图5-22　不同滞后距离下监测断面拱顶下沉曲线图

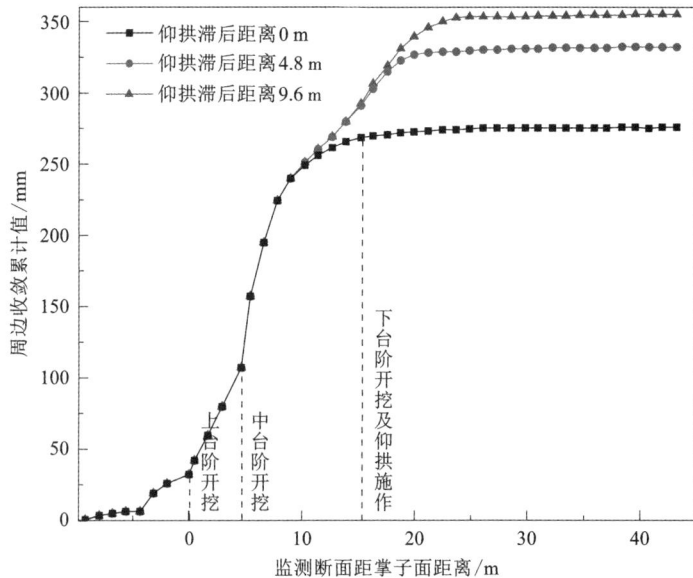

图5-23　不同滞后距离下监测断面周边收敛曲线图

5.5　现有支护结构评价

海巴洛隧道右幅出口 YK67+310~YK67+340 原设计 SF5a，开挖方法为台阶法。但根据超前地质预报和现场围岩揭露情况，特别是在 YK67+320~YK67+340 段出现初支大变形及开裂等情况后及时对现场支护情况进行变更加强，YK67+295~YK67+315 段支护变更为SF5c，具体支护参数见前述章节。针对这两种支护对围岩变形控制情况，通过数值计算进行对比。计算模型采取前述开挖计算模型和相应的围岩、支护参数，结果云图如图 5-24~图 5-26 所示。

（1）初期支护云图

由图 5-24~图 5-26 可知，采用 SF5a 支护时，在上、下台阶开挖完成后，拱顶沉降累计达 189 mm，周边收敛达 111 mm，初支结构最大压应力达 22.2 MPa，位于拱顶；当采用SF5c 支护时，拱顶累计沉降达 188 mm，周边收敛达 109 mm，最大压应力 22.4 MPa，位于拱顶。拱部最大压应力均已经超过 C25 喷射混凝土轴心抗压强度极限值（17 MPa），容易引起初支喷射混凝土的开裂甚至剥落，这与现场实际拱部喷射混凝土开裂剥落情况比较吻合。

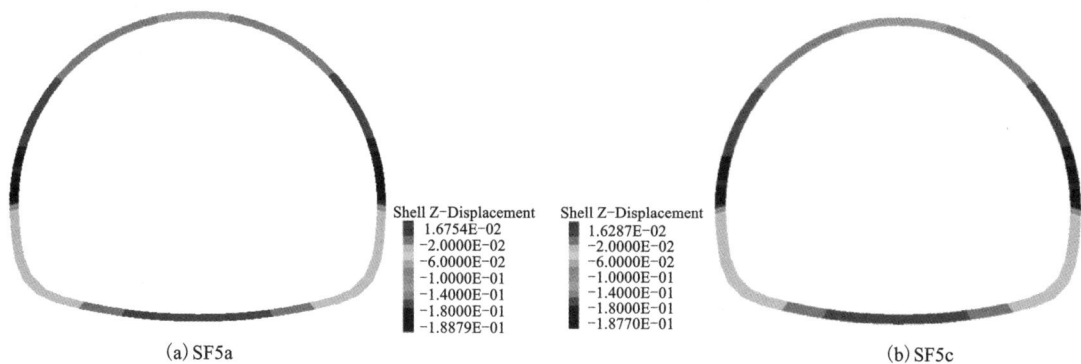

Shell Z-Displacement	Shell Z-Displacement
1.6754E-02	1.6287E-02
-2.0000E-02	-2.0000E-02
-6.0000E-02	-6.0000E-02
-1.0000E-01	-1.0000E-01
-1.4000E-01	-1.4000E-01
-1.8000E-01	-1.8000E-01
-1.8879E-01	-1.8770E-01

(a) SF5a　　　　(b) SF5c

图 5-24　竖向位移云图

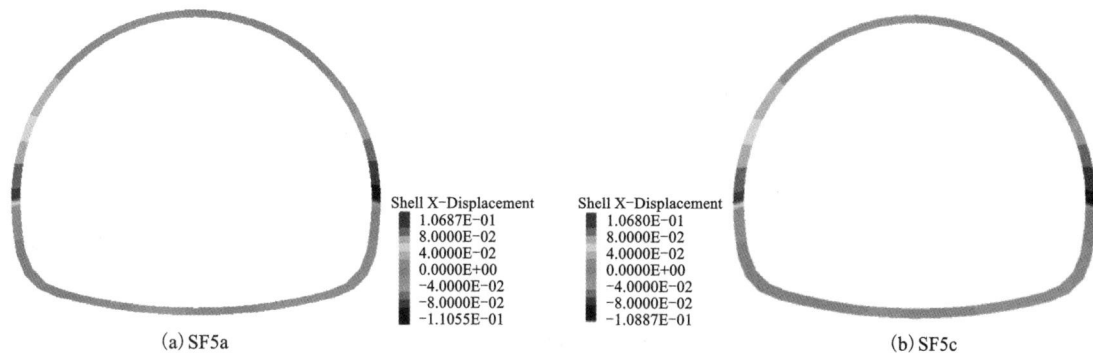

Shell X-Displacement	Shell X-Displacement
1.0687E-01	1.0680E-01
8.0000E-02	8.0000E-02
4.0000E-02	4.0000E-02
0.0000E+00	0.0000E+00
-4.0000E-02	-4.0000E-02
-8.0000E-02	-8.0000E-02
-1.1055E-01	-1.0887E-01

(a) SF5a　　　　(b) SF5c

图 5-25　水平位移云图

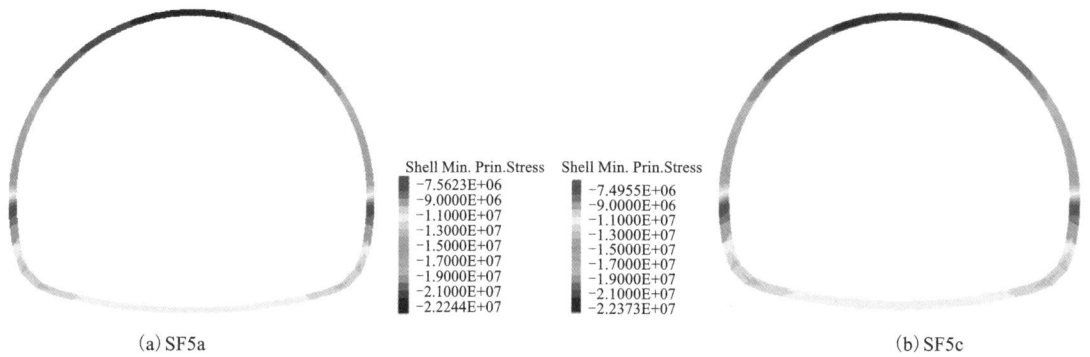

(a) SF5a　(b) SF5c

图 5-26　主应力云图

对既有支护结构变形和受力分析表明，通过增强钢拱架型号及增加喷射混凝土厚度对围岩变形控制效果并不是十分理想，可以适量减小周边收敛，但其对拱顶下沉的控制效果不佳；且连接板处钢拱架受力较大，需保证连接板及锁脚的施作质量。

5.6　钢拱架强度及间距对变形的控制效果分析

钢拱架作为刚性支护，在软弱破碎围岩中可以通过强支护控制围岩的变形，增强初支的承载力，但实际施工中不合理的钢拱架型号和间距容易造成钢拱架的压屈及初支结构的破坏。所以根据现场存在的初支大变形问题，采取 FLAC3D 数值软件分析不同钢拱架型号和间距情况对围岩变形及初支结构受力的影响。

5.6.1　计算模型和分析工况

海巴洛隧道采用的主要初期支护方式包括喷射混凝土、钢筋网、钢拱架及锁脚锚杆，二次衬砌采用整体模铸钢筋混凝土。其主要的支护类型有三种：SF5a、SF5c 和 SF5e，具体参数见前述章节。数值计算模型采取前述开挖计算模型，具体工况如表 5-6 所示。

表 5-6　支护参数计算工况

工况	支护形式			
	钢拱架		锁脚锚杆	
	型号	间距/m	长度/m	角度/(°)
工况 1	I18	0.5	2.5	5
工况 2	I20a	0.6	3.5	15
工况 3	I22b	0.8	4.5	30
工况 4	—	—	6.5	45

5.6.2　钢拱架模拟方法

钢拱架在数值模拟中模拟的方法主要有两种：①采用梁单元(beam)进行模拟，可以反映钢拱架的应力状态及弯矩、轴力等力学特性；②结合抗压刚度等效原理，把钢拱架的弹性模量折算到初支喷射混凝土里面。具体的计算公式为：

$$E = E_0 + \frac{\eta \times S_g \times E_g}{S_c} \tag{5-2}$$

式中：E——折算后混凝土弹性模量；E_0——原混凝土弹性模量；E_g——钢拱架弹性模量；η——1 m 钢拱架等效榀量；S_g——钢拱架截面积；S_c——混凝土截面积。

由于主要研究不同支护对围岩变形的影响，所以采用上述第二种方法来进行数值分析。经计算，假定喷射混凝土厚度为 27 cm。不同钢拱架型号和间距折算后的初支弹性模量如表 5-7 所示。

表 5-7　折算后初支弹性模量

钢拱架型号	间距		
	0.5 m	0.6 m	1 m
I18/Pa	27.8	27	25.4
I20a/Pa	28.5	27.6	25.8
I22b/Pa	30.2	29	26.7

5.6.3　不同型号及间距钢拱架对变形的影响

由于计算工况较多，故选取典型几种钢拱架型号和间距下支护结构的变形和受力情况进行分析。

(1)初支变形云图(图 5-27~图 5-29)

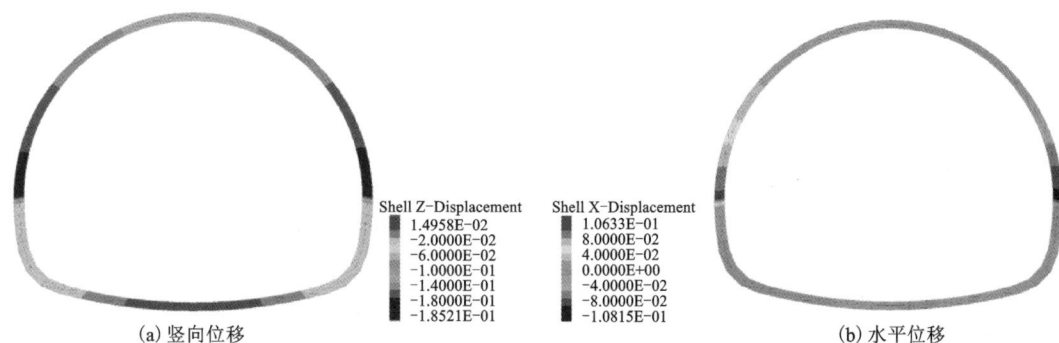

Shell Z-Displacement
1.4958E-02
-2.0000E-02
-6.0000E-02
-1.0000E-01
-1.4000E-01
-1.8000E-01
-1.8521E-01

Shell X-Displacement
1.0633E-01
8.0000E-02
4.0000E-02
0.0000E+00
-4.0000E-02
-8.0000E-02
-1.0815E-01

(a)竖向位移　　(b)水平位移

图 5-27　初支变形云图(钢拱架 I22b，间距 0.5 m)

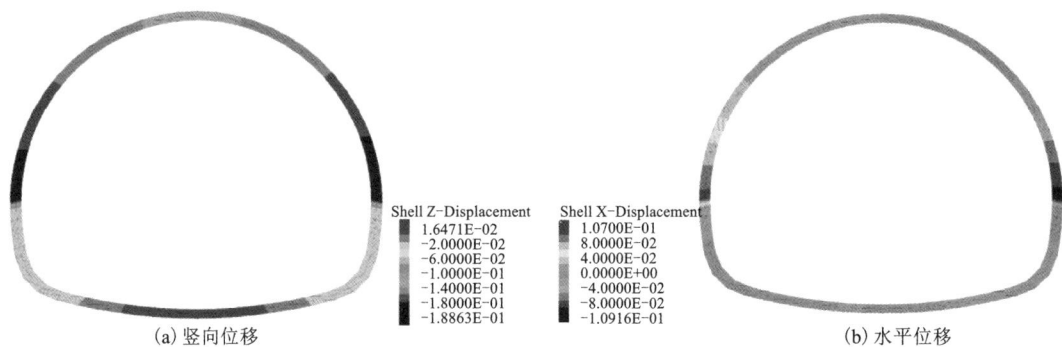

(a) 竖向位移

(b) 水平位移

图 5-28　初支变形云图(钢拱架 I20a, 间距 0.6 m)

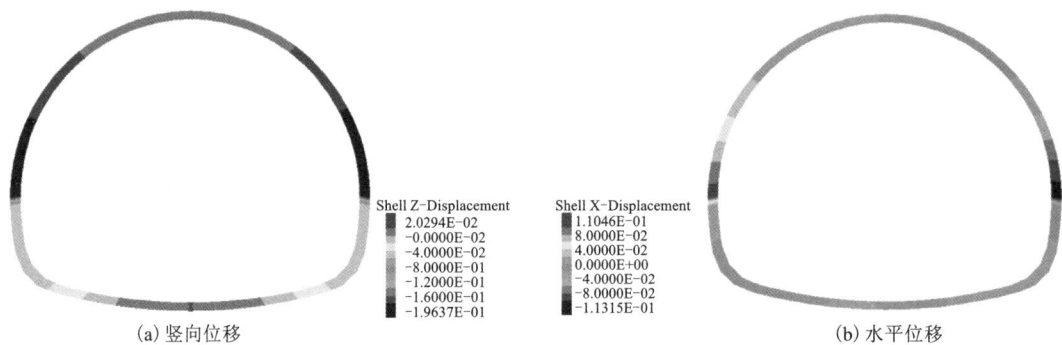

(a) 竖向位移

(b) 水平位移

图 5-29　初支变形云图(钢拱架 I18, 间距 1 m)

(2)初支应力云图(图 5-30)

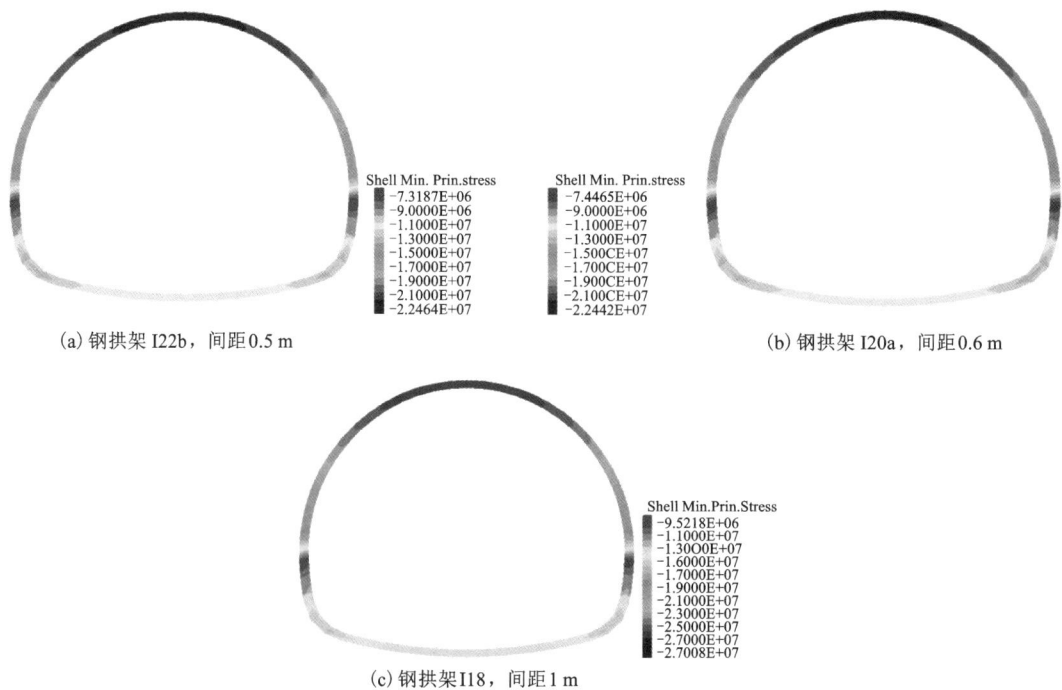

(a) 钢拱架 I22b, 间距 0.5 m

(b) 钢拱架 I20a, 间距 0.6 m

(c) 钢拱架 I18, 间距 1 m

图 5-30　初支应力云图(负值为压应力)

不同钢拱架型号和间距下初支变形情况如表 5-8 所示, 对应初支变形情如图 5-31 所示。

表 5-8　不同钢拱架型号和间距下初支变形情况

钢拱架型号	间距					
	0.5 m		0.6 m		1 m	
	拱顶下沉	周边收敛	拱顶下沉	周边收敛	拱顶下沉	周边收敛
I18	137	160	138	160	145	162
I20a	136	159	137	159	141	161
I22b	134	157	134	158	140	161

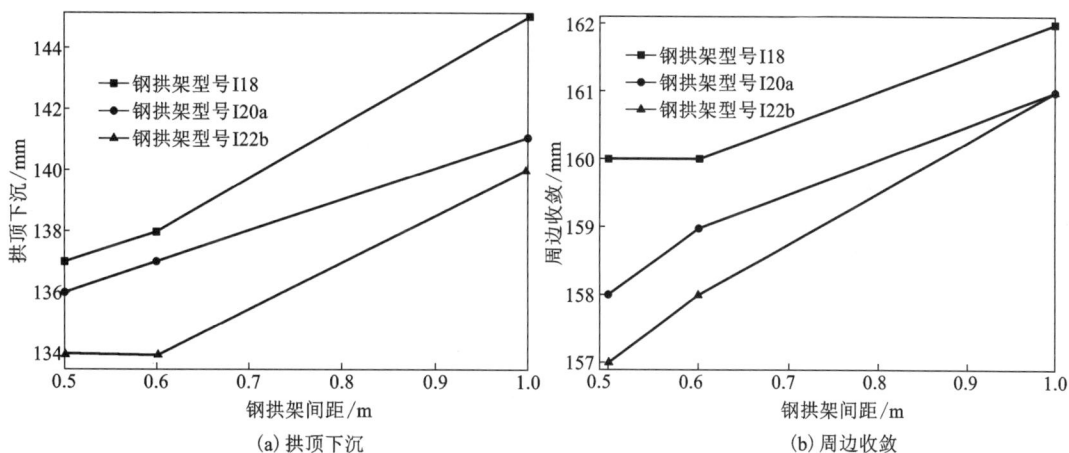

图 5-31　不同钢拱架型号和间距下初支变形情况

根据以上图表，不同钢拱架间距和钢拱架型号下对变形的影响主要有以下几点：

在同一间距下，随着钢拱架型号的增强，拱顶下沉逐渐减小，但减小幅度较小，最大减小幅值为 5 mm，此时钢拱架型号为 I22b，间距为 1 m；周边收敛也出现小幅度的减小，最大减小幅值 3 mm，钢拱架型号为 I18，间距为 0.5 m。增强钢拱架型号对变形控制效果一般。

在同一型号下，当钢拱架间距增大时，变形也逐渐增大；其中拱顶下沉最大增长幅度达到 6 mm，此时钢拱架型号和间距分别是 I22b 和 1 m，周边收敛最大增长幅度也达到 4 mm。因此减小钢拱架间距能较好地控制围岩的拱顶下沉。

由图 5-30 可知，当增强拱架型号和减小拱架间距时，初支结构的受力情况有明显改善。当选取钢拱架型号 I18、间距 1 m 时，支护结构最大压应力达到 27 MPa，但当钢拱架增强到 I22b，间距减小为 0.5 m 时，支护结构最大压应力 22 MPa，初支结构应力状态能得到较好的改善。

5.7　锁脚锚杆的长度、角度对变形控制的效果分析

锁脚锚杆不仅能够通过注浆加固围岩，提高围岩自身的承载力，而且通过与围岩的锚固作用可以将初期支护的受力传递到围岩深部，充分发挥初支与围岩的共同作用。但合理

的打设长度、角度及注浆效果等都会对锁脚锚杆承载力和控制变形的效果产生较大的影响，海巴洛隧道现场锁脚锚杆为 $\phi42$ mm、长度 4.5 m，尾部与钢拱架焊接，打设角度为 15°，但未实施锁脚注浆加固，所以围岩变形控制效果不佳。因此，结合炭质板岩地层围岩变形情况，采用数值模拟，简要分析锁脚锚杆在不同施作长度、角度、注浆情况对围岩变形及支护承载力的影响。锁脚锚杆计算工况如表 5-9 所示。

表 5-9　锁脚锚杆计算工况

工况	锁脚锚杆		
	长度/m	角度/(°)	注浆范围/m
工况 1	2.5	5	0
工况 2	3.5	15	0.5
工况 3	4.5	30	1
工况 4	6.5	45	2

5.7.1　锁脚长度对围岩变形控制效果

锁脚锚杆通过一定角度打入围岩，当锚杆穿越围岩松散破碎区时，不仅能够对围岩进行锚固，加固周围岩体，还能承担轴向和竖向的荷载，分担部分围岩压力，当在软弱围岩上台阶开挖后，拱脚容易因地基承载力不足发生下沉，锚固在坚硬围岩区的锁脚锚杆能够通过自身的承载力及与围岩的锚结力，有效地约束钢拱架的沉降，提高支护结构的抗力，减小围岩的塑性变形。所以针对锁脚锚杆的打设长度进行数值分析，模型选取上节钢拱架计算模型，其余参数参照 SF5a 支护参数，锚杆长度分别选取 2.5 m、3.5 m、4.5 m、5.5 m，分析不同施作长度下锁脚锚杆对变形控制情况。

（1）初支变形云图（图 5-32~图 5-35）

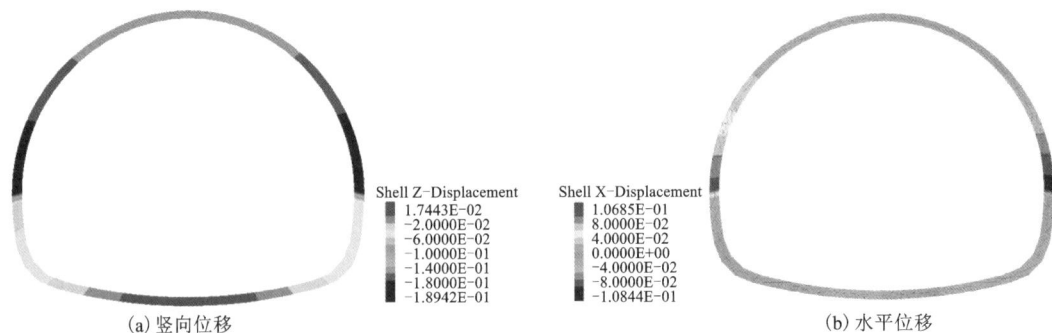

Shell Z-Displacement
1.7443E-02
-2.0000E-02
-6.0000E-02
-1.0000E-01
-1.4000E-01
-1.8000E-01
-1.8942E-01

Shell X-Displacement
1.0685E-01
8.0000E-02
4.0000E-02
0.0000E+00
-4.0000E-02
-8.0000E-02
-1.0844E-01

(a) 竖向位移　　　　　　　　　　　　　(b) 水平位移

图 5-32　初支变形云图（锁脚锚杆长 2.5 m）

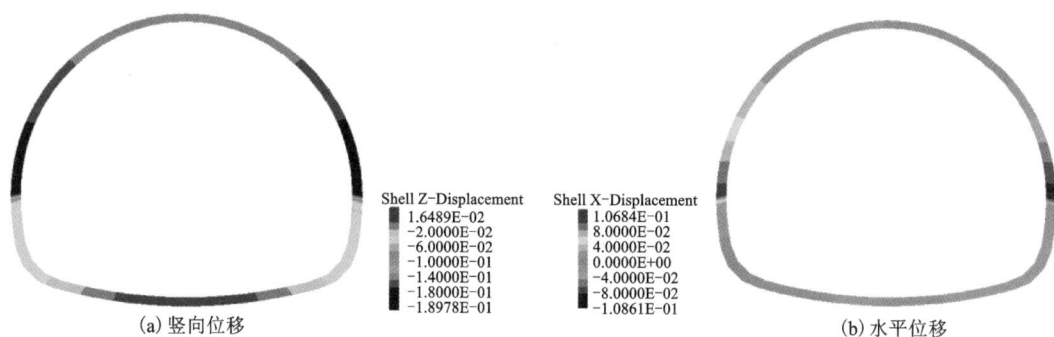

Shell Z-Displacement
1.6489E-02
-2.0000E-02
-6.0000E-02
-1.0000E-01
-1.4000E-01
-1.8000E-01
-1.8978E-01

Shell X-Displacement
1.0684E-01
8.0000E-02
4.0000E-02
0.0000E+00
-4.0000E-02
-8.0000E-02
-1.0861E-01

(a) 竖向位移　　　　　　　　　　　　　　　　(b) 水平位移

图 5-33　初支变形云图(锁脚锚杆长 3.5 m)

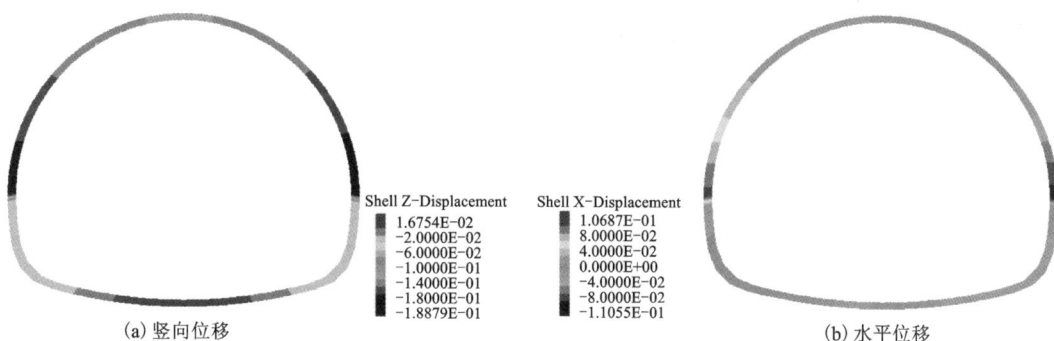

Shell Z-Displacement
1.6754E-02
-2.0000E-02
-6.0000E-02
-1.0000E-01
-1.4000E-01
-1.8000E-01
-1.8879E-01

Shell X-Displacement
1.0687E-01
8.0000E-02
4.0000E-02
0.0000E+00
-4.0000E-02
-8.0000E-02
-1.1055E-01

(a) 竖向位移　　　　　　　　　　　　　　　　(b) 水平位移

图 5-34　初支变形云图(锁脚锚杆长 4.5 m)

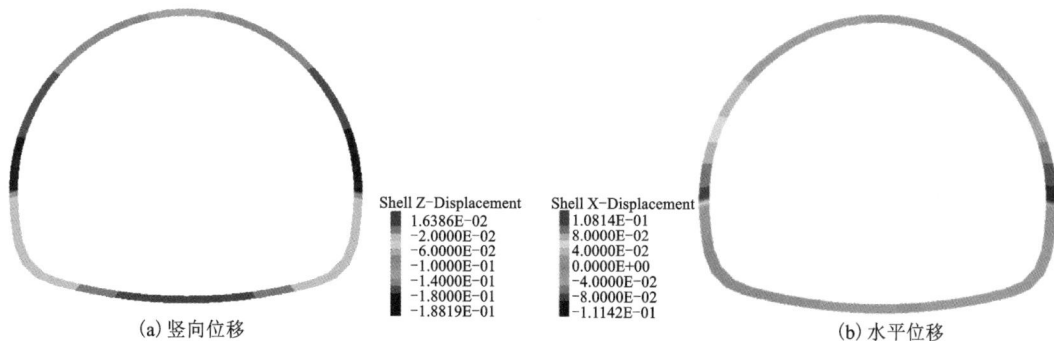

Shell Z-Displacement
1.6386E-02
-2.0000E-02
-6.0000E-02
-1.0000E-01
-1.4000E-01
-1.8000E-01
-1.8819E-01

Shell X-Displacement
1.0814E-01
8.0000E-02
4.0000E-02
0.0000E+00
-4.0000E-02
-8.0000E-02
-1.1142E-01

(a) 竖向位移　　　　　　　　　　　　　　　　(b) 水平位移

图 5-35　初支变形云图(锁脚锚杆长 5.5 m)

(2)初支应力云图(图 5-36)

依据图 5-32~图 5-35,对锁脚锚杆选取 2.5 m、3.5 m、4.5 m、5.5 m 进行数值计算,结果表明:

①随打设长度的增加,拱顶下沉变化较小,最大变化幅度为 2 mm;随锁脚锚杆长度增加,周边收敛缓慢减小,最大减小幅度 3 mm;

②随着锁脚锚杆打设长度的增加，初支压应力逐渐减小，最大压应力减小 5 MPa，说明锁脚锚杆长度的增加，能够更好地分担钢拱架的压力，但当锁脚锚杆长度大于 4.5 m 时，初支应力变化较小，表明锁脚锚杆已经穿过围岩松散破碎区，使锁脚锚杆发挥较好的承载能力。初支应力云图如图 5-36 所示。不同锁脚锚杆长度下初支变形情况如图 5-37 所示。

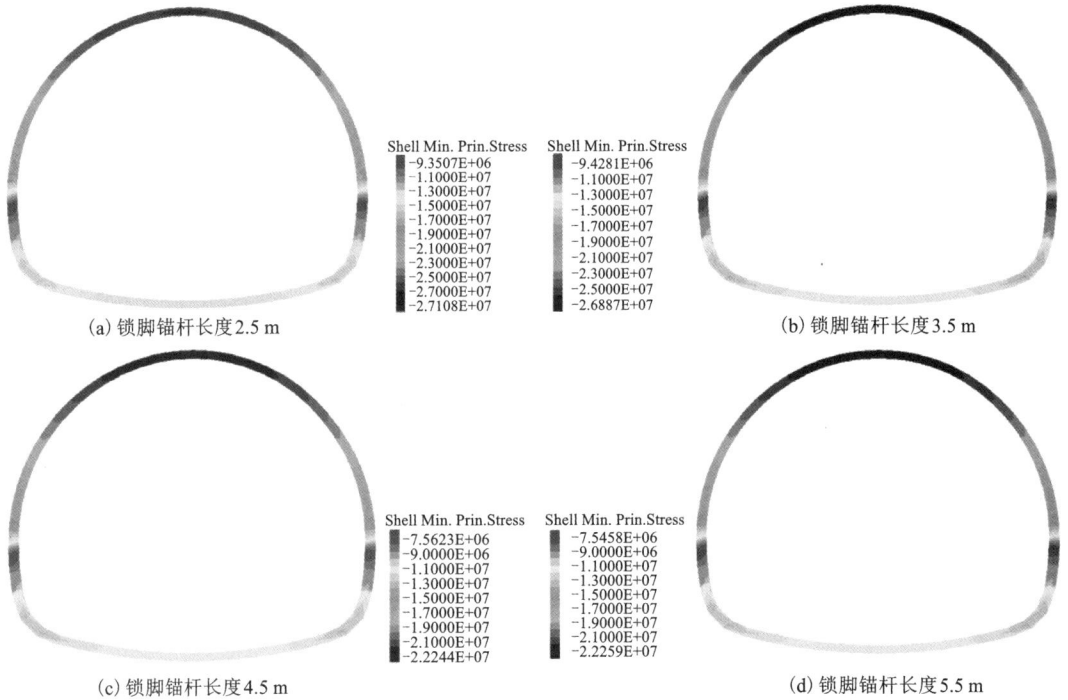

(a) 锁脚锚杆长度 2.5 m　　　　　　　　　(b) 锁脚锚杆长度 3.5 m

(c) 锁脚锚杆长度 4.5 m　　　　　　　　　(d) 锁脚锚杆长度 5.5 m

图 5-36　初支应力云图（负值为压应力）

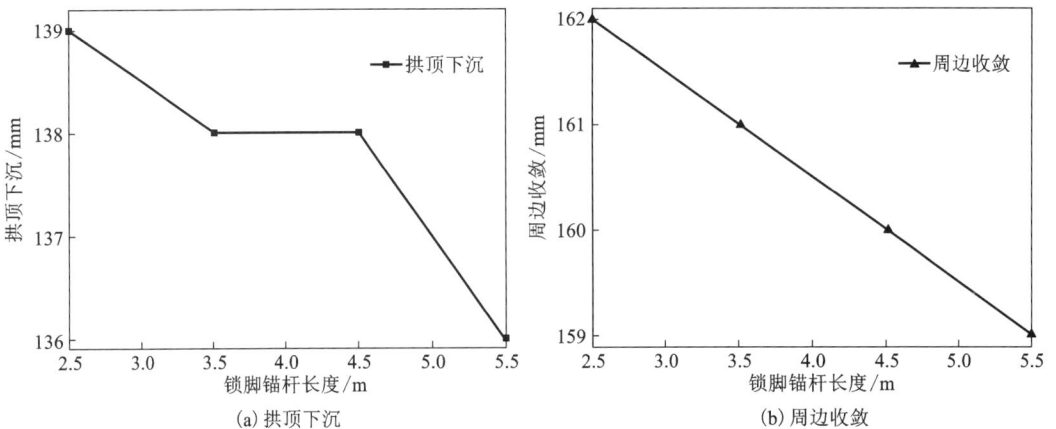

(a) 拱顶下沉　　　　　　　　　(b) 周边收敛

图 5-37　不同锁脚锚杆长度下初支变形情况

5.7.2　打设角度对围岩变形控制效果

当锁脚锚杆打设角度较小时，锁脚锚杆锚固长度较长，能够提供较大的黏结力，可有有效控制围岩的周边收敛；当锁脚锚杆打设角度增大时，锁脚锚杆的剪力及弯矩逐渐减小，轴向承载能力增大，由于锁脚锚杆轴向刚度较大，能够更好地控制围岩的拱顶沉降。所以针对海巴洛隧道现场锁脚锚杆打设情况，分别选取 5°、15°、30°、45°四种打设角度分析其对结构变形和受力的影响。

（1）初支变形云图（图 5-38～图 5-41）

由图 5-38～图 5-41 可知，对锁脚锚杆打设角度选取 5°、15°、30°、45°进行数值分析，计算结果表明：

随打设角度的增加，锚杆由全部受拉转为全部受压，拱顶下沉逐渐减小，在打设角度为 45°时达到最小，为 171 mm，但随角度增大，锚杆对围岩的锚固长度减小，甚至未能完全穿过塑性区，锚杆连接端受力较大，收敛值逐渐增大，当打设角度为 30°时，水平收敛值达到最大，为 132 mm，之后随角度增大，收敛值出现减小。

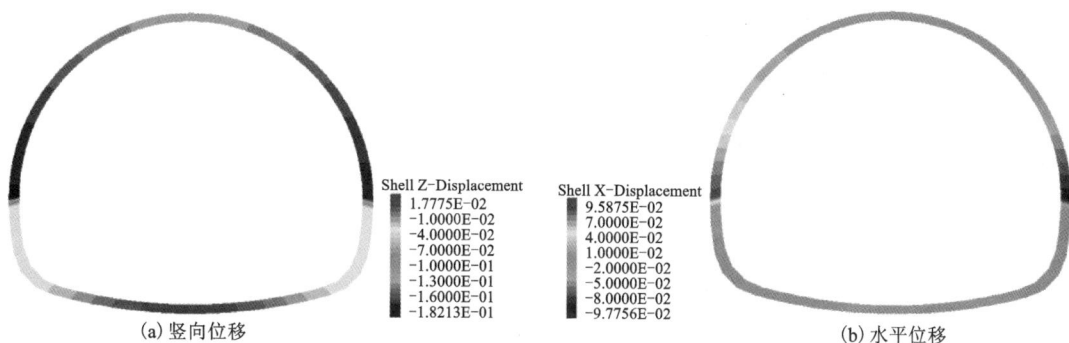

(a) 竖向位移　　　(b) 水平位移

图 5-38　初支变形云图（锁脚锚杆打设角度 5°）

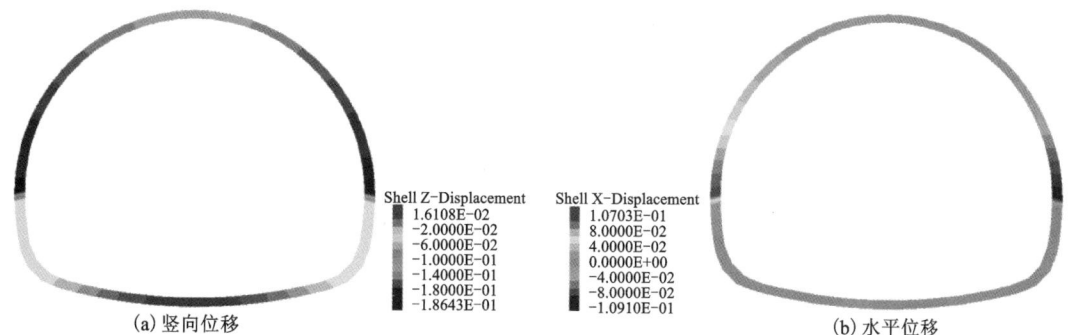

(a) 竖向位移　　　(b) 水平位移

图 5-39　初支变形云图（锁脚锚杆打设角度 15°）

(a) 竖向位移　　　　　　　　　　　　　　　　　(b) 水平位移

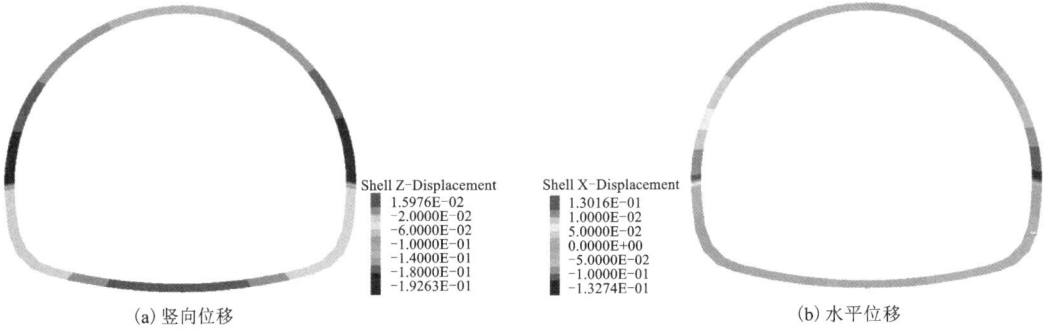

图 5-40　初支变形云图(锁脚锚杆打设角度 30°)

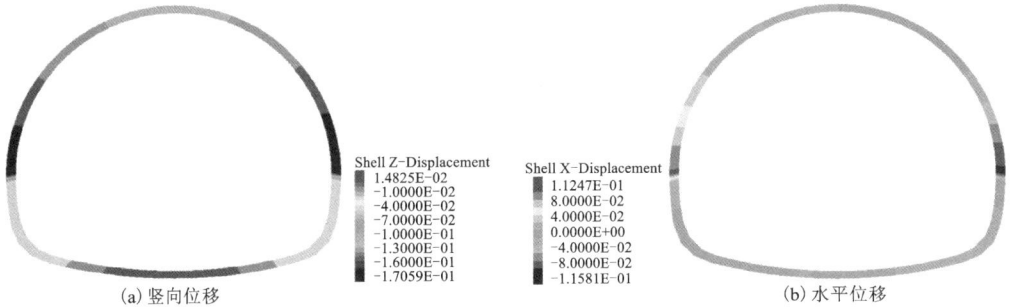

(a) 竖向位移　　　　　　　　　　　　　　　　　(b) 水平位移

图 5-41　初支变形云图(锁脚锚杆打设角度 45°)

(2)初支应力云图(图 5-42)

随打设角度的增加,初支结构的应力缓慢增加,当锚杆打设角度为 30°时,最大压应力相比原来增加 5.6 MPa,达到 78.1 MPa。这表明随角度增加,锁脚锚杆未完全穿过围岩塑性区,所以钢拱架承受更大围岩压力。

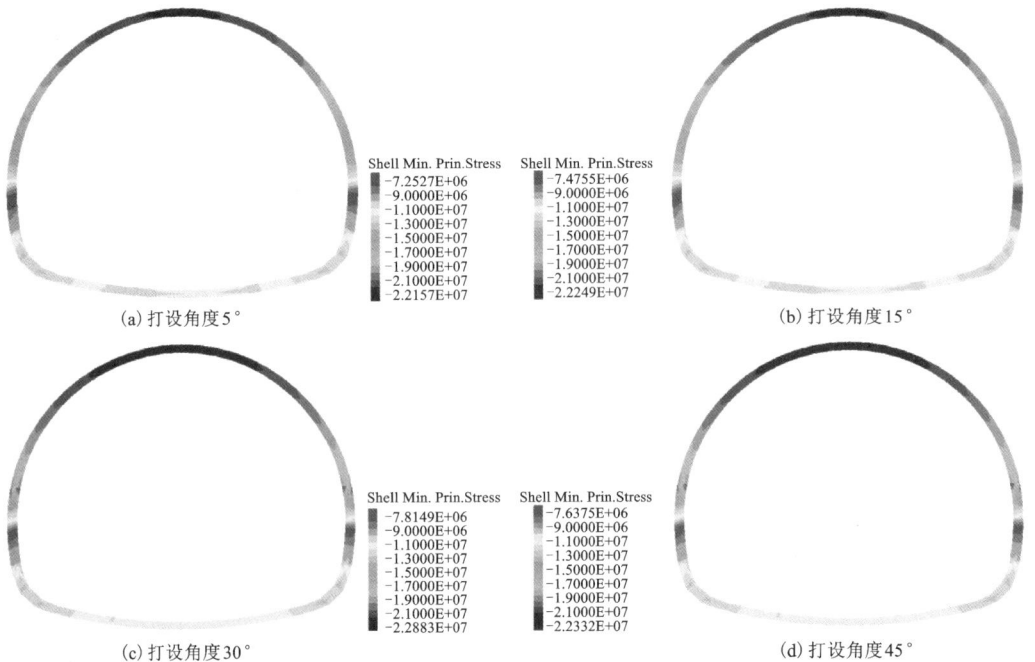

(a)打设角度 5°　　　　　　　　　　　　　　　　(b)打设角度 15°

(c)打设角度 30°　　　　　　　　　　　　　　　　(d)打设角度 45°

图 5-42　初支应力云图(负值表示压应力)

不同打设角度下初支变形情况如图 5-43 所示。

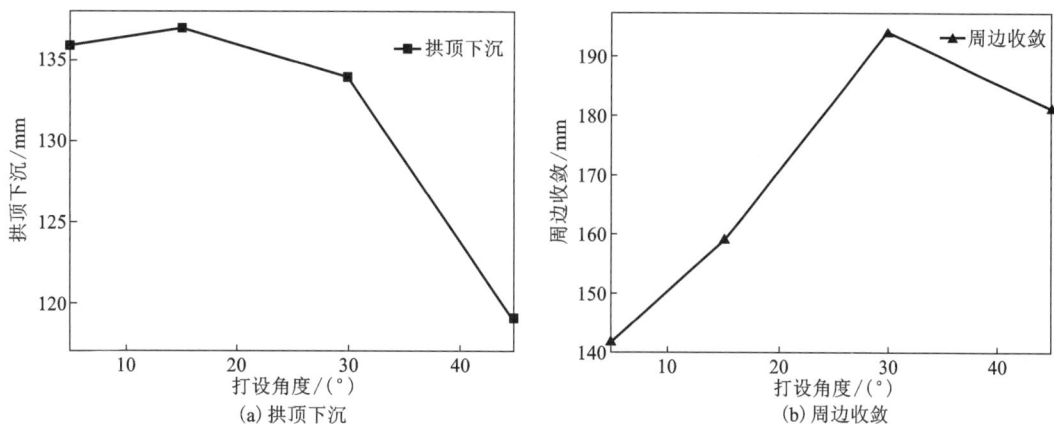

图 5-43　不同打设角度下初支变形情况

5.7.3　锁脚锚杆注浆范围对围岩变形控制效果

锁脚锚杆注浆处理不仅能够加固其附近一定范围内的松散岩体，还能够填充破碎岩体的裂隙和空隙，与岩体形成加固体，改善围岩自身的强度及完整性。另外，浆液的固结，能够加强锁脚锚杆与岩体之间的锚固黏结力及锚杆自身承载特性，可更好地分担部分钢拱架的外部压力，限制围岩的拱顶下沉和周边收敛，从而更好地控制围岩的变形。同时，通过注浆，也能在薄层炭质板岩地层起到隔水作用，避免炭质板岩发生遇水软化现象。因此，通过数值分析，计算锁脚锚杆在注浆范围 0 m(未注浆)、0.5 m、1 m、1.5 m 下对支护结构变形和受力的影响，注浆材料力学参数按硬化水泥浆材料(E = 1 GPa，μ = 0.3)进行选取。

(1)初支变形云图(图 5-44~图 5-47)

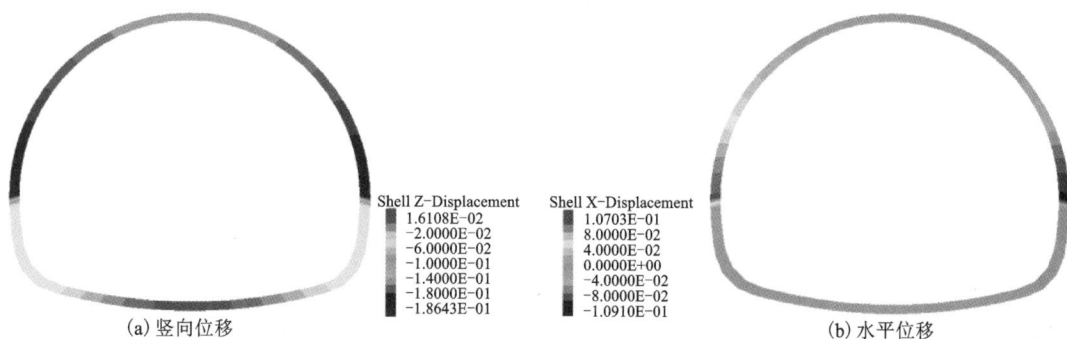

图 5-44　初支变形云图(锁脚锚杆未注浆)

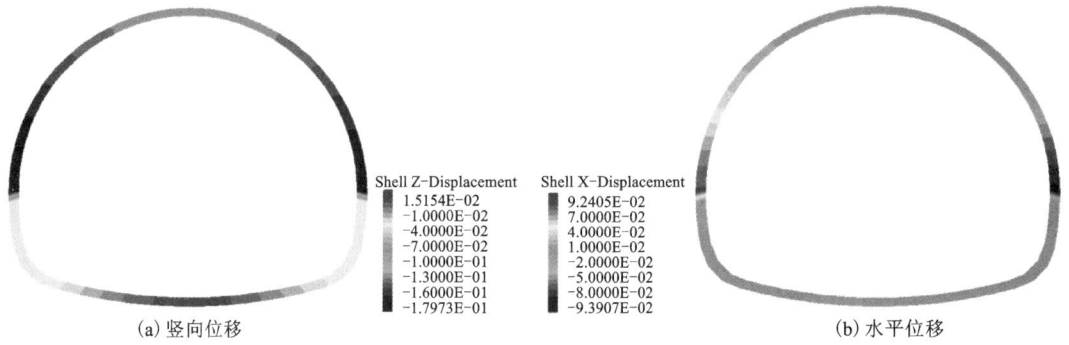

(a)竖向位移　　　　　　　　　　　　　　　　　　(b)水平位移

图 5-45　初支变形云图(锁脚锚杆注浆范围 0.5 m)

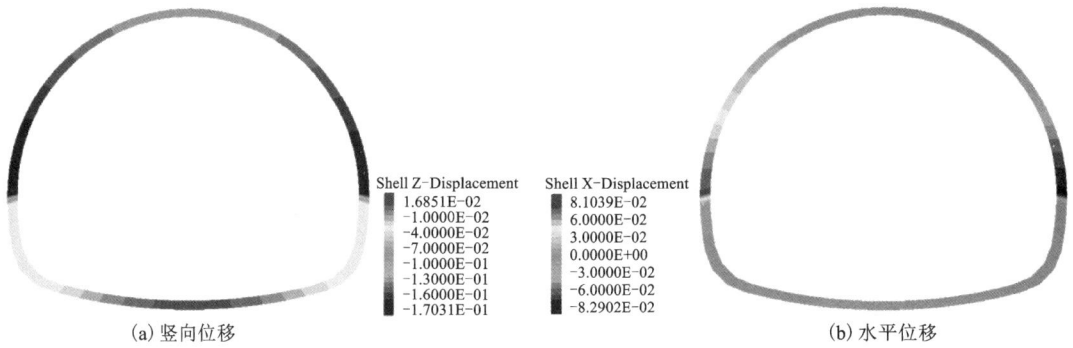

(a)竖向位移　　　　　　　　　　　　　　　　　　(b)水平位移

图 5-46　初支变形云图(锁脚锚杆注浆范围 1 m)

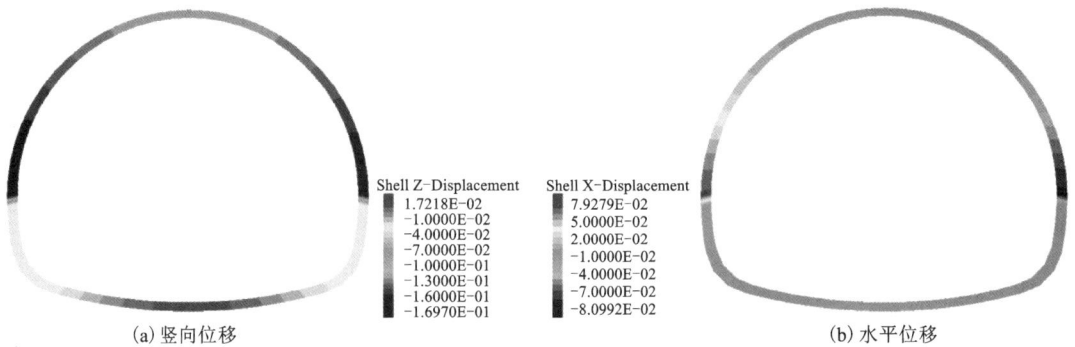

(a)竖向位移　　　　　　　　　　　　　　　　　　(b)水平位移

图 5-47　初支变形云图(锁脚锚杆注浆范围 1.5 m)

(2)初支应力云图

依据图 5-44~图 5-47,对锁脚锚杆注浆范围选取 0 m、0.5 m、1 m、1.5 m 进行数值计算,结果表明:

①在采用 $\phi42$ mm、打设角度 15° 的情况下,锁脚锚杆注浆能使围岩与锁脚锚杆黏结并

加固周围围岩，有效地改善围岩变形，其中拱顶下沉随注浆范围的增加而减小幅度增大，周边收敛值的减小幅度则减小。其中拱顶下沉相比原状态最大减小 16 mm，减小 8.6%；周边收敛最大减小 28 mm，减小 25.6%。在注浆范围大于 1 m 后，拱顶下沉、周边收敛变化值较小，对变形的影响不大。(图 5-48)

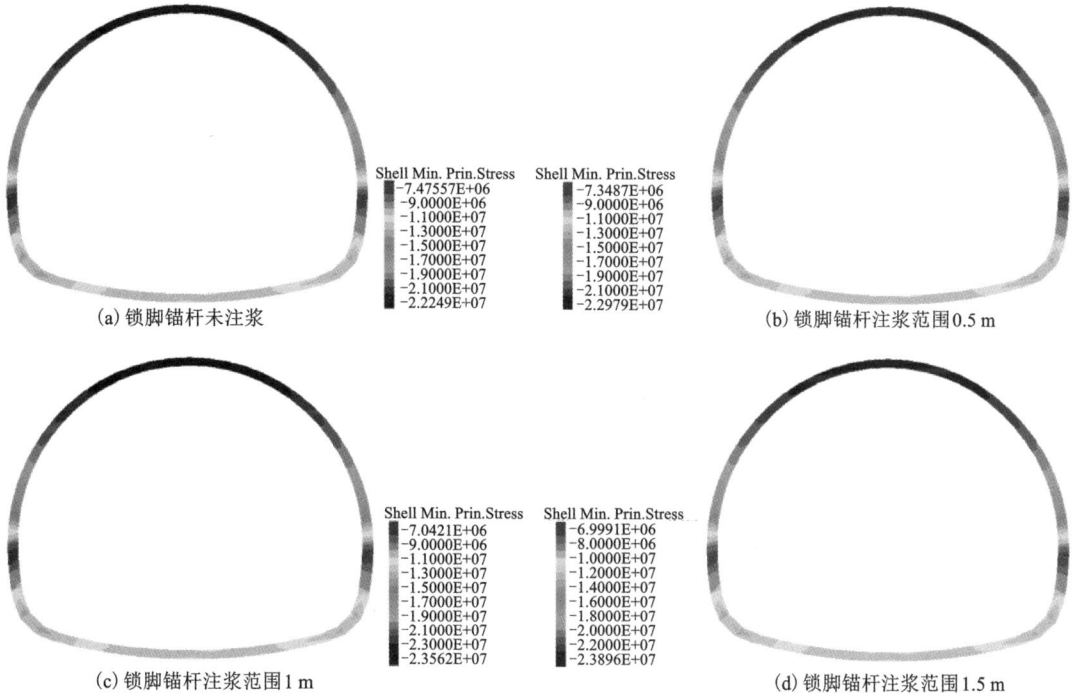

(a) 锁脚锚杆未注浆

(b) 锁脚锚杆注浆范围 0.5 m

(c) 锁脚锚杆注浆范围 1 m

(d) 锁脚锚杆注浆范围 1.5 m

图 5-48　初支应力云图(负值表示压应力)

不同锁脚锚杆注浆范围下初支变形情况如图 5-49 所示。

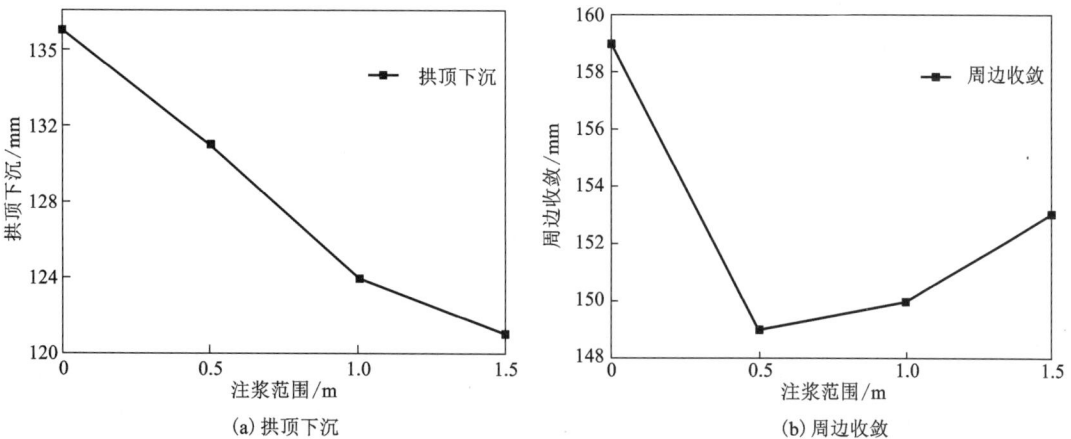

(a) 拱顶下沉

(b) 周边收敛

图 5-49　不同锁脚注浆范围下初支变形情况

②随注浆范围增加,最大初支压应力变化较小,当注浆范围由 0 m(未注浆)增加到 1.5 m 时,增加 1.7 MPa。这表明锁脚锚杆注浆范围加大对初支应力变化影响不大。

综上所述,当钢拱架选取 I20a、间距 0.6 m、初支厚度为 29 mm,锁脚锚杆参数选取 ϕ42 mm、长度 4.5 m、打设角度 45°、锁脚注浆范围 1 m 时,同时对拱部注浆加固范围选取 2 m,能够较好地改善支护结构的变形。支护优化后变形情况如表 5-10 所示。

表 5-10　支护优化后变形情况

支护情况	累计变形	
	拱顶下沉/mm	周边收敛/mm
优化前	137	159
优化后	110	109

5.8　本章小结

本章采用位移反分析对海巴洛隧道围岩力学参数进行反演,采取 FLAC3D 数值分析方法计算海巴洛隧道在不同进尺、中台阶长度及仰拱初支滞后距离下对围岩变形的影响并进行分析,从而对围岩变形控制及开挖方法进行优化。对现有初支结构变形和受力进行评价,研究了不同支护参数下炭质板岩地层初支结构变形和受力情况,并根据不同支护参数下对变形的控制效果,进行了支护优化,提出合理的大变形支护参数。

1)在薄层炭质板岩地层中,增加隧道开挖进尺,围岩变形速率会显著加大,对围岩较大的扰动会导致围岩产生更大的变形,所以需要采用短进尺,同时减小对围岩的扰动,从而确保围岩的稳定性和支护结构的安全。

2)当中台阶长度的增加时,支护施作较晚会导致围岩的变形逐渐增大且变形收敛时间增加。在实际施工中,应尽量保证缩短中台阶长度,保证中台阶长度在 20 m 以内,能够及时减小围岩变形速率,加快变形收敛,控制围岩变形。当仰拱滞后距离增加时,围岩变形急剧增加,当滞后距离为 9.6 m 时,变形速率在仰拱封闭后还有一定的增长,所以在实际施工中应尽量及时封闭仰拱,尽量缩短滞后距离,以较好地控制围岩变形,且能使初期支护均匀受力、围岩的周边收敛得到明显改善。

3)对现有支护结构变形和受力分析表明,通过增强钢拱架型号和增加喷射混凝土厚度对围岩变形控制效果并不是十分理想,可以适量减小围岩周边收敛,但对拱顶下沉控制作用不大。

4)增强钢拱架型号对变形控制效果一般。在同一型号下,当钢拱架的间距增大时,变形也逐渐增大,因此减小钢拱架间距能较好地控制围岩的拱顶下沉。同时增强钢拱架型号和减小钢拱架间距时,初支结构的受力情况有明显改善。

5)随锁脚锚杆打设长度的增加,拱顶下沉变化较小,最大变化幅度为 2 mm;随锁脚锚管长度增加,周边收敛缓慢减小,最大减小幅度 3 mm;且初支应力不断减小,最大压应力减小，达到 5 MPa，说明随着锁脚长度增加，能够更好分担钢拱架的外部压力，但当长度大于 4.5 m 后，初支应力变化较小，表明锁脚锚杆已经穿过围岩松散破碎区，使锁脚锚杆发挥较好的承载能力。随着锁脚锚杆打设角度的增大，拱顶下沉减小，在打设角度 45°时下沉降值达到最小，为 171 mm，但随角度增大，锚杆对围岩的锚固长度减小，甚至未能完全穿过塑性区，锚杆连接端受力较大，水平收敛表现出先增大后减小，这表明随角度增加，锁脚锚杆未完全穿过塑性区，导致整体承载力降低。

6）随锁脚锚杆注浆范围增加，拱顶下沉的增加变形减小幅度较大，周边收敛值减小幅度较小。其中拱顶下沉相比原状态最大减小 16 mm，减小 8.6%；周边收敛最大减小 28 mm，减小 25.6%。在注浆范围大于 1 m 后，变化值较小。初支主应力随注浆范围增加，最大压应力增加较小，当注浆范围由 0 m 未注浆增加到 1.5 m 时，增加 1.7 MPa，表明注浆范围增加对初支应力变化影响较小。

7）经过对不同支护参数对变形和支护结构受力的影响分析，当钢拱架选取 I20a、间距 0.6 m、初支厚度为 29 mm，锁脚锚杆参数选取 φ42 mm、长度 4.5 m、布设角度 45°、注浆范围 1 m 时，同时对拱部超前注浆加固，加固范围达到 2 m 时，能够较好地改善支护结构的变形。

第 6 章
炭质板岩隧道大变形控制技术研究

大变形问题是炭质板岩地层及其他软弱围岩地层隧道施工的主要问题，常常造成初支侵限、钢拱架屈服，甚至二衬开裂等问题，需要进行换拱处理，对隧道建设工期和造价产生较大的影响。所以针对炭质板岩等特殊围岩需实施合理的开挖和支护方案，充分发挥围岩和支护结构的共同的承载能力，并在施工过程中根据围岩状况及时进行开挖方式及支护方式的调整，保证隧道施工和运营的安全。因此，本章结合香丽高速现场初支大变形问题，开展炭质板岩地层隧道大变形控制技术研究。

6.1　开挖方法的选取及确定预留变形量

6.1.1　开挖方法选取

薄层炭质板岩隧道围岩整体完整性差，遇水容易发生软化现象且受开挖扰动大。根据既有的工程实践经验，薄层炭质板岩地层隧道主要选取的开挖方法为台阶法和分部开挖法，其中台阶法包括上下台阶法、三台阶法；分部开挖法主要分为三台阶七步开挖法（预留核心土）、中隔墙法及双侧壁导坑法等。台阶法将开挖断面分为几个断面同时进行开挖，下断面滞后上断面一定的距离，施工快，工序简单，能够较好地应用于地层条件较好的中小型断面隧道开挖，在软弱围岩段可以选取短台阶或超短台阶法，能减小对围岩的扰动。三台阶七步开挖法开挖步序多、每个工序之间转换较复杂，但对破碎岩体具有较高的安全性。三种典型开挖方法的对比如表 6-1 所示。

表 6-1　典型开挖方法对比

开挖方法	施工情况	围岩控制性	支护时效性	适用范围
 台阶法	工序简单 工期快 造价低 围岩控制性 较差	较差	好	围岩强度和完整性较好(围岩级别Ⅲ～Ⅳ),中小断面隧道
 三台阶法	工序较多 工期较慢 造价一般 围岩控制性 一般	较好	较好	围岩完整性一般(围岩级别Ⅲ～Ⅳ),稳定性一般,中大断面隧道
 三台阶七步开挖法	工序多 工期较慢 造价较高 围岩控制性 较好	好	差	围岩较破碎,稳定性较差(围岩级别Ⅴ～Ⅵ),中大断面隧道

　　海巴洛隧道Ⅴ级围岩段设计开挖方案为三台阶(预留核心土)法,但在施工过程中揭露围岩主要为薄层炭质板岩,岩石强度低、完整性较差,且局部地层地下水较发育,炭质板岩遇水易发生软化、泥化现象,进一步加剧围岩变形,加上现场施工进尺和仰拱未及时闭合等原因,导致多次发生初支大变形,所以需要结合现场围岩条件对开挖方法进行调整与优化。

　　结合前述章节开挖数值模拟结果和类似工程经验,针对薄层炭质板岩地层大变形段开挖方法选取三台阶七步开挖法,能够分步交错开挖且便于施工,保证掌子面的稳定性,适用于软弱破碎炭质板岩地层。但在开挖过程中须采用短进尺，每次进尺须为 1~2 榀钢拱架，必要时可以增加临时仰拱使初支尽早封闭；仰拱与掌子面距离小于 20 m，使初期支护结构及早封闭；另外在下台阶开挖后，要及时封闭仰拱，尽量避免出现初支滞后，能够较好地改善围岩的变形。

6.1.2　预留变形量

预留变形量一般定义为允许围岩和初支共同发生部分变形，即在初支与二衬间的设置空间。合理的预留变形量能充分发挥围岩与初期支护的共同作用，释放部分围岩应力，减小二衬承担的围岩压力。预留变形量主要结合现场围岩情况、断面大小及施工方式等进行选取。当无法选取时，可以根据目前使用的《公路隧道设计细则》(JTG/T D70—2010)提供的预留变形量相应的参考值进行确定，具体如表 6-2 所示。

表 6-2　预留变形量参考值

围岩级别	双车道隧道/mm	三车道隧道/mm	四车道隧道/mm
Ⅰ	—	—	—
Ⅱ	—	10~50	30~80
Ⅲ	30~50	50~80	80~120
Ⅳ	50~80	80~120	120~150
Ⅴ	80~120	100~150	150~250
Ⅵ	现场量测决定		

因为海巴洛隧道炭质板岩具有一定的膨胀性，且属于软岩，所以大变形段的预留变形量须根据现场量测数据综合确定。选取海巴洛隧道大变形段 15 个大变形监测断面进行统计分析，该段主要开挖方法为三台阶法，揭露围岩属于黑色强风化炭质板岩，薄层状~碎裂结构，拱部易产生剥落或小型坍塌，岩体表面较湿润且有滴、渗水现象，伴随有初支开裂剥落等现象，现场原设计预留变形量为 20 cm，由于初支变形较大，出现初支侵限、换拱等问题，所以需要对预留变形量进行调整优化，保证初支结构的安全和二衬的厚度。选取海巴洛隧道 15 个大变形断面的累计最大变形量进行统计分析，并根据最大变形发生的位置，结合围岩变形在空间上的不对称性，确定最合理的预留变形量。

根据图 6-1 可知，保证率为监测断面最大变形小于预留变形量的断面占比。预留变形量按原设计选取 20 cm，累计值均超出 20 cm，造成初支侵限；当预留变形量采用 25 cm 时，保证率达到 27%；当预留变形量为 30 cm 时，保证率为 60%；在预留变形量选取 35 cm 时，保证率能达到 93%；当预留变形量选取 45 cm 时，所有断面均不侵限。统计的大变形监测断面中，最大变形位置为左拱肩的占 73%，为最大变形主要分布位置，右拱肩为 13%，拱顶和拱腰为 14%。因此，结合现场监测情况，综合考虑初支安全和侵限情况，当预留变形量选取 35 cm 时可以满足绝大多数断面的允许变形需求，同时根据围岩变形不对称性，可以结合变形特征选取不同的预留变形量，具体的预留变形量控制标准如表 6-3 所示。

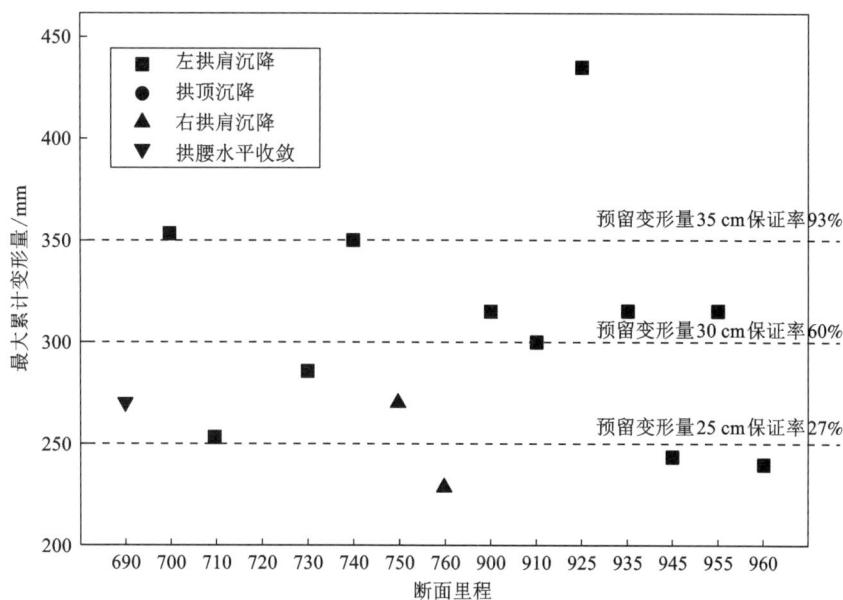

图 6-1　大变形断面最大变形量分布

表 6-3　大变形段预留变形量控制标准

位置	拱顶	拱肩	拱腰
预留变形量/cm	25~30	左 35~40/右 25~30	25

6.2　合理支护形式研究

6.2.1　支护与围岩相互作用

为了有效利用围岩自身的承载力和支护结构的支护抗力，需要充分了解围岩与支护结构间相互关系，围岩变形特征曲线和支护特征曲线可以对两者间的相互影响进行说明。

结合隧道力学相关原则，围岩变形特征曲线的计算公式表示如下：

$$p_i = (p_0 + C \cdot \cot \varphi)(1 - \sin \varphi)\left(\frac{N \cdot a}{u_a}\right)^{\frac{\sin \varphi}{1 - \sin \varphi}} - C \cdot \cot \varphi \qquad (6-1)$$

$$N = \frac{3}{2E}(p_0 \sin \varphi + C \cos \varphi) \qquad (6-2)$$

$$u_a = \frac{3}{2E}(p_0 \sin \varphi + C \cos \varphi)\left(\frac{R_0}{a}\right)^2 a \qquad (6-3)$$

不同的支护结构，其刚度和形式的不同，产生的支护抗力也不同，隧道支护结构一般为喷射混凝土、钢拱架、径向锚杆和锁脚锚杆等。隧道外荷载计算公式如下：

$$p_i = K_z \cdot \frac{u_r}{a} \tag{6-4}$$

式中：K_z——与支护结构形式相关。不同支护结构的 K_z 确定方法如下：

混凝土支护的 K_z 值计算方法为：

当 $t/a \leqslant 0.04$ 时：

$$K_z = \frac{E_c \cdot t}{a(1-\mu^2)} \tag{6-5}$$

当 $t/a > 0.04$ 时：

$$K_z = \frac{t \cdot p_0}{u_r} = \frac{E_c \cdot (m^2-1) \cdot t}{a(1+u)\,[(1-2\mu)\,m^2+1]} \tag{6-6}$$

因此支护特征曲线与隧道径向位移呈线性关系，具体表示如下：

$$p = K_z u_r^c \tag{6-7}$$

另外，锚杆的支护刚度计算公式如下：

$$K_z = \frac{E_g \pi d^2}{4l} \cdot \frac{a}{s_a \cdot s_e}\psi \tag{6-8}$$

当选用锚杆和喷射混凝土联合支护时，K_z 为两者之和，计算式表示如下：

$$K_z = \frac{E_c \cdot t}{a(1-\mu^2)} + \frac{E_g \pi d^2}{4l} \cdot \frac{a}{s_a \cdot s_e}\psi \tag{6-9}$$

在开挖过程中，由于爆破后需要进行出渣等工序，隧道洞壁围岩已有了部分位移 Δu_r，所以隧道围岩洞壁径向的总位移为：

$$u_r = \Delta u_r + u_r^c \tag{6-10}$$

所以，此时式（6-4）可表示为：

$$p_i = \frac{K_z(\Delta u_r + u_r^c)}{a} \tag{6-11}$$

由上述公式描绘出围岩变形与支护特征曲线如图 6-2 所示。

从该特征曲线可知，在隧道开挖后，围岩积累的应变能释放，在 A 点之前处于弹性阶段，在 B 点之前属于塑性阶段，所以初支的施作时机应在 B 点之前，支护施作越早，支护承担的围岩压力越大，甚至会造成初支结构由于受力过大而发生破坏，具体见曲线 4；在同一支护时间下，当选取支护形式不同（刚度等），刚度越大，初支与围岩间达到稳定所需时间越短，围岩对支护的压力越大，具体见曲线 3；相反，刚度较小的支护结构可以使围岩发挥自承力，释放更多的应变能，承担较小的围岩压力，保证支护结构的稳定，具体见曲线 2。当支护曲线与围岩变形曲线相交于 B 点时，为最佳支护时机。围岩的变形特征、支护结构的形式、支护时间等因素影响围岩的变形，特别是炭质板岩地层中，围岩强度较低，因此，合理支护形式的选取对围岩变形起关键作用。

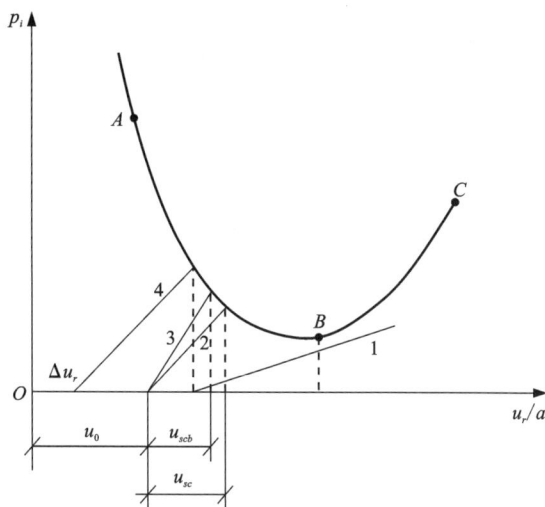

图 6-2　隧道围岩变形与支护特征曲线

6.2.2　薄层炭质板岩地层隧道支护形式

针对炭质板岩隧道的支护方式，许多学者进行了研究，主要的支护形式分为刚性支护和柔性支护，刚性支护主要通过结构自身较强的刚度来抵抗围岩压力，但会由围岩压力过大引起支护结构因屈服而失稳，不能有效限制围岩的变形；柔性支护主要采用喷射混凝土、系统锚杆等，可以使岩体与初支产生一定的弹塑性变形，能够释放岩体内部部分的应变能，减小支护结构承担的围岩压力，所以目前针对炭质板岩等软弱围岩大变形主要结合先柔后刚、分层支护、让压支护等支护特点，采用锚喷网+钢拱架联合支护，同时采用超前注浆小导管等预加固处理来改善围岩的强度，另外若围岩变形过大，可以采用可缩式钢拱架、让压锚杆等特殊支护手段。

海巴洛隧道原设计 V 级围岩段采用 SF5a、SF5c 支护方式，但由于初支多次发生大变形及侵限等问题，对支护结构进行了加强，采用 SF5e，具体支护参数如表 6-4 所示。

表 6-4　SF5e 支护参数表

支护方式	喷砼/cm	钢筋网	钢架/cm	锁脚锚杆	砼拱墙厚度/cm	预留变形量/cm
SF5e	29	20 cm×20 cm 双层 ϕ8 mm	I22b 型工字钢 间距 0.5 m	增设 ϕ89 mm 锁脚锚杆 8 根	60/C30 配筋	35

另外，根据前述章节支护参数对围岩变形的影响及相关工程经验，为了控制隧道的变形，炭质板岩隧道支护施作应遵循以下原则：

1) 钢拱架作为刚性支护，能作为承载结构产生较强的支护抗力，可以有效地承担围岩的松散压力，强行抑制围岩发生塑性变形，所以往往应用于炭质板岩等软岩隧道支护形式中，但当围岩发生较大变形时，仅仅通过加强钢拱架的强度和缩小大间距并不能有效地控制变形,而需通过多种支护联合发挥作用,并采用超前预加固处理,才能更好地解决大变形问题。同时,在钢拱架施作中,须保证连接处施作质量、钢拱架与锁脚锚杆等紧密连接,同时保证支护及早封闭成环,才能最大限度发挥支护的整体作用。

2)锁脚锚杆不仅能够通过注浆加固围岩,而且可以通过与岩体之间的锚固黏结作用把初期支护所承受的压力转移到岩体内部,充分发挥初支与围岩的共同作用。但合理的打设角度及注浆效果等都会对锁脚锚杆承载力和控制变形的效果产生较大的影响,所以需保证锁脚锚杆注浆质量且注浆范围为 1 m,锁脚锚杆打设角度为 45°,根据围岩的不对称性,对变形较大一侧采取增设锚杆、注浆加固等,可以较好地改善围岩的变形。

3)由于炭质板岩遇水已发生软化、泥化,强度有较大的折减,所以在隧道穿越富水地层时,须对前方破碎岩体进行注浆加固等隔水处理,通过超前小导管和径向注浆小导管等措施,能够阻止炭质板岩遇水发生软化作用,从而有效改善围岩大变形情况。

4)由于炭质板岩隧道变形时间长,对于发生大变形的隧道,仅通过初期支护不能完全控制大变形,所以不能在初期支护达到稳定后再施加二次衬砌,需要根据围岩变形情况适时提前施作二衬,承担部分围岩压力,从而达到控制大变形的效果。

海巴洛隧道炭质板岩地层大变形段复合式衬砌如图 6-3 所示,大变形段支护加强如图 6-4 所示。

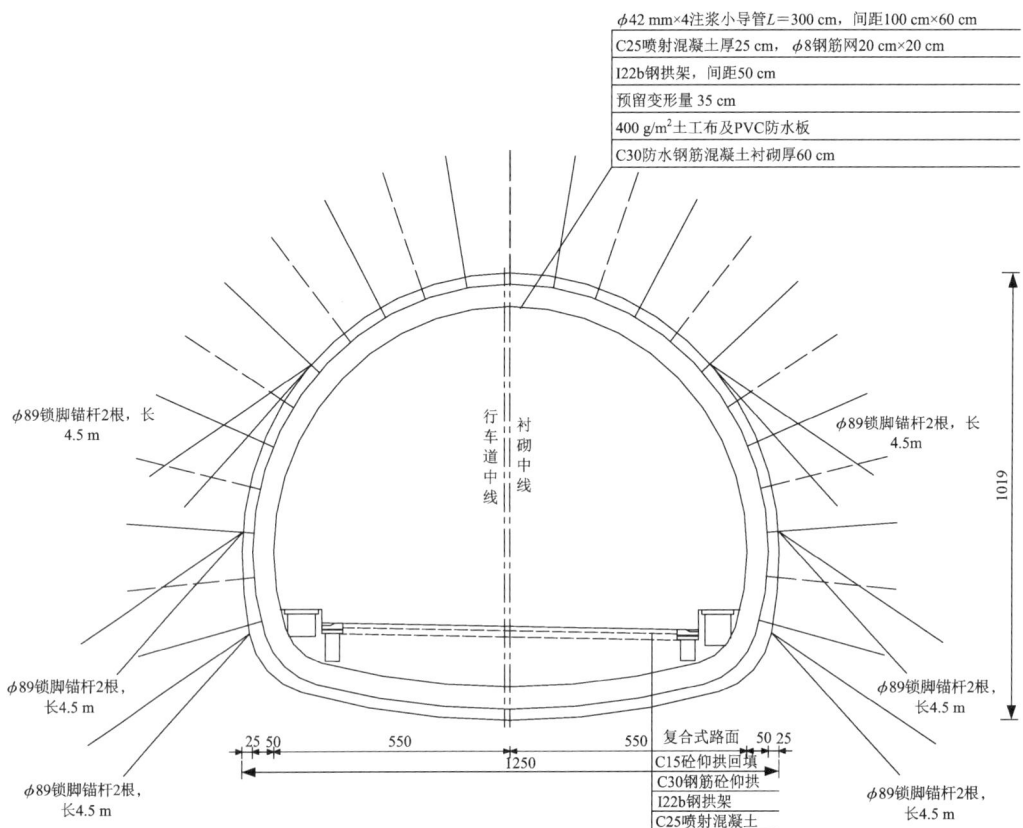

ϕ42 mm×4注浆小导管L=300 cm,间距100 cm×60 cm
C25喷射混凝土厚25 cm,ϕ8钢筋网20 cm×20 cm
I22b钢拱架,间距50 cm
预留变形量 35 cm
400 g/m² 土工布及PVC防水板
C30防水钢筋混凝土衬砌厚60 cm

ϕ89锁脚锚杆2根,长4.5 m

行车道中线　衬砌中线

ϕ89锁脚锚杆2根,长4.5 m

ϕ89锁脚锚杆2根,长4.5 m

ϕ89锁脚锚杆2根,长4.5 m

ϕ89锁脚锚杆2根,长4.5m

ϕ89锁脚锚杆2根,长4.5 m

1019

25　50　　550　　　550　复合式路面　50　25
1250

C15砼仰拱回填
C30钢筋砼仰拱
I22b钢拱架
C25喷射混凝土

图 6-3　海巴洛隧道炭质板岩地层大变形段复合式衬砌

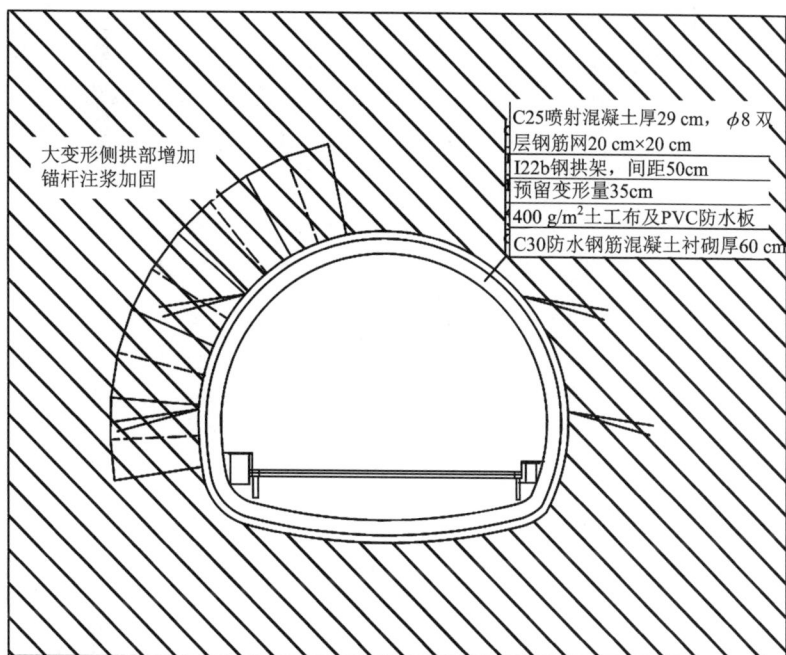

C25喷射混凝土厚29 cm，ϕ8双层钢筋网20 cm×20 cm
I22b钢拱架，间距50cm
预留变形量35cm
400 g/m²土工布及PVC防水板
C30防水钢筋混凝土衬砌厚60 cm

大变形侧拱部增加锚杆注浆加固

（a）大变形侧拱部锚杆注浆加固

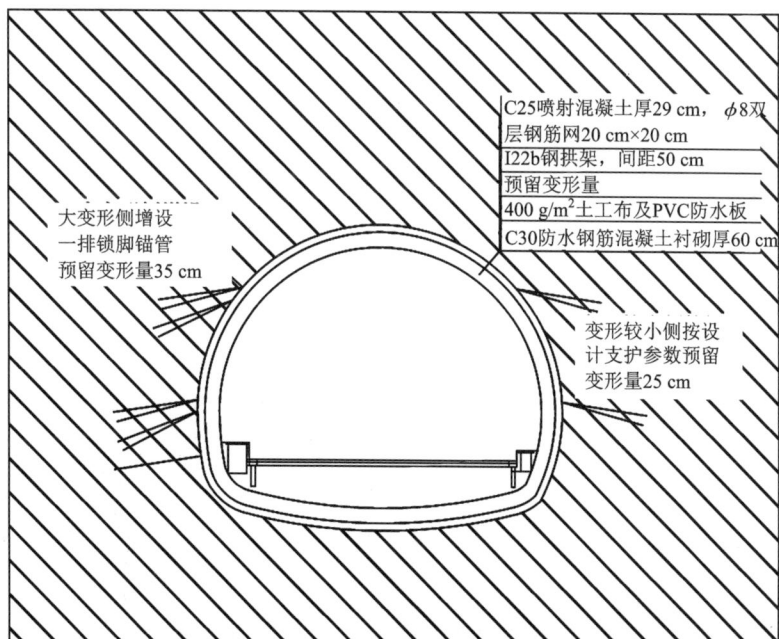

C25喷射混凝土厚29 cm，ϕ8双层钢筋网20 cm×20 cm
I22b钢拱架，间距50 cm
预留变形量
400 g/m²土工布及PVC防水板
C30防水钢筋混凝土衬砌厚60 cm

大变形侧增设一排锁脚锚管预留变形量35 cm

变形较小侧按设计支护参数预留变形量25 cm

（b）增设锁脚锚杆并增大大变形侧预留变形量

图6-4　大变形段支护加强

6.2.3　二衬施作时机

按照新奥法原理,初期支护一般当作围岩压力承担主体,二衬一般只是作为安全储备,但在软弱破碎围岩中,由于围岩自身承载能力较低,初期支护承载过大容易造成支护结构的侵限或破坏,所以不能在初支完全达到稳定状态再开始施作二次衬砌,需要结合现场量测位移和位移速率综合确定合理的二衬施作时机。

选取前述章节大变形段 ZK65+900~ZK65+960 典型围岩沉降变形曲线进行分析,具体如图 6-5、图 6-6 所示。在隧道开挖后,沉降速率急剧增长,在监测 7 d 左右后,变形速率有所降低,并在 15 d 到 20 d 趋于稳定,之后随下台阶开挖,围岩变形出现短暂增加,并在 30 d 左右趋于稳定,变形速率为 1~2 mm/d,且围岩变形趋于总变形量的 80%,随后变形有缓慢反弹增长,所以当监测时间约 30 d 时属于施作二次衬砌的最佳时间段,此时二衬距掌子面 35~40 m。另外,根据围岩变形情况,对海巴洛隧道变形位移控制标准进行了相关的优化,由于大变形段主要表现为拱顶沉降较大,所以位移控制标准主要以沉降标准为主,具体如表 6-5 所示。

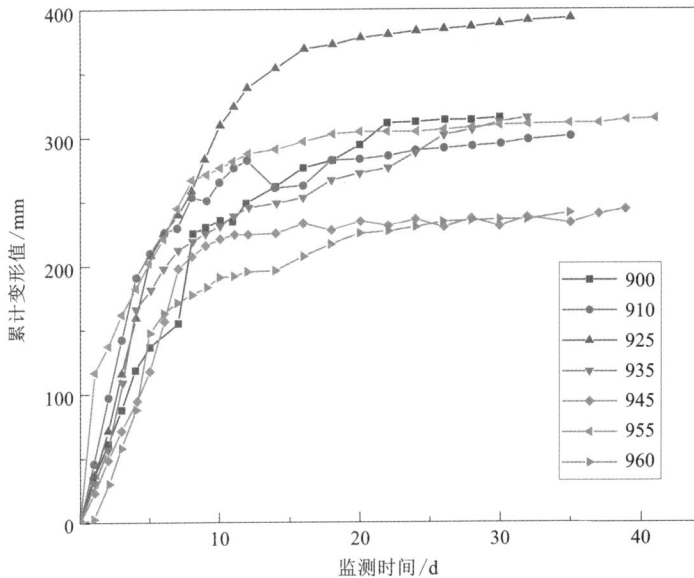

图 6-5　大变形段拱顶下沉累计时程曲线

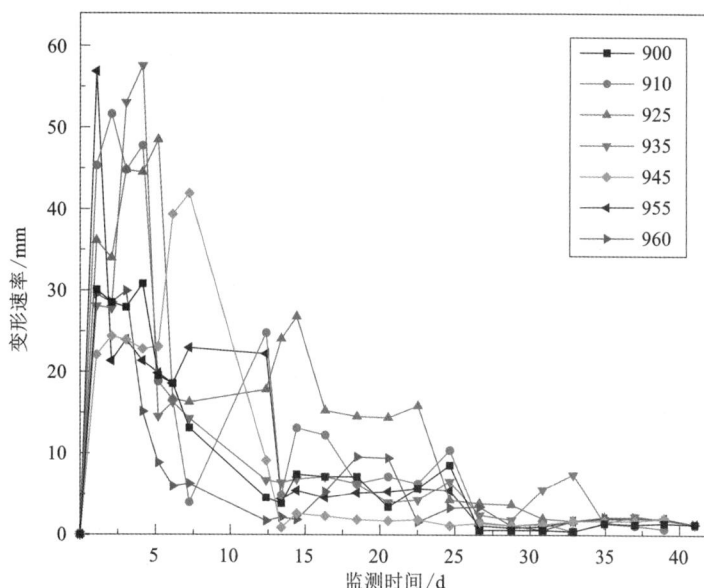

图 6-6　大变形段拱顶下沉变形速率时程曲线

表 6-5　海巴洛隧道炭质板岩大变形地段位移控制标准

断面类型	管理等级	管理位移		
		拱顶下沉/cm	下沉速率/(mm·d⁻¹)	备注
炭质板岩	Ⅲ	$W<20$	$V<2$	可正常施工
	Ⅱ	$20\leqslant W<30$	$2\leqslant V<10$	应加强支护或二次衬砌
	Ⅰ	$W\geqslant 30$	$V\geqslant 10$	停工，及时进行加固

6.3　本章小结

　　本章根据海巴洛隧道大变形段既有围岩变形情况、现场支护设计参数及结合前述章节开挖、支护优化研究结果，提出了海巴洛隧道大变形控制措施，可以为今后类似工程提供参考。

　　1）结合开挖数值模拟结果和类似工程经验，针对炭质板岩地层开挖方法选取三台阶七步开挖法，但在施工过程中须采用短进尺，每次进尺 1~2 榀，若变形过大，应增加临时仰拱或钢支撑使初支尽早封闭；仰拱距掌子面小于 20 m，保证初期支护及早封闭成环并尽量避免出现仰拱初支滞后。结合现场监测情况，综合考虑初支安全和侵限情况，当预留变形量选取 35 cm 时可以满足绝大多数断面的允许变形需求，同时依据围岩变形在空间上的不对称性，制定了大变形段合理的预留变形量。

　　2）针对炭质板岩地层的选取支护方式，主要采取刚柔相济结合注浆加固方法。采用锚喷网+钢拱架联合支护方式，同时采用径向岩体注浆等预加固处理来增强围岩的强度；需对钢拱架型号进行适当加强、保证锁脚锚杆注浆质量且加固范围达到 1 m，锁脚打设角度为 45°，对变形较大一侧采取增设锚杆，注浆加固等补强措施，可以较好地改善围岩的变形。

3）炭质板岩隧道变形时间长，仅通过初期支护不能完全控制大变形，需要根据围岩变形情况提前施作二衬，使二衬分担部分初支承受的围岩压力。根据大变形段典型围岩变形监测结果，选取监测时间约 30 d 为二次衬砌最佳施作时间，此时二次衬砌衬与掌子面距离 35~40 m，变形速率处于 2 mm/d 以下。

第 7 章

炭质板岩隧道底部结构破损成因分析及整治措施

　　针对香丽高速公路炭质板岩隧道底部结构破损情况及现场围岩情况，选取海巴洛隧道 YK67+450 断面为典型断面，采用 ABAQUS 软件扩展有限元法（XFEM）建立计算模型，从隧道基底软化、外水压力、岩层倾角和仰拱曲率四个方面分别研究炭质板岩隧道底部结构破损原因。

　　国内外学者针对隧道底部结构破损整治措施已经做了大量研究，改变隧道底部结构可以较好地改善隧道底部结构破损情况，例如提高仰拱填充混凝土强度、减小仰拱曲率半径等，但此类方法会使工程造价大幅度增加，难以在实际工程中得到广泛应用。本章提出在保持隧道底部结构不变的情况下，采用打设隧底锚杆的方法对隧底围岩进行加固，改善隧道底部结构受力状态，从而减轻隧道底部结构破损程度。

7.1　炭质板岩隧道底部结构破损影响因素分析

7.1.1　基底软化对底部结构破损影响

　　海巴洛隧道隧址区地下水丰富，在施工过程中，岩体中有较大的渗水和局部涌水现象，现场未采取有效的排水措施，仰拱开挖后，基底围岩长期遭积水浸泡，软化现象严重，钻芯取样结果显示基底软化厚度为 2~3 m。

　　本次数值模型以隧底围岩弹性模量降低来模拟隧底围岩软化，软化范围为拱圈下部 3 m 围岩。模拟分析主要分为三个工况。工况一：隧底围岩弹性模量未折减，即弹性模量为 0.47 GPa。工况二：隧底围岩弹性模量折减至 0.35 GPa。工况三：隧底围岩弹性模量折减至 0.20 GPa。

　　工况一：隧底围岩弹性模量未折减。

　　（1）位移结果

　　仰拱填充混凝土竖向位移云图如图 7-1 所示。分析图 7-1 可知，当隧底围岩未软化时，仰拱填充混凝土竖向位移沿隧道中线呈对称分布，且大体上呈隆起状态，最大隆起量为 2.32 mm，最大隆起点位于隧道中线处。仰拱填充混凝土隆起值由隧道中线处向两端逐渐减小，至左、右两端点处，竖向位移由隆起改变为沉降，沉降值为 0.53 mm。

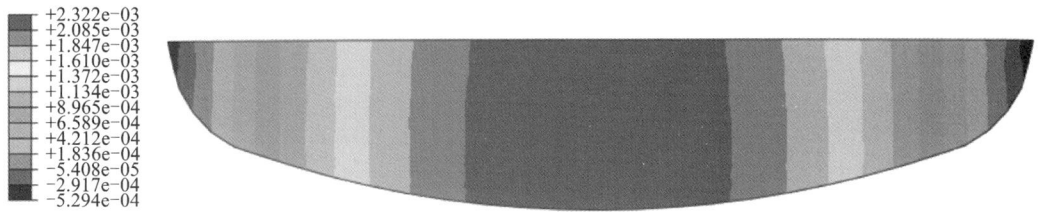

图7-1　仰拱填充混凝土竖向位移云图(工况一：$E=0.47\ GPa$)(单位：m)

（2）最大主应力结果

仰拱填充混凝土最大主应力云图如图7-2所示。分析图7-2可知，当隧底围岩未软化时，仰拱填充混凝土最大主应力沿隧道中线呈对称分布，最大拉应力为0.50 MPa，位于仰拱填充混凝土表面隧道中线处，最大主应力由拱填充混凝土表面隧道中线处向仰拱填充底部及两端逐渐减小。此时最大拉应力未超过C15混凝土极限抗拉强度，隧道底部结构处于安全状态。

图7-2　仰拱填充混凝土最大主应力云图(工况一：$E=0.47\ GPa$)(单位：Pa)

工况二：隧底围岩弹性模量折减至0.35 GPa。

（1）位移结果

仰拱填充混凝土竖向位移云图如图7-3所示。分析图7-3可知，当隧底围岩弹性模量折减至0.35 GPa时，仰拱填充混凝土竖向位移沿隧道中线呈对称分布，且整体呈隆起状态，最大隆起量为12.56 mm，最大隆起点位于隧道中线处。仰拱填充混凝土隆起值由隧道中线处向两端逐渐减小，至左、右两端点处，隆起值减小为2.42 mm。

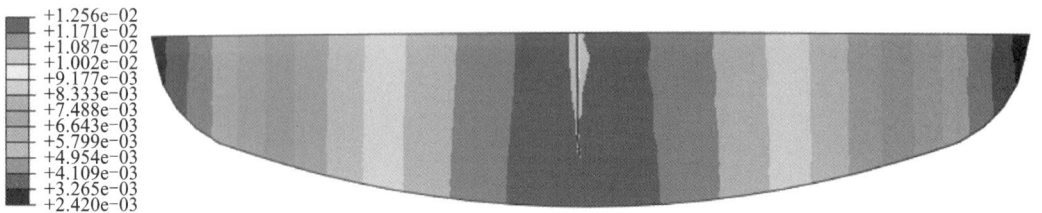

图7-3　仰拱填充混凝土竖向位移云图(工况二：$E=0.35\ GPa$)(单位：m)

（2）最大主应力结果

仰拱填充混凝土最大主应力云图如图 7-4 所示。分析图 7-4 可知，当隧底围岩弹性模量折减至 0.35 GPa 时，仰拱填充混凝土出现裂缝，裂缝由仰拱填充混凝土表面中线位置竖直向下延伸，裂缝深度为 0.81 m。仰拱填充混凝土最大主应力沿隧道中线呈对称分布，裂缝尖端出现应力集中，最大拉应力为 11.08 MPa，已超过 C15 混凝土极限抗拉强度，此时仰拱填充混凝土已发生开裂破损。

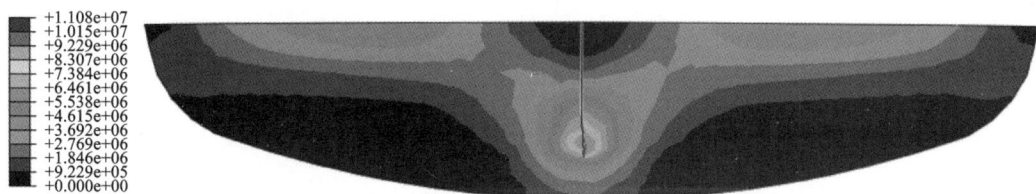

图 7-4　仰拱填充混凝土最大主应力云图（工况二：$E = 0.35$ GPa）（单位：Pa）

工况三：隧底围岩弹性模量折减至 0.20 GPa。

（1）位移结果

仰拱填充混凝土竖向位移云图如图 7-5 所示。分析图 7-5 可知，当隧底围岩弹性模量折减至 0.20 GPa 时，仰拱填充混凝土竖向位移沿隧道中线呈对称分布，且大体上呈隆起状态，最大隆起量为 40.04 mm，最大隆起点位于隧道中线处。仰拱填充混凝土隆起值由隧道中线处向两端逐渐减小，至左、右两端点处，竖向位移由隆起改变为沉降，沉降值为 10.11 mm。

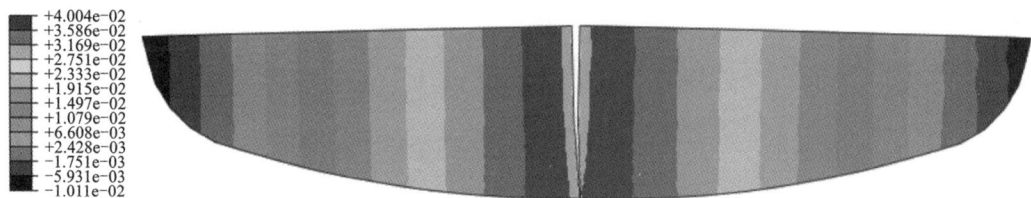

图 7-5　仰拱填充混凝土竖向位移云图（工况三：$E = 0.20$ GPa）（单位：m）

（2）最大主应力结果

仰拱填充混凝土最大主应力云图如图 7-6 所示。分析图 7-6 可知，当隧底围岩弹性模量折减至 0.20 GPa 时，仰拱填充混凝土中线处裂缝已贯穿至仰拱填充物底部。仰拱填充混凝土最大主应力沿隧道中线呈对称分布，裂缝尖端出现应力集中，最大拉应力为 18.31 MPa，已超过 C15 混凝土极限抗拉强度，此时仰拱填充混凝土开裂破损较严重。

不同工况下隧道基底软化与底部结构破损关系折线图如图 7-7 所示。

由数值模拟结果可知，随着隧底围岩软化程度的加深（即隧底围岩弹性模量的降低），仰拱填充混凝土隆起值和裂缝扩展深度不断加大。当隧底围岩弹性模量未折减时，仰拱竖向位移值、主应力值均处于安全范围内；当隧底围岩弹性模量折减至 0.35 GPa 时，仰拱中

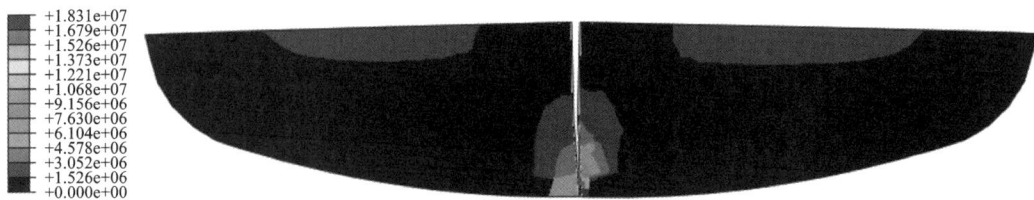

图7-6　仰拱填充混凝土最大主应力云图(工况三: $E=0.20$ GPa)(单位: Pa)

线位置表面最大主应力值已超过 C15 混凝土极限抗拉强度,仰拱中线位置表面出现裂缝,但裂缝未贯通至仰拱中线底部,此时仰拱隆起值为 12.56 mm;当隧底围岩弹性模量折减至 0.2 GPa 时,仰拱中线位置裂缝已由表面贯通至底部,且仰拱出现明显隆起,最大隆起值达 40.04 mm,位于仰拱中线位置,此时仰拱结构破坏明显,对隧道施工与后期运营造成巨大的安全隐患。

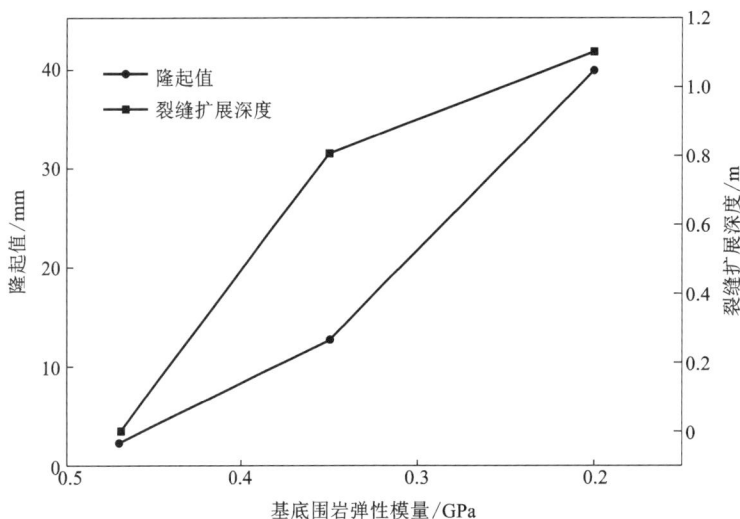

图7-7　隧道基底软化与底部结构破损关系折线图

7.1.2　外水压力对底部结构破损影响

海巴洛隧道隧址区地下水丰富,地下水类型为基岩裂隙水,主要为强风化带裂隙富水、导水,地勘报告显示,洞身段隧道底部地下水最大埋深约为 40 m。隧底未设置防水板及排导透水层,仰拱混凝土直接与围岩接触。考虑到雨季降水对隧道水位的影响,本次模拟分析主要分为四个工况。工况一:未考虑外水压力。工况二:隧道底部水头 $H=20$ m。工况三:隧道底部水头 $H=40$ m。工况四:隧道底部水头 $H=60$ m。围岩渗透系数 $k_m=5\times10^{-6}$ m/s,衬砌不透水。

工况一:未考虑外水压力。

(1)位移结果

仰拱填充混凝土竖向位移云图如图 7-8 所示。分析图 7-8 可知,当未考虑外水压力时,仰拱填充混凝土竖向位移沿隧道中线呈对称分布,且大体上呈隆起状态,最大隆起量为 2.32 mm，最大隆起点位于隧道中线处。仰拱填充混凝土隆起值由隧道中线处向两端逐渐减小，至左、右两端点处，竖向位移由隆起改变为沉降，沉降值为 0.53 mm。

图 7-8 仰拱填充混凝土竖向位移云图（工况一：未考虑外水压力）（单位：m）

（2）最大主应力结果

仰拱填充混凝土最大主应力云图如图 7-9 所示。分析图 7-9 可知，当未考虑外水压力时，仰拱填充混凝土最大主应力沿隧道中线呈对称分布，最大拉应力为 0.50 MPa，位于仰拱填充混凝土表面隧道中线处，最大主应力由拱填充混凝土表面隧道中线处向仰拱填充底部及两端逐渐降低，但最大拉应力未超过 C15 混凝土极限抗拉强度，隧道底部结构处于安全状态。

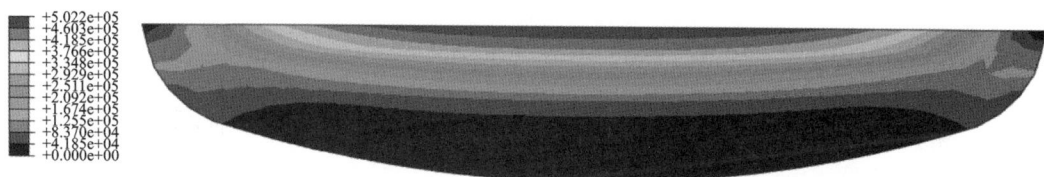

图 7-9 仰拱填充混凝土最大主应力云图（工况一：未考虑外水压力）（单位：Pa）

工况二：隧道底部水头 $H=20$ m。

（1）位移结果

仰拱填充混凝土竖向位移云图如图 7-10 所示。分析图 7-10 可知，当隧道底部水头 $H=20$ m 时，仰拱填充混凝土竖向位移沿隧道中线呈对称分布，且大体上呈隆起状态，最大隆起量为 3.73 mm，最大隆起点位于隧道中线处。仰拱填充混凝土隆起值由隧道中线处向两端逐渐减小，至左、右两端点处，竖向位移由隆起改变为沉降，沉降值为 0.82 mm。

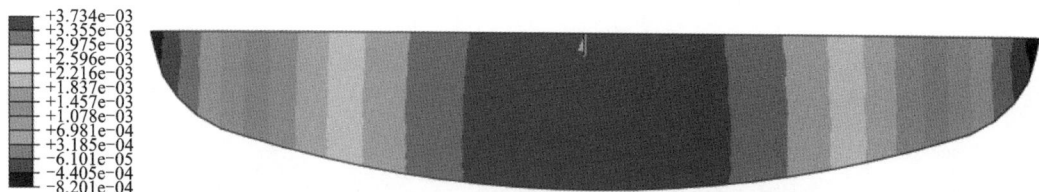

图 7-10 仰拱填充混凝土竖向位移云图（工况二：$H=20$ m）（单位：m）

（2）最大主应力结果

仰拱填充混凝土最大主应力云图如图 7-11 所示。分析图 7-11 可知，当隧道底部水头 $H=20$ m 时，仰拱填充混凝土出现裂缝，裂缝由仰拱填充混凝土表面中线位置竖直向下扩展，裂缝深度为 0.15 m。仰拱填充混凝土最大主应力沿隧道中线呈对称分布，裂缝尖端出现应力集中，最大拉应力为 3.50 MPa，已超过 C15 混凝土极限抗拉强度，此时仰拱填充混凝土已发生开裂破损。

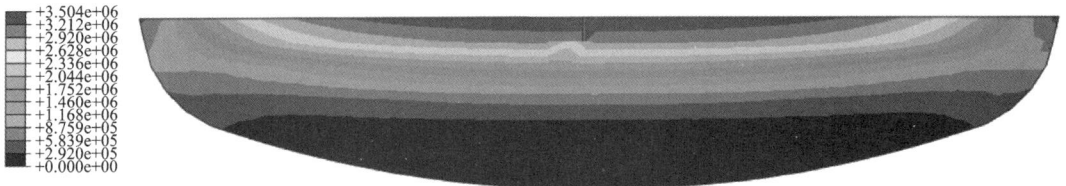

图 7-11　仰拱填充混凝土最大主应力云图（工况二：$H=20$ m）（单位：Pa）

工况三：隧道底部水头 $H=40$ m。

（1）位移结果

仰拱填充混凝土竖向位移云图如图 7-12 所示。分析图 7-12 可知，当隧道底部水头 $H=40$ m 时，仰拱填充混凝土竖向位移沿隧道中线呈对称分布，且大体上呈隆起状态，最大隆起量为 8.02 mm，最大隆起点位于隧道中线处。仰拱填充混凝土隆起值由隧道中线处向两端逐渐减小，至左、右两端点处，竖向位移由隆起改变为沉降，沉降值为 1.75 mm。

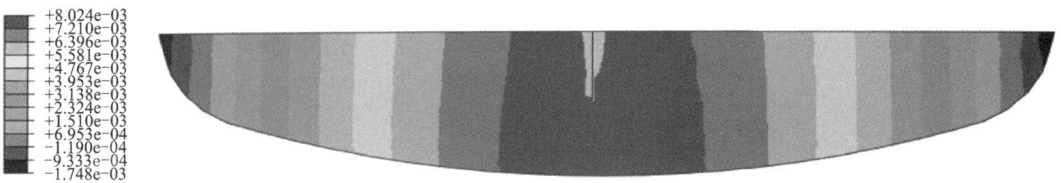

图 7-12　仰拱填充混凝土竖向位移云图（工况三：$H=40$ m）（单位：m）

（2）最大主应力结果

仰拱填充混凝土最大主应力云图如图 7-13 所示。分析图 7-13 可知，当隧道底部水头 $H=40$ m 时，仰拱填充混凝土中线处裂缝竖直向下扩展，裂缝深度达 0.50 m。仰拱填充混凝土最大主应力沿隧道中线呈对称分布，裂缝尖端出现应力集中，最大拉应力为 5.85 MPa，已超过 C15 混凝土极限抗拉强度，此时仰拱填充混凝土开裂破损程度进一步加深。

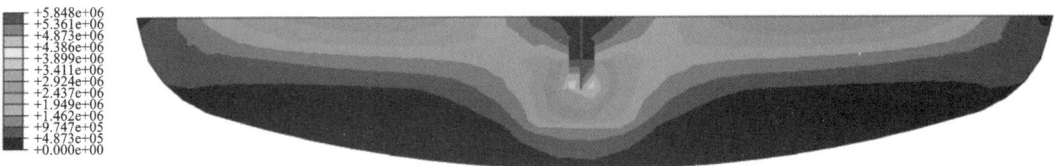

图 7-13　仰拱填充混凝土最大主应力云图（工况三：$H=40$ m）（单位：Pa）

工况四：隧道底部水头 $H=60$ m。

（1）位移结果

仰拱填充混凝土竖向位移云图如图 7-14 所示。分析图 7-14 可知，当隧道底部水头 $H=60$ m 时，仰拱填充混凝土竖向位移沿隧道中线呈对称分布，且大体上呈隆起状态，最大隆起量为 13.44 mm，最大隆起点位于隧道中线处。仰拱填充混凝土隆起值由隧道中线处向两端逐渐减小，至左、右两端点处，竖向位移由隆起改变为沉降，沉降值为 0.49 mm。

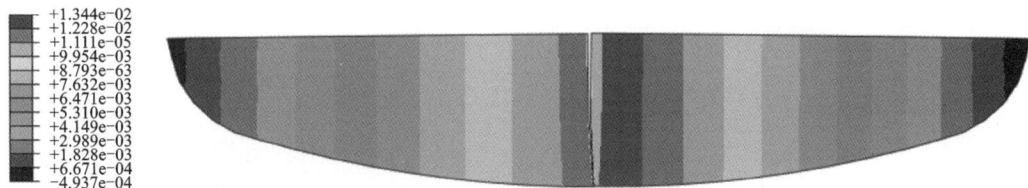

图 7-14　仰拱填充混凝土竖向位移云图（工况四：$H=60$ m）（单位：m）

（2）最大主应力结果

仰拱填充混凝土最大主应力云图如图 7-15 所示。分析图 7-15 可知，当隧道底部水头 $H=60$ m 时，仰拱填充混凝土中线处裂缝已贯穿至仰拱填充物底部，仰拱填充混凝土最大主应力沿隧道中线呈对称分布，裂缝尖端出现应力集中，最大拉应力为 9.53 MPa，已超过 C15 混凝土极限抗拉强度，此时仰拱填充混凝土开裂破损较严重。

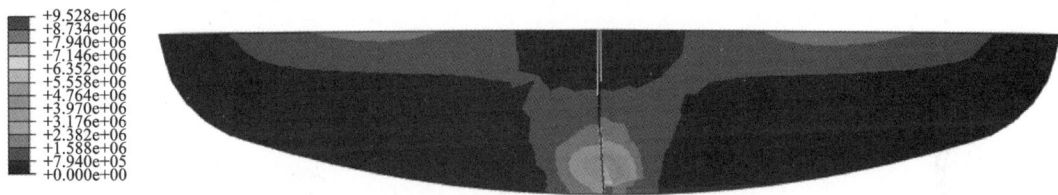

图 7-15　仰拱填充混凝土最大主应力云图（工况四：$H=60$ m）（单位：Pa）

不同工况下外水压力与底部结构破损关系折线图如图 7-16 所示。

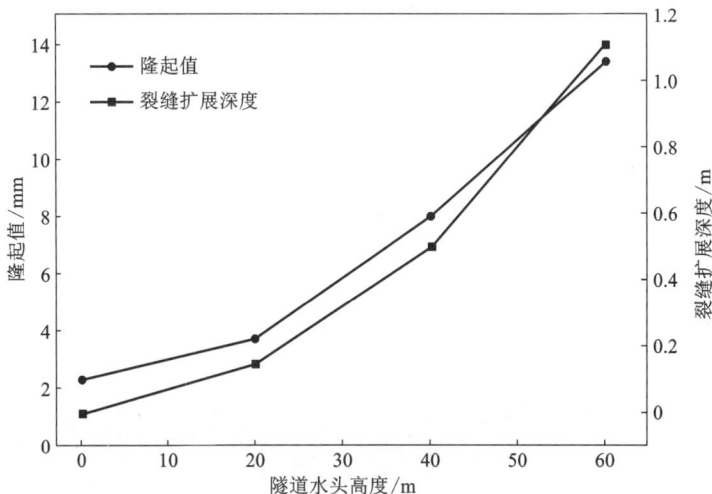

图 7-16　外水压力与底部结构破损关系折线图

由数值模拟结果可知,随着外水压力的增大,仰拱填充混凝土隆起值和裂缝扩展深度不断加大。当未考虑外水压力时,仰拱竖向位移值、主应力值均处于安全范围内;当隧底作用水头 $H=20$ m 时,仰拱中线位置表面最大主应力值已超过 C15 混凝土极限抗拉强度,仰拱中线位置表面出现裂缝;当隧底作用水头 $H=40$ m 时,仰拱中线位置裂缝已扩展至仰拱填充中部位置;当隧底作用水头 $H=60$ m 时,仰拱中线位置裂缝已贯穿至仰拱底部,此时仰拱填充混凝土开裂破损较严重。

7.1.3　岩层倾角对底部结构破损影响

现场观测及隧道超前地质预报显示,海巴洛隧道 YK67+450 断面掌子面岩层产状与水平方向约呈 45°,向线路右侧倾斜。为考虑岩层倾角对底部结构破损影响,本次模拟主要分为两种工况。工况一:未考虑岩层倾角。工况二:岩层产状与水平方向呈 45°,向线路右侧倾斜。

工况一:未考虑岩层倾角。

(1)位移结果

仰拱填充混凝土竖向位移云图如图 7-17 所示。分析图 7-17 可知,当未考虑岩层倾角时,仰拱填充混凝土竖向位移沿隧道中线呈对称分布,且大体上呈隆起状态,最大隆起量为 2.32 mm,最大隆起点位于隧道中线处。仰拱填充混凝土隆起值由隧道中线处向两端逐渐降低,至左、右两端点处,竖向位移由隆起改变为沉降,沉降值为 0.53 mm。

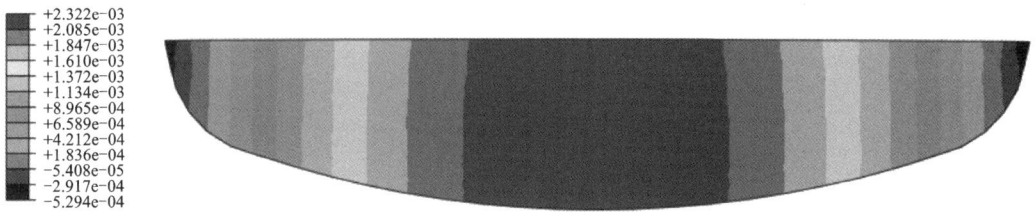

图 7-17　仰拱填充混凝土竖向位移云图(工况一:未考虑岩层倾角)(单位:m)

(2)最大主应力结果

仰拱填充混凝土最大主应力云图如图 7-18 所示。分析图 7-18 可知,当未考虑岩层倾角时,仰拱填充混凝土最大主应力沿隧道中线呈对称分布,最大拉应力为 0.50 MPa,位于仰拱填充混凝土表面隧道中线处,最大主应力由填充混凝土表面隧道中线处向仰拱填充底部及两端逐渐降低,但最大拉应力未超过 C15 混凝土极限抗拉强度,隧道底部结构处于安全状态。

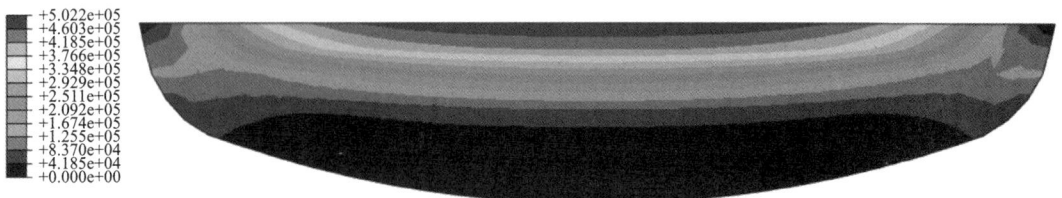

图 7-18　仰拱填充混凝土最大主应力云图(工况一:未考虑岩层倾角)(单位:Pa)

工况二：岩层产状与水平方向呈 45°，向线路右侧倾斜。

(1)位移结果

仰拱填充混凝土竖向位移云图如图 7-19 所示。分析图 7-19 可知，当岩层产状与水平方向呈 45°、向线路右侧倾斜时，隧道仰拱隆起沿隧道中线左侧呈对称分布，且大体上呈隆起状态，最大隆起量为 2.56 mm，最大隆起点位于隧道中线左侧。仰拱填充混凝土隆起值由隧道中线左侧向两端逐渐减小，至左、右两端点处，竖向位移由隆起改变为沉降，且左端沉降值大于右端，左、右沉降值分别为 0.52 mm、0.27 mm。

图 7-19　仰拱填充混凝土竖向位移云图(工况二：岩层倾角为 45°)(单位：m)

(2)最大主应力结果

仰拱填充混凝土最大主应力云图如图 7-20 所示。分析图 7-20 可知，当岩层产状与水平方向呈 45°、向线路右侧倾斜时，仰拱填充混凝土最大主应力沿隧道中线左侧呈对称分布，最大拉应力为 0.61 MPa，位于仰拱填充混凝土表面隧道中线左侧，最大主应力由拱填充混凝土表面隧道中线左侧向仰拱填充底部及两端逐渐降低，但最大拉应力未超过 C15 混凝土极限抗拉强度，隧道底部结构处于安全状态。

图 7-20　仰拱填充混凝土最大主应力云图(工况二：岩层倾角为 45°)(单位：Pa)

不同工况下岩层倾角对底部结构受力、变形的影响如表 7-1 所示。

表 7-1　岩层倾角对底部结构受力、变形的影响

工况	仰拱填充隆起		仰拱填充最大主应力	
	最大值/mm	最大值位置	最大值/MPa	最大值位置
未考虑岩层倾角	2.32	隧道中线	0.50	隧道中线
考虑岩层倾角(45°)	2.56	隧道中线左侧	0.61	隧道中线左侧

由数值模拟结果可知,当考虑岩层倾角时,仰拱填充最大隆起值由 2.32 mm 增加至 2.56 mm,增加了 10.34%,且仰拱填充最大隆起位置由隧道中线处改变为隧道中线左侧; 仰拱填充最大主应力由 0.50 MPa 增加至 0.61 MPa,增加了 22.00%,且仰拱填充最大主应力位置由隧道中线处改变为隧道中线左侧。因此,岩层倾角的存在改变了隧底结构受力、变形状态,降低了隧底结构的安全性,但最大拉应力仍未超过 C15 混凝土极限抗拉强度,隧道底部结构处于安全状态。

7.1.4　仰拱曲率对底部结构破损影响

恰当结构型式的仰拱可抑制隧底围岩变形,改善隧道受力状态,提供足够的抗力以保证隧底结构的安全性。仰拱曲率半径对仰拱的功效有重要影响,本节保持仰拱初支、仰拱二衬厚度及材料不变,仰拱填充混凝土材料不变,通过改变仰拱曲率半径(即改变仰拱深度),分析仰拱结构型式对隧底结构破损的影响。

本次模拟以原设计仰拱曲率为基础,共设置四个工况。工况一:原设计仰拱曲率。工况二:仰拱加深 0.5 m。工况三:仰拱加深 1.0 m。工况四:仰拱加深 1.5 m。

工况一:原设计仰拱曲率。

(1)位移结果

仰拱填充混凝土竖向位移云图如图 7-21 所示。分析图 7-21 可知,当按原设计仰拱曲率时,仰拱填充混凝土竖向位移沿隧道中线呈对称分布,且大体上呈隆起状态,最大隆起量为 2.32 mm,最大隆起点位于隧道中线处。仰拱填充混凝土隆起值由隧道中线处向两端逐渐减小,至左、右两端点处,竖向位移由隆起改变为沉降,沉降值为 0.53 mm。

图 7-21　仰拱填充混凝土竖向位移云图(工况一:原设计仰拱曲率)(单位:m)

(2)最大主应力结果

仰拱填充混凝土最大主应力云图如图 7-22 所示。分析图 7-22 可知,当按原设计仰拱曲率时,仰拱填充混凝土最大主应力沿隧道中线呈对称分布,最大拉应力为 0.50 MPa,位

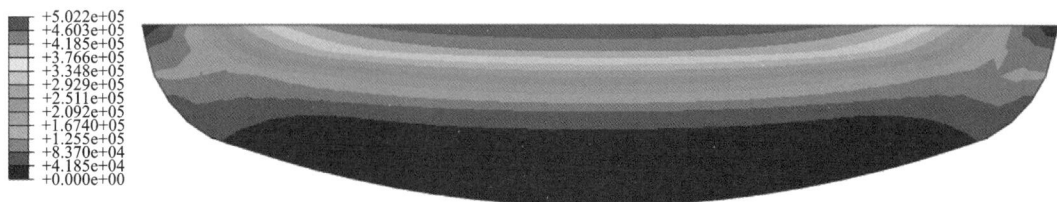

图 7-22　仰拱填充混凝土最大主应力云图(工况一:原设计仰拱曲率)(单位:Pa)

于仰拱填充混凝土表面隧道中线处，最大主应力由拱填充混凝土表面隧道中线处向仰拱填充底部及两端逐渐降低，但最大拉应力未超过 C15 混凝土极限抗拉强度，隧道底部结构处于安全状态。

工况二：仰拱加深 0.5 m。

（1）位移结果

仰拱填充混凝土竖向位移云图如图 7-23 所示。分析图 7-23 可知，当仰拱加深 0.5 m 时，仰拱填充混凝土竖向位移沿隧道中线呈对称分布，且整体呈隆起状态，最大隆起量为 1.50 mm，最大隆起点位于隧道中线处。仰拱填充混凝土隆起值由隧道中线处向两端逐渐减小，至左、右两端点处，隆起值减小至 0.43 mm。

图 7-23　仰拱填充混凝土竖向位移云图（工况二：仰拱加深 0.5 m）（单位：m）

（2）最大主应力结果

仰拱填充混凝土最大主应力云图如图 7-24 所示。分析图 7-24 可知，当仰拱加深 0.5 m 时，仰拱填充混凝土最大主应力沿隧道中线呈对称分布，最大拉应力为 0.43 MPa，位于仰拱填充混凝土表面隧道中线处，最大主应力由拱填充混凝土表面隧道中线处向仰拱填充底部及两端逐渐降低，但最大拉应力未超过 C15 混凝土极限抗拉强度，隧道底部结构处于安全状态。

图 7-24　仰拱填充混凝土最大主应力云图（工况二：仰拱加深 0.5 m）（单位：Pa）

工况三：仰拱加深 1.0 m。

（1）位移结果

仰拱填充混凝土竖向位移云图如图 7-25 所示。分析图 7-25 可知，当仰拱加深 1.0 m 时，仰拱填充混凝土竖向位移沿隧道中线呈对称分布，且整体呈隆起状态，最大隆起量为 1.27 mm，最大隆起点位于隧道中线处。仰拱填充混凝土隆起值由隧道中线处向两端逐渐减小，至左、右两端点处，隆起值减小至 0.34 mm。

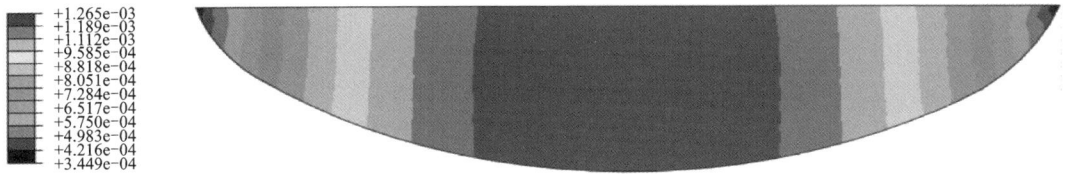

图 7-25　仰拱填充混凝土竖向位移云图(工况三：仰拱加深 1 m)(单位：m)

（2）最大主应力结果

仰拱填充混凝土最大主应力云图如图 7-26 所示。分析图 7-26 可知，当仰拱加深 1.0 m 时，仰拱填充混凝土最大主应力沿隧道中线呈对称分布，最大拉应力为 0.39 MPa，位于仰拱填充混凝土表面隧道中线处，最大主应力由拱填充混凝土表面隧道中线处向仰拱填充底部及两端逐渐降低，但最大拉应力未超过 C15 混凝土极限抗拉强度，隧道底部结构处于安全状态。

图 7-26　仰拱填充混凝土最大主应力云图(工况三：仰拱加深 1 m)(单位：Pa)

工况四：仰拱加深 1.5 m。

（1）位移结果

仰拱填充混凝土竖向位移云图如图 7-27 所示。分析图 7-27 可知，当仰拱加深 1.5 m 时，仰拱填充混凝土竖向位移沿隧道中线呈对称分布，且整体呈隆起状态，最大隆起量为 1.04 mm，最大隆起点位于隧道中线处。仰拱填充混凝土隆起值由隧道中线处向两端逐渐减小，至左、右两端点处，隆起值减小至 0.23 mm。

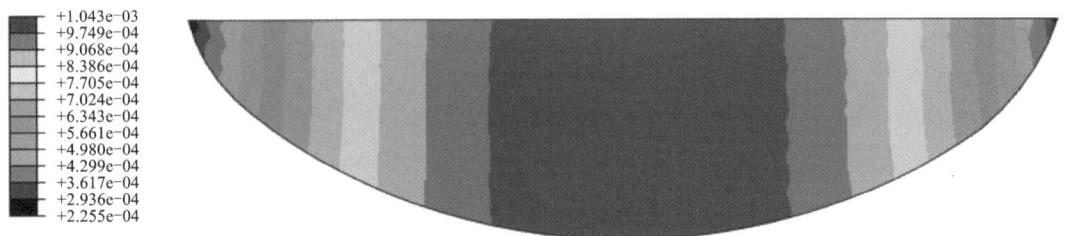

图 7-27　仰拱填充混凝土竖向位移云图(工况四：仰拱加深 1.5 m)(单位：m)

（2）最大主应力结果

仰拱填充混凝土最大主应力云图如图 7-28 所示。分析图 7-28 可知，当仰拱加深

1.5 m 时, 仰拱填充混凝土最大主应力沿隧道中线呈对称分布, 最大拉应力为 0.35 MPa, 位于仰拱填充混凝土表面隧道中线处, 最大主应力由拱填充混凝土表面隧道中线处向仰拱填充底部及两端逐渐降低, 但最大拉应力未超过 C15 混凝土极限抗拉强度, 隧道底部结构处于安全状态。

图 7-28　仰拱填充混凝土最大主应力云图(工况四: 仰拱加深 1.5 m)(单位: Pa)

不同工况下仰拱曲率与底部结受力、变形关系折线图如图 7-29 所示。

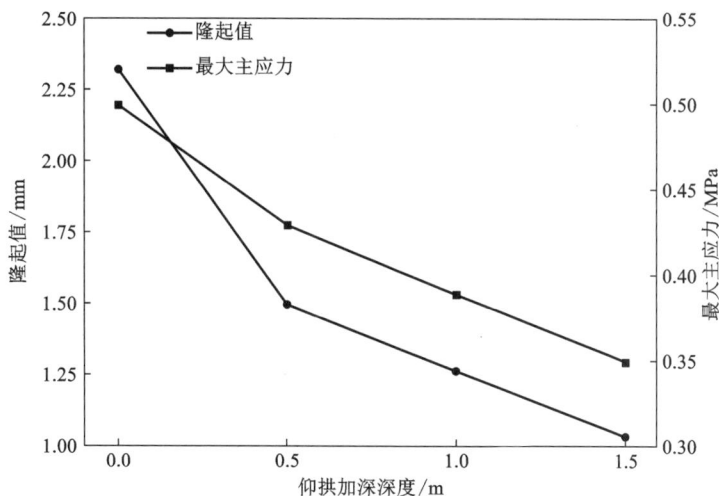

图 7-29　仰拱曲率与底部结受力、变形关系折线图

由数值模拟结果可知, 随着仰拱深度的增加, 仰拱填充物最大隆起值和最大主应力值均有所减小。当由原设计仰拱曲率半径加深 0.5 m 时, 仰拱填充物最大隆起值和最大主应力值分别减少了 35.34% 和 14.00%；当由原设计仰拱曲率半径加深 1.0 m 时, 仰拱填充物最大隆起值和最大主应力值分别减少了 45.26% 和 22.00%；当由原设计仰拱曲率半径加深 1.5 m 时, 仰拱填充物最大隆起值和最大主应力值分别减少了 55.17% 和 30.00%。由此可得, 减小仰拱曲率半径(即增加仰拱深度)可有效抑制隧底结构破损。

7.2　炭质板岩隧道底部结构破损整治措施

7.2.1　计算模型建立

采用 ABAQUS 大型通用有限元软件扩展有限元法（XFEM）对海巴洛隧道 YK67+450 断面建立数值计算模型，计算模型取左、右范围距离隧道中心线 60 m，上表面距离拱顶 70 m、外加 1.2 MPa 竖向应力，下表面距离拱顶 60 m，总体尺寸为 130 m×120 m。模型边界条件为顶部自由面，底部固定约束，左、右两侧水平约束。锚杆选用隧道工程中最为常见的 φ22 mm 全长黏结性锚杆，模型中各材料参数取值如表 7-2 所示。

表 7-2　材料参数取值表

材料	弹性模量/GPa	泊松比	容重/(kN·m³)	黏聚力/MPa	内摩擦角/(°)	厚度/m
围岩	0.47	0.38	20	0.05	20	全范围
隧底软化围岩	0.35	0.38	20	0.03	18	3.00
初期支护	27.60	0.20	24	—	—	0.27
二次衬砌	30.00	0.20	25	—	—	0.60
仰拱填充	22.00	0.20	22	—	—	1.11
锚杆	210.00	0.20	78.5	—	—	—

为研究锚杆不同长度及不同打设角度对炭质板岩隧道底部结构破损的抑制效果，本次模拟共分为 9 种计算工况，选取长度为 2 m、4 m 和 6 m 的锚杆，分别按照沿隧道径向、与岩层呈 45°相交和与岩层呈 90°相交的方向打设，锚杆环向间距取 1.5 m。各计算工况如表 7-3 所示。

表 7-3　各计算工况

打设角度	锚杆长度		
	2 m	4 m	6 m
径向	工况一	工况二	工况三

续表7-3

打设角度	锚杆长度		
	2 m	4 m	6 m
45°	工况四	工况五	工况六
90°	工况七	工况八	工况九

本次分析主要以仰拱填充混凝土竖向位移值及裂缝扩展深度来反映隧道底部结构破损情况。本模型对仰拱填充混凝土网格进行加密，仰拱填充混凝土中心厚度为 1. 11 m，竖向均分为 22 个单元，由于 ABAQUS 中扩展有限元法裂缝尖端无法在单元内部停留，裂缝均会贯穿整个单元，因此以单元开裂数量计算出裂缝扩展深度。仰拱填充混凝土网格划分图如图 7-30 所示。

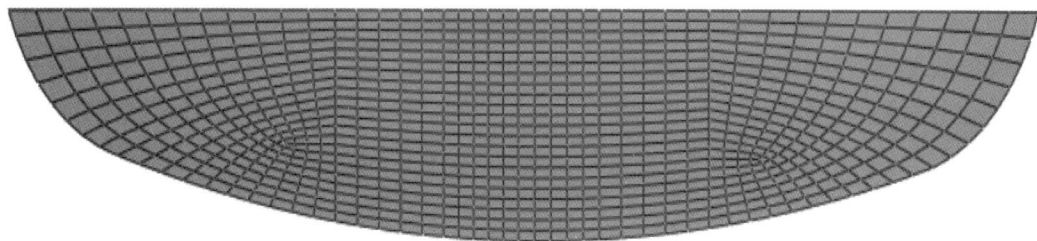

图 7-30　仰拱填充混凝土网格划分图

7.2.2　未施作锚杆时隧道底部结构破损情况

由图 7-31 可知，在岩层倾角为向右侧倾斜 45°、隧道基底软化至 0. 35 GPa，且未施作隧底锚杆的情况下，仰拱最大隆起量为 12. 85 mm，最大隆起位置位于仰拱中心左侧；隆起值由仰拱中心位置向两端逐渐减小，右端隆起值为 2. 13 mm，左端已由隆起变为沉降，沉降值为 0. 08 mm。

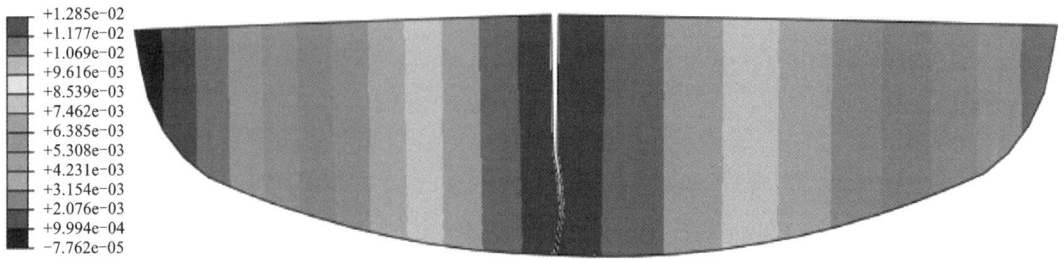

+1.285e-02
+1.177e-02
+1.069e-02
+9.616e-03
+8.539e-03
+7.462e-03
+6.385e-03
+5.308e-03
+4.231e-03
+3.154e-03
+2.076e-03
+9.994e-04
−7.762e-05

图 7-31　未施作锚杆时隧道仰拱竖向位移云图(单位：m)

由图 7-32 可知，在岩层倾角为向右侧倾斜 45°、隧道基底软化至 0.35 GPa，且未施作隧底锚杆的情况下，裂缝已贯穿整个仰拱填充混凝土，开裂位置位于仰拱中心左侧；仰拱填充混凝土表面裂缝宽度最大，裂缝沿竖向延伸，宽度逐渐减小，总体呈上宽下窄。

+1.460e+00
+1.322e+00
+1.185e+00
+1.047e+00
+9.099e-01
+7.725e-01
+6.351e-01
+4.977e-01
+3.603e-01
+2.229e-01
+8.550e-02
−5.190e-02
−1.893e-01

图 7-32　未施作锚杆时图仰拱填充水平位移云图(单位：m)

7.2.3　锚杆对仰拱竖向位移的影响

通过对不同锚杆长度、不同锚杆打设角度的模型进行计算，得到各工况仰拱填充物竖向位移云图如图 7-33 所示。

由图 7-33 可知，各工况下，仰拱填充混凝土最大隆起位置均位于仰拱中心位置，隆起值由仰拱中心向两端逐渐减小，部分工况下两端由向上隆起变为向下沉降。各工况仰拱填充物最大竖向位移值如表 7-4 所示。

表 7-4　各工况仰拱填充物最大竖向位移值

打设角度	锚杆长度		
	2 m	4 m	6 m
径向/mm	10.51	8.79	8.15
45°/mm	10.08	8.34	7.88
90°/mm	9.25	6.74	6.26

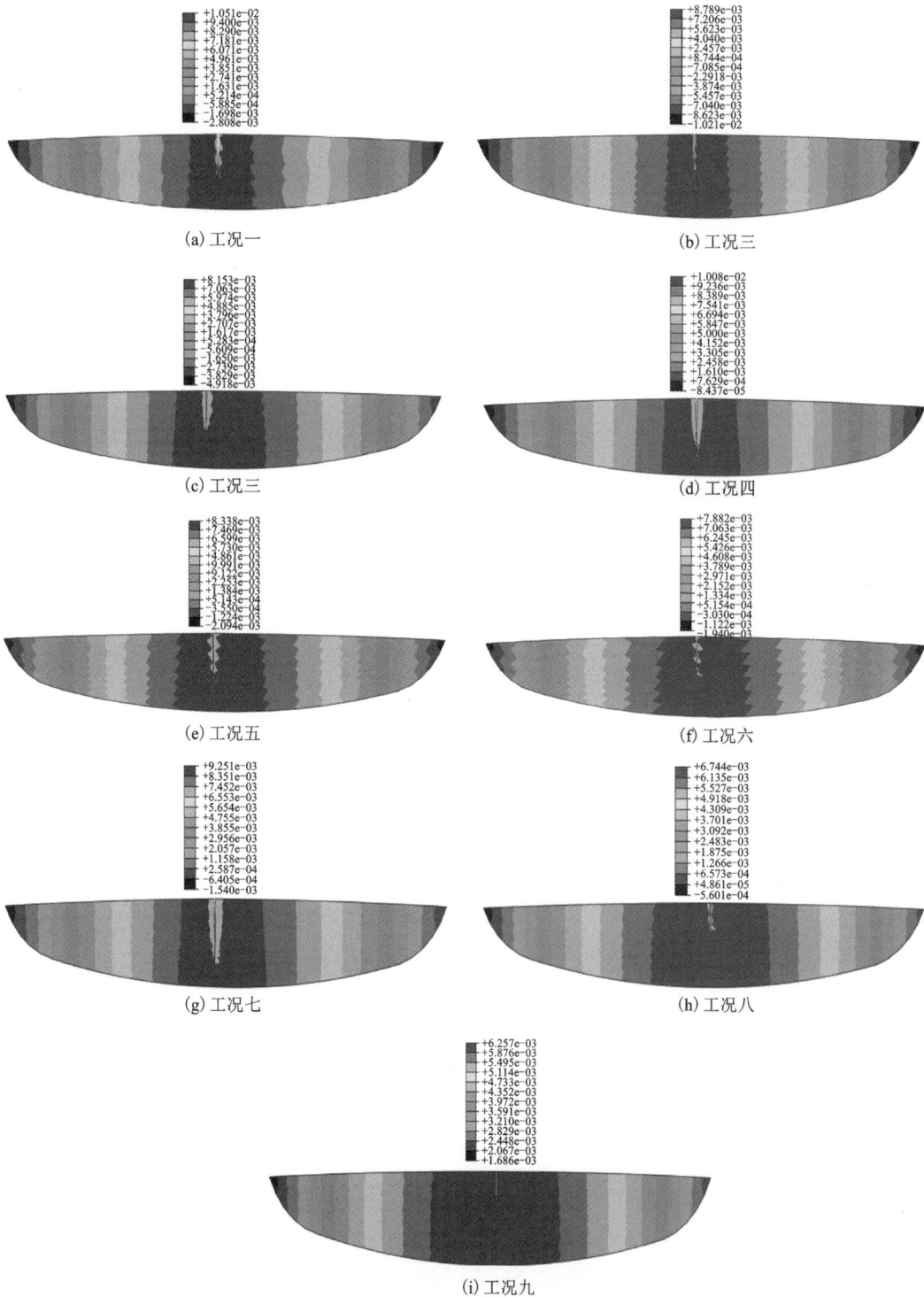

(a) 工况一

(b) 工况二

(c) 工况三

(d) 工况四

(e) 工况五

(f) 工况六

(g) 工况七

(h) 工况八

(i) 工况九

图 7-33　各工况仰拱填充物竖向位移云图(单位: m)

（1）锚杆长度对仰拱竖向位移的影响

锚杆长度对仰拱填充物最大竖向位移值的影响如图 7-34 所示。分析表 7-4 及图 7-34 可知：

①打设锚杆可减小仰拱填充物最大隆起值，且随着锚杆长度的增加，各打设角度下仰拱填充物最大隆起值均有所减小。

②在同种锚杆打设角度下，当锚杆长度为 6 m 时，仰拱填充物隆起值最小。

③当锚杆长度为 2 m 时，沿径向、与岩层夹角 45°和与岩层夹角 90°打设锚杆，仰拱填充物最大隆起值分别为 10.51 mm、10.08 mm 和 9.25 mm，相比于未施作锚杆情况，分别减小了 18.21%、21.56%和 28.02%。

当锚杆长度为 4 m 时，沿径向、与岩层夹角 45°和与岩层夹角 90°打设锚杆，仰拱填充物最大隆起值分别为 8.79 mm、8.34 mm 和 6.74 mm，相比于未施作锚杆情况，分别减小了 31.60%、35.10%和 47.55%。

当锚杆长度为 6 m 时，沿径向、与岩层夹角 45°和与岩层夹角 90°打设锚杆，仰拱填充物最大隆起值分别为 8.15 mm、7.88 mm 和 6.26 mm，相比于未施作锚杆情况，分别减小了 36.58%、38.68%和 51.28%。

④当锚杆长度由 2 m 增加至 4 m 时，仰拱填充物最大竖向位移减小值相对较大，不同锚杆打设角度仰拱填充物最大竖向位移值平均减小 15%；当锚杆长度由 4 m 增加至 6 m 时，仰拱填充物最大竖向位移值减小值相对较小，不同锚杆打设角度仰拱填充物最大竖向位移值平均减小 4%。

综合考虑不同长度锚杆对仰拱填充物隆起的抑制效果及锚杆的施工难度、工程造价等因素，得出锚杆长度为 4 m 可起到抑制仰拱填充物隆起的最佳效果。

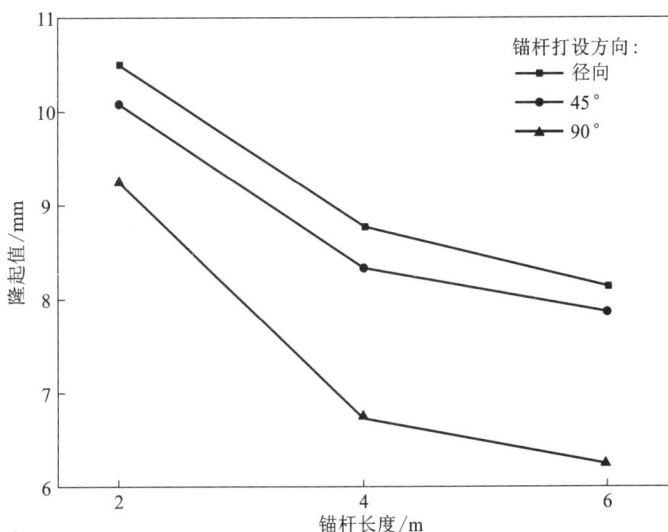

图 7-34　锚杆长度对仰拱填充物最大竖向位移值的影响

（2）锚杆打设角度对仰拱竖向位移的影响

锚杆打设角度对仰拱填充物最大竖向位移值的影响如图 7-35 所示。分析表 7-4 及

图 7-35 可知：

①打设锚杆可减小仰拱填充物最大隆起值，锚杆打设角度对会仰拱填充物最大竖向位移值产生影响。

②在相同锚杆长度下，相比于径向打设锚杆和与岩层倾角呈 45°打设锚杆，当与岩层倾角呈 90°打设锚杆时，仰拱填充物隆起值最小。

③当沿隧道径向打设长度为 2 m、4 m 和 6 m 的锚杆时，仰拱填充物最大隆起值分别为 10.51 mm、8.79 mm 和 8.15 mm，相比于未施作锚杆情况，分别减小了 18.21%、31.60% 和 36.58%。

当沿与岩层倾角呈 45°方向打设长度为 2 m、4 m 和 6 m 的锚杆时，仰拱填充物最大隆起值分别为 10.08 mm、8.34 mm 和 7.88 mm，相比于未施作锚杆情况，分别减小了 21.56%、35.10% 和 38.68%。

当沿与岩层倾角呈 90°方向打设长度为 2 m、4 m 和 6 m 的锚杆时，仰拱填充物最大隆起值分别为 9.25 mm、6.74 mm 和 6.26 mm，相比于未施作锚杆情况，分别减小了 28.02%、47.55% 和 51.28%。

④当锚杆由径向打设改变为沿与岩层倾角呈 45°方向打设时，仰拱填充物最大竖向位移值减小幅度较小，不同锚杆长度下仰拱填充物最大竖向位移值平均减小 3%；当锚杆由沿与岩层倾角呈 45°方向打设改变为沿与岩层倾角呈 90°方向打设时，仰拱填充物最大竖向位移值减小值相对较大，不同锚杆长度下仰拱填充物最大竖向位移值平均减小 10%。

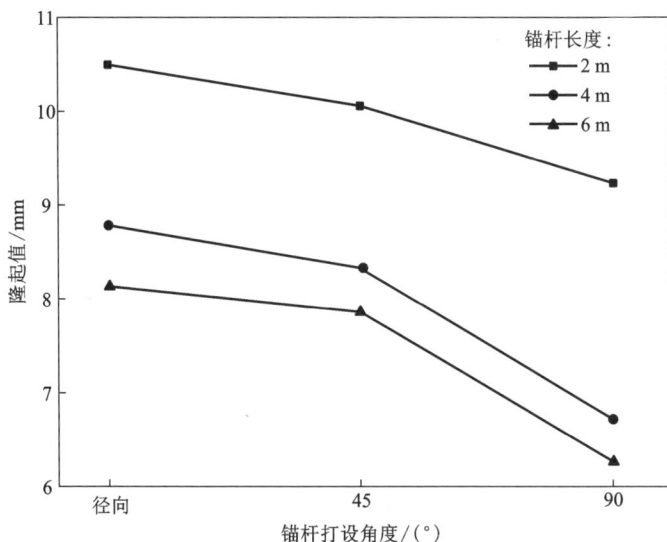

图 7-35　锚杆打设角度对仰拱填充物最大竖向位移值的影响

综合考虑锚杆不同打设方向对仰拱填充物隆起的抑制效果及锚杆的施工难度、工程造价等因素，得出锚杆沿与岩层倾角呈 90°方向打设可起到抑制仰拱填充物隆起的最佳效果。

7.2.4 锚杆对仰拱填充物裂缝扩展深度的影响

通过对不同锚杆长度、不同锚杆打设角度的模型进行计算,得到各工况仰拱填充物水平位移云图如图 7-36 所示。

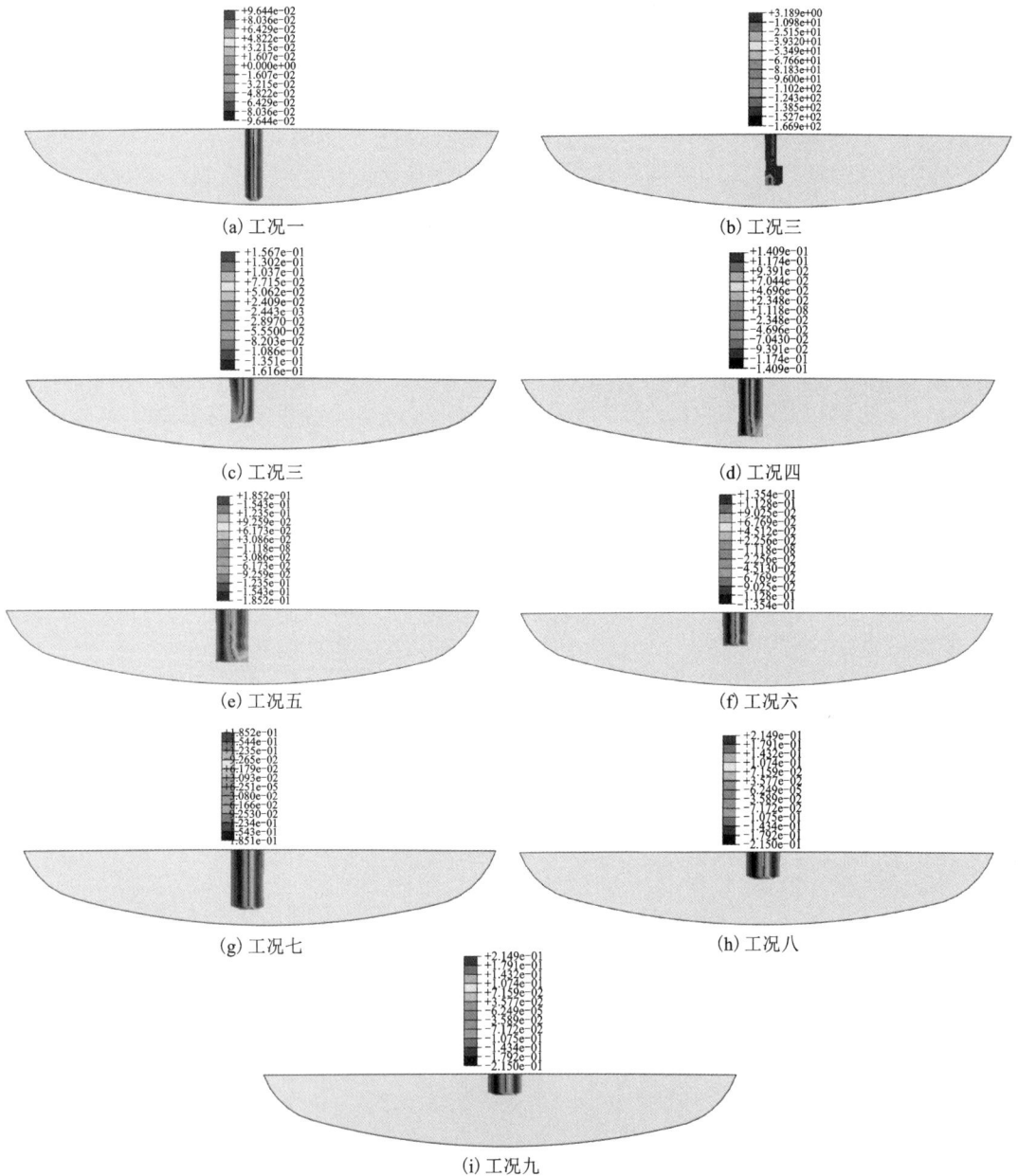

(a) 工况一

(b) 工况三

(c) 工况三

(d) 工况四

(e) 工况五

(f) 工况六

(g) 工况七

(h) 工况八

(i) 工况九

图 7-36　各工况仰拱填充物水平位移云图(单位:m)

各工况下,仰拱填充混凝土开裂位置均位于隧道中线附近,不同锚杆长度及打设方向对仰拱填充混凝土开裂的抑制效果不同,各工况仰拱填充物裂缝扩展深度如表 7-5 所示。

表 7-5 各工况仰拱填充物裂缝扩展深度

打设角度	锚杆长度		
	2 m	4 m	6 m
径向/m	1.01	0.81	0.71
45°/m	0.91	0.71	0.56
90°/m	0.86	0.40	0.30

（1）锚杆长度对仰拱填充物裂缝扩展深度的影响

锚杆长度对仰拱填充物裂缝扩展深度的影响如图 7-37 所示。分析表 7-5 及图 7-37 可知：

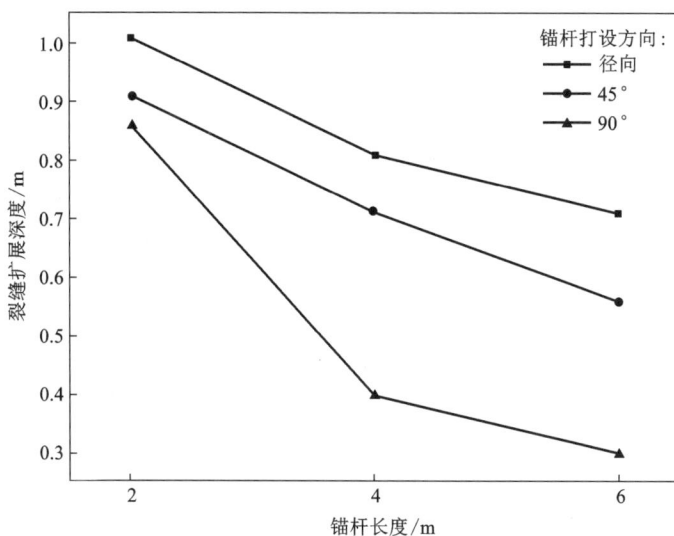

图 7-37 锚杆长度对仰拱填充物裂缝扩展深度的影响

①打设锚杆可减小仰拱填充物裂缝扩展深度，且随着锚杆长度的增加，各打设角度下仰拱填充物裂缝扩展深度均有所减小。

②在同种锚杆打设角度下，当锚杆长度为 6 m 时，仰拱填充物裂缝扩展深度最小。

③当锚杆长度为 2 m 时，沿径向、与岩层夹角 45°方向和与岩层夹角 90°方向打设锚杆，仰拱填充物裂缝扩展深度分别为 1.01 m、0.91 m 和 0.86 mm，相比于未施作锚杆情况，分别减小了 9.09%、18.18% 和 22.73%。

当锚杆长度为 4 m 时，沿径向、与岩层夹角 45°方向和与岩层夹角 90°方向打设锚杆，仰拱填充物裂缝扩展深度分别为 0.81 m、0.71 m 和 0.40 m，相比于未施作锚杆情况，分别减小了 27.27%、36.36% 和 63.64%。

当锚杆长度为 6 m 时，沿径向、与岩层夹角 45°方向和与岩层夹角 90°方向打设锚杆，仰拱填充物裂缝扩展深度分别为 0.71 m、0.56 m 和 0.30 m，相比于未施作锚杆情况，分别减小了 36.36%、50.00% 和 72.73%。

④当锚杆长度由 2 m 增加至 4 m 时,仰拱填充物裂缝扩展深度减小值相对较大,不同锚杆打设角度仰拱填充物最大竖向位移值平均减小 25%;当锚杆长度由 4 m 增加至 6 m 时,仰拱填充物裂缝扩展深度减小值相对较小,不同锚杆打设角度仰拱填充物最大竖向位移值平均减小 10%。

综合考虑不同长度锚杆对仰拱填充混凝土裂缝扩展深度的抑制效果及锚杆的施工难度、工程造价等因素,得出锚杆长度为 4 m 可起到抑制仰拱填充物开裂破损的最佳效果。

(2)锚杆打设角度对仰拱填充物裂缝扩展深度的影响

锚杆打设角度对仰拱填充物裂缝扩展深度的影响如图 7-38 所示。分析表 7-5 及图 7-38 可知:

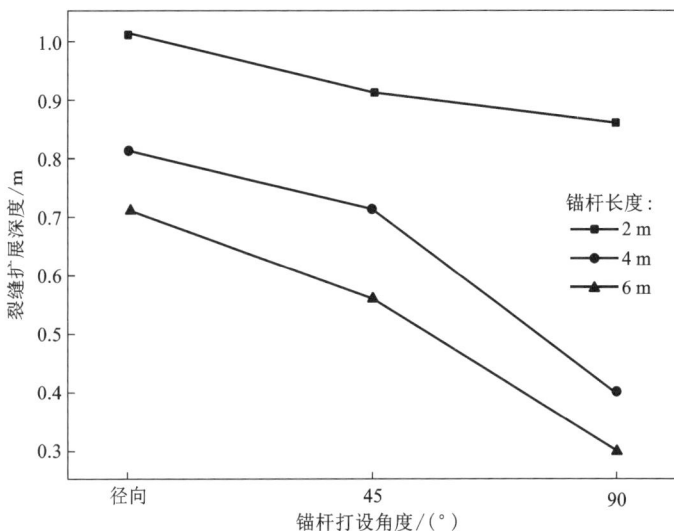

图 7-38 锚杆打设角度对仰拱填充混凝土裂缝扩展深度的影响

①打设锚杆可减小仰拱填充物裂缝扩展深度,锚杆打设角度对会对仰拱填充物裂缝扩展深度产生影响。

②在相同锚杆长度下,相比于径向打设锚杆和与岩层倾角呈 45°方向打设锚杆,当与岩层倾角呈 90°方向打设锚杆时,仰拱填充物裂缝扩展深度最小。

③当沿隧道径向打设长度为 2 m、4 m 和 6 m 的锚杆时,仰拱填充物裂缝扩展深度分别为 1.01 m、0.81 m 和 0.71 m,相比于未施作锚杆情况,分别减小了 9.09%、27.27% 和 36.36%。

当沿与岩层倾角呈 45°方向打设长度为 2 m、4 m 和 6 m 的锚杆时,仰拱填充物裂缝扩展深度分别为 0.91 m、0.71 m 和 0.56 m,相比于未施作锚杆情况,分别减小了 18.18%、36.36% 和 50.00%。

当沿与岩层倾角呈 90°方向打设长度为 2 m、4 m 和 6 m 的锚杆时,仰拱填充物裂缝扩展深度分别为 0.86 m、0.40 m 和 0.30 m,相比于未施作锚杆情况,分别减小了 22.73%、63.64% 和 72.73%。

④当锚杆由径向打设改变为沿与岩层倾角呈 45°方向打设时,仰拱填充物裂缝扩展深

度减小幅度较小，不同锚杆长度下仰拱填充物裂缝扩展深度平均减小 10%；当锚杆由沿与岩层倾角呈 45°方向打设改变为沿与岩层倾角呈 90°方向打设时，仰拱填充物裂缝扩展深度减小值相对较大，不同锚杆长度下仰拱填充混凝土裂缝扩展深度平均减小 18%。

综合考虑锚杆不同打设方向对仰拱填充物开裂的抑制效果及锚杆的施工难度、工程造价等因素，得出锚杆沿与岩层倾角呈 90°方向打设可起到抑制仰拱填充物开裂的最佳效果。

参考文献

[1]《中国公路学报》编辑部. 中国交通隧道工程学术研究综述·2022[J]. 中国公路学报, 2022, 35(4): 1-40.

[2] 陈维, 吴勇, 王勇, 等. 香丽高速某破碎围岩隧道环形开挖留核心土法施工围岩稳定性评价指标研究 [J]. 工业建筑, 2020, 48(增): 907-910.

[3] 张海太, 沈东, 陈洁金, 等. 富水炭质板岩地层隧道底部结构破损原因分析及防治措施探讨[J]. 中外公路, 2020, 40(2): 167-174.

[4] 张海太, 任高攀, 万志文, 等. 薄层炭质板岩地层隧道围岩大变形特征及支护方法研究[J]. 地下空间与工程学报, 2020, 16(S1): 457-464.

[5] 云南省交通规划设计研究院. 国家高速公路网 G0613 云南省香格里拉至丽江高速公路软岩变形隧道支护优化设计图[R]. 昆明: 云南省交通规划设计研究院, 2018.

[6] 云南省交通规划设计研究院. 国家高速公路网 G0613 云南省香格里拉至丽江高速公路第 7 标段两阶段施工图设计[R]. 昆明: 云南省交通规划设计研究院, 2015.

[7] 中华人民共和国交通运输部. 公路隧道施工技术规范(JTG/T 3660—2020)[S]. 北京: 人民交通出版社, 2020.

[8] 王思敬. 地下工程岩体稳定分析[M]. 北京: 科学出版社, 1984.

[9] 祝志恒, 阳军生, 傅金阳, 等. 隧道工程结构物计算机视觉检测技术[M]. 长沙: 中南大学出版社, 2022.

[10] 傅金阳, 阳军生, 祝志恒, 等. 基于计算机视觉的钻爆法隧道开挖与支护质量检测技术及应用 [M]. 北京: 人民交通出版社, 2023.

[11] 赵慧君, 艾振喜, 张立忠, 等. 复杂地形地质条件下隧道进出洞施工关键技术[M]. 北京: 人民交通出版社, 2022.

[12] 唐生炳, 田英杰, 王康云. 海巴洛隧道倾斜薄层炭质板岩围岩大变形控制技术研究[J]. 工程技术研究, 2022, 7(11): 28-30.

[13] 唐生炳, 刘旭, 王康云. 一种无中隔墙连拱隧道衬砌病害分析及整治技术[J]. 中国水运, 2022(6): 141-144.

[14] 郭成刚, 孙杰, 杨远怀, 等. 香丽高速虎跳峡地下立交隧道设计与施工方法研究[J]. 隧道建设(中英文), 2018, 38(S2): 232-238.

[15] 胡盛华, 吴勇, 姜文涛, 等. 云南省香丽高速浅埋隧道进口段二次衬砌支护时机分析[J]. 水利水电快报, 2021, 42(7): 24-26+44.

[16] 王剑非, 刘昆珏, 周文皎, 等. 香丽高速公路昌格洛滑坡-隧道工程病害三维数值分析[J]. 地质科技通报, 2022, 41(2): 34-43.

[17] 郭健，阳军生，陈维，等. 基于现场实测的炭质板岩隧道围岩大变形与衬砌受力特征研究[J]. 岩石力学与工程学报，2019, 38(4)：832-841.

[18] 万志文. 薄层炭质板岩隧道围岩变形及施工控制技术研究[D]. 长沙：中南大学，2018.

[19] 沈东. 炭质板岩公路隧道底部结构破损成因分析和整治措施研究[D]. 长沙：中南大学，2019.

[20] 郭健. 层状炭质板岩隧道变形特性及控制方法研究[D]. 长沙：中南大学，2019.

[21] 柴文勇. 倾斜薄层炭质板岩隧道初支壁后脱空成因及防治方法研究[D]. 长沙：中南大学，2020.

[22] 宋保保. 复杂地质条件下隧道进口段衬砌裂损成因与处治方法研究[D]. 赣州：江西理工大学，2018.

[23] 刘伟龙. 基于离散-连续耦合的倾斜薄层软岩隧道围岩破坏机制及控制研究[D]. 长沙：中南大学，2022.

[24] 方星桦，刘澍，陈维，等. 软岩隧道围岩变形季节性特征与防控措施研究[J]. 防灾减灾工程学报，2021, 41(6)：1331-1338.

[25] 张宇，阳军生，祝志恒，等. 基于图像点云的多维度隧道初期支护大变形监测研究和应用[J]. 隧道建设(中英文)，2021, 41(5)：795-802.

[26] 祝志恒，傅金阳，阳军生. 隧道开挖支护质量3DZI检测技术及应用研究[J]. 中国公路学报，2020, 33(12)：176-189.

[27] 阳军生，张宇，祝志恒，等. 基于图像三维重建的隧道超欠挖检测方法研究[J]. 中南大学学报(自然科学版)，2020, 51(3)：714-723.

[28] 王健宏，陈维，沈东，等. 一种无中导洞连拱隧道衬砌开裂原因分析及结构优化[J]. 公路交通科技，2019, 36(6)：79-85, 111.

[29] 吴从师，阳军生. 隧道施工监控量测与超前地质预报[M]. 北京：人民交通出版社，2012.

[30] 马洪琪，周宇，孙文. 中国水利水电地下工程施工[M]. 北京：中国水利水电出版社，2011.

图书在版编目(CIP)数据

香丽高速公路典型炭质板岩隧道建设与管理实务 /
陈维等主编. —长沙：中南大学出版社，2024.6
ISBN 978-7-5487-5692-7

Ⅰ. ①香… Ⅱ. ①陈… Ⅲ. ①高速公路－板岩－公路
隧道－隧道施工 Ⅳ. ①U459.2

中国国家版本馆 CIP 数据核字(2024)第 018305 号

香丽高速公路典型炭质板岩隧道建设与管理实务
XIANGLI GAOSU GONGLU DIANXING TANZHI
BANYAN SUIDAO JIANSHE YU GUANLI SHIWU

主编 陈维 王剑非 刘涛 杨华 刘凡 窦友谋

□出 版 人	林绵优	
□责任编辑	陈应征	
□责任印制	李月腾	
□出版发行	中南大学出版社	
	社址：长沙市麓山南路	邮编：410083
	发行科电话：0731-88876770	传真：0731-88710482
□印 装	湖南省众鑫印务有限公司	

□开 本	787 mm×1092 mm 1/16	□印张 10	□字数 243 千字		
□版 次	2024 年 6 月第 1 版	□印次 2024 年 6 月第 1 次印刷			
□书 号	ISBN 978-7-5487-5692-7				
□定 价	98.00 元				